EXPEDITION GREAT ARC

John Keay ist Schriftsteller, Rundfunkautor und Historiker. Er hat bereits zahlreiche Bücher über Indien verfasst, darunter u. a.: *India: A History*, *When Men and Mountains Meet*, *Highland Drove* and *The Honourable Company: A History of the English East India Company*. Er lebt mit seiner Frau Julia in Argyll, Schottland.

John Keay

Expedition Great Arc

Die abenteuerliche Vermessung
des indischen Subkontinents

Campus Verlag
Frankfurt/New York

Die englische Originalausgabe *The Great Arc* erschien 2000 bei HarperCollins*Publishers*
Copyright © John Keay 2000
Aus dem Englischen von Gabriele Gockel, Bernhard Jendricke und Rita Seuß,
Kollektiv Druck-Reif

Die Deutsche Bibliothek – CIP-Einheitsaufnahme

Ein Titeldatensatz für diese Publikation ist bei
Der Deutschen Bibliothek erhältlich.
ISBN 3-593-36947-8

Umschlaggestaltung: RGB, Hamburg
Umschlagmotiv: © Getty Images und Image Bank
Satz: Fotosatz L. Huhn, Maintal-Bischofsheim
Druck und Bindung: Druckhaus Beltz, Hemsbach
Gedruckt auf säurefreiem und chlorfrei gebleichtem Papier.
Printed in Germany

Besuchen Sie uns im Internet: www.campus.de

Für Julia

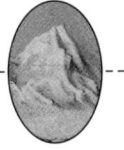

JNHALT

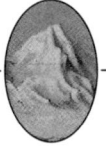

ANMERKUNGEN ZUR SCHREIBWEISE

Manche Eigennamen des Textes, insbesondere Ortsbezeichnungen, scheinen, als seien sie falsch geschrieben. Der Grund für diese Schreibung war entweder die Schwierigkeit, eine allgemein akzeptierte Schreibweise zu finden, oder das Bestreben, den Stil des 19. Jahrhunderts beizubehalten, um nicht von den zitierten Textpassagen abzuweichen (zum Beispiel »Kistna« für »Krishna«, »Siwaliks« für »Shivaliks«, »Ganges« für »Ganga« und so weiter). Puristen mögen mir verzeihen. Die Orte und Personen sind auf diese Weise zumindest identifizierbar. Im Fall des bengalischen Mathematikgenies »Radhanath Sickdhar« habe ich die von ihm selbst verwendete Schreibung benutzt, auch wenn sie uns heute merkwürdig erscheint.

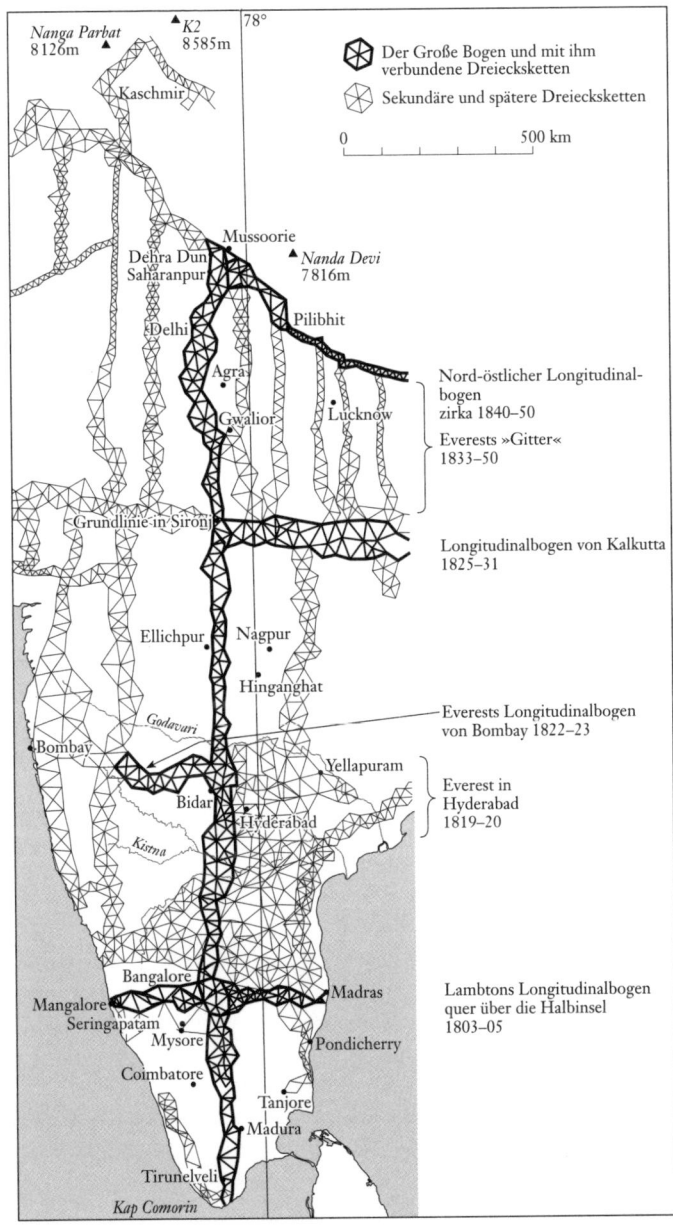

Nanga Parbat
8126m

K2
8585m

78°

Kaschmir

Der Große Bogen und mit ihm
verbundene Dreiecksketten

Sekundäre und spätere Dreiecksketten

0   500 km

Mussoorie

Dehra Dun
Saharanpur

Nanda Devi
7816m

Delhi

Pilibhit

Agra

Gwalior

Lucknow

Nord-östlicher Longitudinalbogen
zirka 1840–50

Everests »Gitter«
1833–50

Grundlinie in Sironj

Longitudinalbogen von Kalkutta
1825–31

Ellichpur

Nagpur

Hinganghat

Godavari

Everests Longitudinalbogen
von Bombay 1822–23

Bombay

Yellapuram

Bidar

Hyderabad

Everest in
Hyderabad
1819–20

Kistna

Bangalore

Madras

Lambtons Longitudinalbogen
quer über die Halbinsel
1803–05

Mangalore
Seringapatam

Mysore

Pondicherry

Coimbatore

Tanjore

Madura

Tirunelveli

Kap Comorin

ABBILDUNG 1

Der Große Bogen und mit ihm verbundene Dreiecksketten

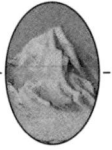

VORWORT

Auf die Frage, weshalb der höchste Berg der Welt ausgerechnet Everest heißt, hätte ich früher genauso geantwortet wie wohl die meisten Leute, nämlich dass dieser Name sehr gut zu dem Berg passe. Für ein geografisches Phänomen von solch augenfälliger Beständigkeit und herausragender Gestalt scheint doch – zumindest im Englischen – die Bezeichnung »Everest« für sich selbst zu sprechen. Dort oben, wo man vom geschäftigen Treiben der Menschen weiter entfernt ist als irgendwo sonst auf der Welt, stellen die verschneiten Gipfel gleichsam ein Versprechen auf Frieden dar, auf dauerhafte Ruhe oder »ever-at-rest«, wie man auf Englisch sagt. Vermutlich habe sich irgendeine internationale Organisation diesen Namen ausgedacht oder vielleicht sei er die Übersetzung einer örtlichen Bezeichnung für den Berg. Wie auch immer. Jedenfalls passe dieser Name sehr gut.

Doch wie ich inzwischen weiß, gehen diese Annahmen völlig fehl. Dass der höchste Punkt der Welt in Wahrheit nach George Everest benannt ist, einem umstrittenen britischen Colonel, der diesen Berg niemals zu Gesicht bekommen, geschweige denn bestiegen hat, dämmerte mir erst, als ich ein Buch über die Erforschung Kaschmirs schrieb. Everest gehörte weder als Person noch als Bergname in diese Region, wohl aber ein Unternehmen, das dem Colonel sehr am Herzen lag – die geografische Vermessung Indiens. Es waren Männer des Indischen Vermessungsprojekts, die den größten Teil Kaschmirs, darunter auch das Karakorum-Gebirge, erstmals ausmaßen und karto-

grafisch erfassten. Und weil dieses Vermessungsprojekt von der bri-
tisch-indischen Regierungsbürokratie betrieben wurde, hat es eine
Fülle an Aufzeichnungen hinterlassen. Mit diesen beschäftigte ich
mich.

Die Beschreibungen von Kartografen des 19. Jahrhunderts, die ihre
Instrumente mühsam auf Gipfel unbekannter Höhe schleppten, erwiesen sich als wertvolle Quellen. Bombardiert mit Hagelkörnern,
die Zelte vom Blitzschlag zerstört, die Pfade von Schneestürmen ver-
weht, gruben sich diese Männer in den Schnee ein und harrten aus.
Überleben konnten sie nur, weil sie Unterhosen aus Merinowolle,
Tweedjacken und Alpakamäntel besaßen. Sie trugen Lederstiefel und
ihre Nahrung bestand vorwiegend aus Reis. Oft waren sie wochenlang von der Außenwelt abgeschnitten. Dann jedoch, im frostigen
ersten Licht eines Tages, an dem die Wolkendecke unerklärlicherweise
in den Tälern liegen blieb, wurde ihre Geduld schließlich belohnt: In
einem Meer von dahinschwebenden Kumuluswolken am azurblauen
Himmel schimmerte in der Ferne eine Kette aus glitzernden Berggipfeln.

Mit etwas Glück blitzte von zwei oder mehr dieser Gipfel ein ver-
räterisches Licht auf, das die Anwesenheit weiterer Vermessungstrupps
bestätigte. Sobald der Theodolit aufgestellt und justiert war, richtete
man die Visierlinie ein, zeichnete die Peilungen auf und tauschte Signale aus. Dann war die Arbeit erledigt. Rasch stieg man wieder hinunter zu den Fleischtöpfen im Basislager. Und bald schon war der
nächste Gipfel dran.

So oder ähnlich muss es gewesen sein. Mit solchen Peilungen
konnten die Landvermesser aber nur dann Lage und Höhe von entfernten Gipfeln bestimmen, wenn die Lage ihres eigenen Gipfels bereits bekannt war. Andernfalls war es, als würde man auf einem Stadt-
plan nach dem richtigen Weg suchen, ohne zu wissen, wo man sich
selbst gerade befindet. Die Lage der anderen Gipfel festzulegen setzte
voraus, dass man die Lage desjenigen Gipfels, von dem aus die Messungen durchgeführt wurden, bereits kannte; seine Lage in Bezug auf
das erdumspannende Netz von Längen- und Breitengraden musste

bereits bestimmt sein und ebenso seine Höhe über dem Meeresspiegel.

Diese Angaben konnten natürlich aus vorangegangenen Messungen an anderen, weiter entfernt liegenden Beobachtungspunkten stammen. Und diese Beobachtungspunkte wiederum konnten auf ähnliche Weise von einem Ort im Vorgebirge gewonnen worden sein. Aber der Himalaja lag Hunderte Kilometer von jedem Observatorium entfernt, das mittels astronomischer Messungen einen Fixpunkt hätte liefern können; und noch weiter lag er vom Meer entfernt, bezogen auf dessen Normalniveau Höhen gemessen wurden. Also musste zuvor irgendwo ein Ausgangspunkt festgelegt worden sein, eine Abfolge von Bezugspunkten an Orten, deren Koordinaten und Höhen mit größter Präzision und unzweifelhafter Sicherheit ermittelt worden waren.

Ich fragte herum und vertiefte mich in selten gelesene Bücher, bis schließlich die Spur zum Großen Bogen zurückführte – oder, um ihn korrekt zu benennen – zum »Großen Indischen Meridionalbogen«. Ich hatte noch nie von ihm gehört; aber dieser Bogen war tatsächlich jene Abfolge von Bezugspunkten. Er stellte so etwas wie den Stamm eines Baumes, die Wirbelsäule eines Skeletts dar. Er verlief über 2 500 Kilometer längs durch den Subkontinent und von der zentimetergenauen Bestimmung der Bezugspunkte hingen sämtliche weiteren Messungen und Verortungen ab.

Natürlich war der Indische Meridionalbogen etwas ganz Besonderes. Die mathematischen Gleichungen, die zu seiner Berechnung benötigt wurden, schienen so viele Bände zu füllen, dass man mit ihnen eine ganze Bibliothek hätte bestücken können. Die Instrumente, mit denen man die Daten gesammelt hatte, waren mannsgroße Apparate aus Gusseisen und hochglanzpoliertem Messing, die man heute noch – liebevoll präsentiert – in den Räumen des Indischen Vermessungsamts bestaunen kann.

Ich stöberte weiter herum und vertiefte mich in das Thema. Offenbar war der Indische Meridionalbogen seiner Zeit weit voraus gewesen. Nie zuvor war ein wissenschaftliches Unternehmen von solch

gewaltigem Umfang in Angriff genommen worden. Außerdem hatte
man außerhalb des bourbonischen Frankreich und des georgiani-
schen England bisher noch nie ein Land so exakt vermessen. Diese
Sorgfalt war von entscheidender Bedeutung. Man wollte nämlich
nicht einfach nur einen Subkontinent kartografieren, sondern den
unglaublichen Versuch wagen, die exakte Krümmung der Erde zu
messen und zu berechnen.

Genauer gesagt wurde dieses Projekt von einem rätselhaften Genie
namens William Lambton ersonnen und durch die ersten britischen
Eroberungen im äußersten Süden Indiens ermöglicht. Man schrieb
das Jahr 1800. In Nordamerika bereiteten sich Meriwether Lewis und
William Clark auf ihre heroische Reise quer durch den Kontinent
vor. Australien war seit kurzem eine britische Strafkolonie, Napoleon
hielt immer noch Ägypten besetzt, und der größte Teil Afrikas lag
nach wie vor in jenem geheimnisvollen »Dunkel«, das vornehmlich
auf der Ignoranz der Europäer basierte.

Nur in Asien und insbesondere in Indien konnte man erste Anzeichen eines Imperialismus entdecken. Aus den Handelsbeziehungen
entwickelte sich bereits ein koloniales Herrschaftssystem. Parallel dazu entstand die Idee zum Meridionalbogen. Wie das British Empire
bahnte er sich nach zögerlichen Anfängen unaufhaltsam seinen Weg
ins Landesinnere Indiens. Nach vierzig Jahren hoch riskanter Expeditionen, findiger Improvisationen und schrecklicher Entbehrungen erstreckte sich der Große Bogen schließlich über die gesamte Länge des
Subkontinents. Und als Lambton, sein sympathischer geistiger Vater,
in Zentralindien starb, wurde das Projekt von einem schnurrbärtigen,
streitsüchtigen Menschenschinder namens Colonel George Everest
bis zu seinem grandiosen Finale am Himalaja weitergeführt.

Die wissenschaftliche Welt jener Zeit zeigte sich unverhohlen ver-
blüfft und feierte den Indischen Meridionalbogen als »eine der ge-
waltigsten Leistungen in der Geschichte der Wissenschaft«. Er sei »eines der vollkommensten Werke seiner Art, das jemals hervorgebracht
wurde«. Lambton und Everest hätten »mehr für den Fortschritt der
Wissenschaft getan als ... je andere Männer in militärischen Diens-

ten«. Ruhm war ihnen sicher. Lambton wurde international gefeiert,
George Everest von der Queen zum Ritter geschlagen; und ihm zu
Ehren erhielt der Berg, dessen Vermessung durch den Bogen erst
möglich geworden war, seinen Namen.

Heute jedoch sind die beiden Männer völlig vergessen. Lambtons
Namen findet man nicht einmal unter den fünfzehntausend Würden-
trägern im *Chambers' Biographical Dictionary*. Und Everest ist nur noch
als der Name des besagten Bergs bekannt. Im 19. Jahrhundert folgten
die Entdeckungen und Erfindungen so rasch aufeinander, dass Lambtons und Everests Werk fast unmittelbar nach seinem Abschluss bereits in den Schatten gestellt wurde. Der Indische Meridionalbogen
wird heute nur noch in Abhandlungen über die Geschichte der Kartografie erwähnt, in akademischen Studien zum Imperialismus und
in den verstaubten Akten des Indischen Vermessungsprojekts – er ist
dem Vergessen anheim gefallen.

Dies ist bedauerlich, denn er hätte etwas Besseres verdient. Zu einer Zeit, als Indien für Fremde eher eine vage Vorstellung als ein rea-
les Land war, ein Gebiet von unbekannter Ausdehnung, für das nur
Fantasiekarten existierten, waren der Indische Meridionalbogen und
die Vermessungen, auf denen er basierte, gleichermaßen Mittel der
imperialen Herrschaft wie wissenschaftliche Wagnisse. Aber dank jener umfangreichen Dokumente und George Everests veröffentlich-
ter Memoiren lässt sich die Geschichte des Großen Bogens über dessen wissenschaftliche und politischen Aspekte hinaus rekonstruieren.
So können wir wie bei keinem anderen offiziellen wissenschaftlichen
Unternehmen die Rückschläge verfolgen, die Begeisterung teilen
und die Persönlichkeit der Protagonisten studieren. Beim Schreiben
dieses Buches bestand die Herausforderung nicht darin, nackte Tatsa-
chen mit glaubwürdigen Details in lebendigen Farben auszumalen,
sondern die wissenschaftlichen und politischen Aspekte dieser wirklich abenteuerlichen Geschichte einzubeziehen. Allerdings war die
Versuchung groß, all das beiseite zu schieben und stattdessen von Katastrophen im Dschungel, den Rachegelüsten der Helden oder von
gefährlichen Tigern zu erzählen.

Der Eindruck, dass es sich bei dem Indischen Meridionalbogen gleichsam um ein monumentales Beispiel für menschlichen Ehrgeiz handelt, trifft zu. Als ich auf den Spuren des Großen Bogens durch Indien reiste, konnte ich mich der Faszination nicht entziehen, die von diesem kühnen Projekt ausging. Wie der Mount Everest, der aus der Ferne zwar wie ein ganz ansehnlicher, aber nicht wie der welthöchste Berg anmutet, so wirkt der Indische Meridionalbogen aus der Distanz von zweihundert Jahren zwar eindrucksvoll, aber auch ein wenig weltfremd. Tritt man dann jedoch näher heran, atmet die scharfe Luft und spürt die monströse Erscheinung, so stehen plötzlich der Große Bogen wie der Berg gewaltig vor einem und lassen alles andere auf Zwergengröße schrumpfen. Den einen zu vermessen und den anderen zu erklimmen, war die größte Herausforderung ihres jeweiligen Zeitalters.

Know ...
That on the summit whither thou art bound
A geographic Labourer pitched his tent,
With books supplied and instruments of art,
To measure height and distance; lonely task,
Week after Week pursued!*

Aus *Written with a slate pencil on a stone
on the side of the mountain of Black Comb*
William Wordsworth, 1818

---

* Wisse ... Dass auf dem Gipfel, zu dem du unterwegs bist / Ein Kartograf sein
   Zelt aufschlug, / Mit Büchern und Spezialgeräten ausgerüstet, / Um Höhe
   und Entfernung zu messen; eine einsame Tätigkeit / Die Wochen dauerte!

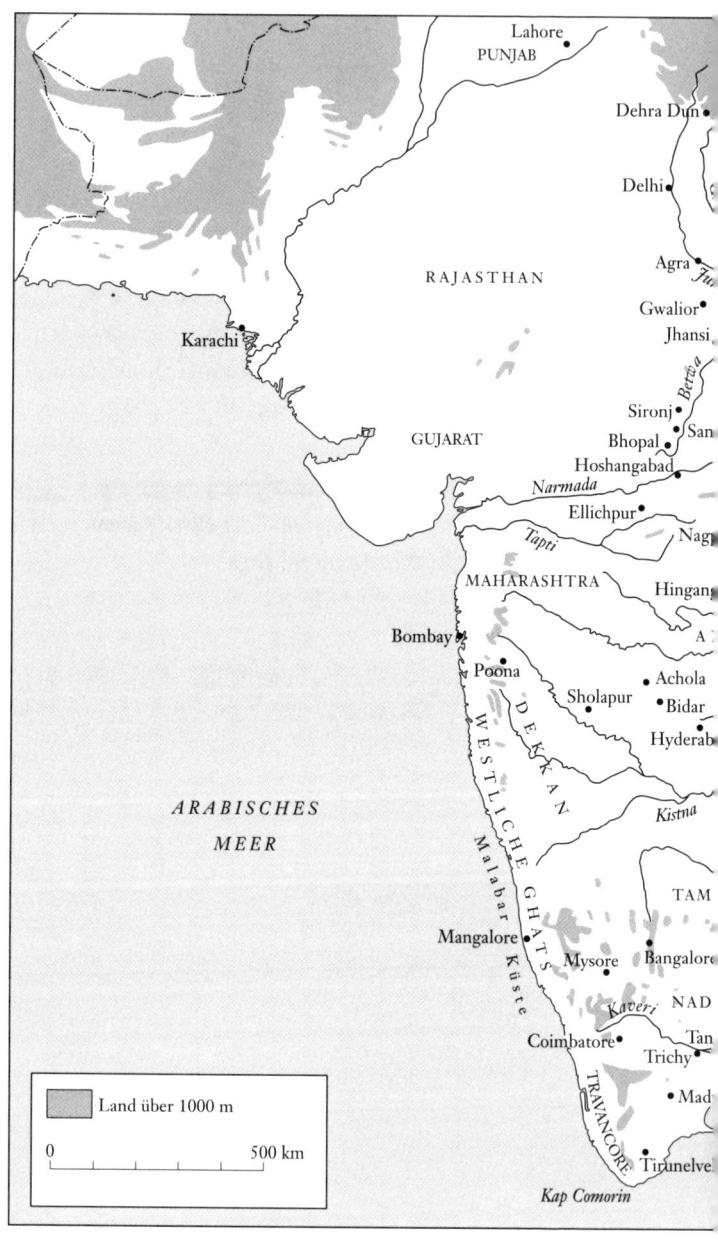

ABBILDUNG 2

Indien

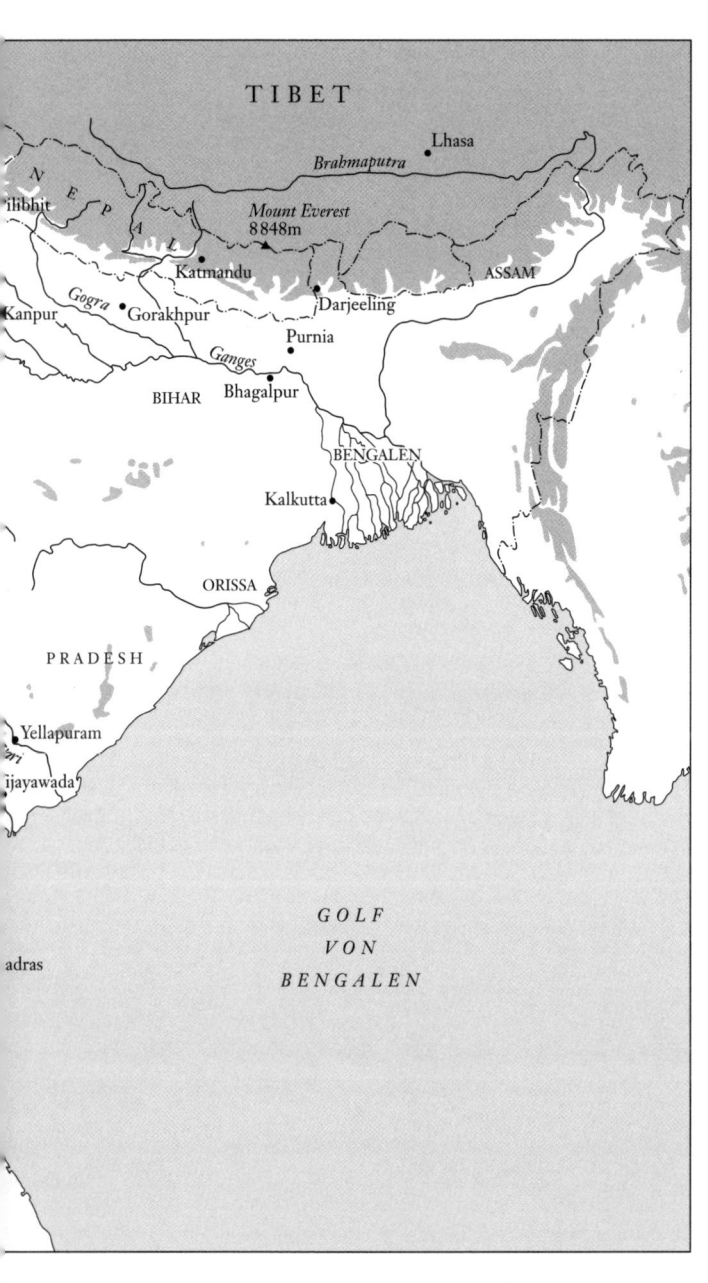

FEUERTAUFE

Das Wort »Dschungel« stammt aus Indien. Auf Hindi bezeichnet *jangal* eine beliebige Fläche nicht kultivierten Landes. Indische Dschungel sind nicht notwendigerweise bewaldet, heutzutage noch weniger denn je. Abseits der Ballungszentren, vor allem in Ost- und Zentralindien, gibt es aber nach wie vor ausgedehnte Dschungelgebiete mit dichtem Waldbestand. Oft handelt es sich dabei um Wildreservate, die zwar kaum für Besucher eingerichtet sind, aber – wie unübersehbar verkündet wird – die Tierwelt schützen sollen.

Hier streifen noch Tiger und Elefanten durchs Gehölz, Nashornvögel flattern plump wie Flugsaurier unter dem Blätterdach umher und bucklige Keiler wühlen mit der Schnauze energisch im Laub. In der Trockenzeit mag eine Safari verlockend erscheinen. Aber seien Sie gewarnt: »Trocken« bedeutet hier Backofentemperaturen. Das ausgedörrte Laub knirscht unter den Füßen wie splitterndes Glas und treibt die Tiere in die Flucht. Auf den mit bröckliger Erde bedeckten Trampelpfaden ist kaum ein Vorankommen, weil sie mit scharfen Dornen gespickt und mit mannshohen Spinnennetzen verhangen sind, in denen vogelgroße Spinnen lauern.

In der Regenzeit ist es noch schlimmer. Dann nämlich explodiert die Vegetation geradezu. Die Pfade werden unbegehbar und in der Luft schwirren unzählige Insekten. Nur Menschen auf der Flucht wagen sich während des Monsuns in den Dschungel. Menschen auf der Flucht und – in jenen längst vergangenen Zeiten, als es kaum Land-

karten gab – Landvermesser. In einem solchen Gebiet, zwischen den
Flüssen Godavari und Kistna im heutigen Bundesstaat Andhra Pradesh in Südostindien gelegen, unterzog sich 1819 ein englischer Lieutenant, der erst seit kurzem in Diensten der Großen Trigonometrischen Vermessung Indiens stand und geradezu versessen darauf war,
sich einen Namen zu machen, einer Feuertaufe.

Die Sache lief von Anfang an schlecht für den 28-jährigen Lieutenant. Kaum einen Monat nach Beginn seines ersten Einsatzes im
Gelände meuterten seine Leute. »Die Verabreichung körperlicher
Züchtigung ist eine verabscheuungswürdige Aufgabe«, schrieb er.
Aber ihm blieb nichts anderes übrig, wenn er seinen Auftrag erfüllen
wollte. Die Männer seiner Begleitmannschaft kannten die Gefahren,
die während der Monsunzeit im Dschungel drohten, und nutzten offenbar jede sich bietende Gelegenheit, um aus dem Lager zurück in
die Stadt Hyderabad zu flüchten. Es musste etwas unternommen
werden. Nicht ohne böse Vorahnungen befahl der Lieutenant, an einem der Delinquenten die Prügelstrafe zu vollziehen, woraufhin die
gesamte Truppe, etwa vierzig Mann, zu den Waffen griff und verkündete, geschlossen abzuziehen. Der Brite war gezwungen zu zeigen,
wer das Sagen hatte; in diesem unbedeutenden und auch heute noch
rückständigen Winkel des Subkontinents stand der Mythos des Empire auf dem Spiel.

Man darf daraus folgern, dass die Briten im Jahr 1819 bereits auf
dem besten Weg waren, die Herrscher Indiens zu werden. Manche
Gebiete waren militärisch erobert worden und standen nun unter direkter britischer Herrschaft; andere wiederum waren nur per Vertrag
angeschlossen und blieben nominell unabhängige Staaten mit eigenen
Souveränen. Dies traf auch auf das ausgedehnte Fürstentum Hyderabad zu, durch dessen dichtesten Dschungel die beiden Flüsse Kistna
und Godavari verliefen, die sich an der Küste vereinigten. Die Große
Trigonometrische Vermessung operierte in Hyderabad mit einer Son-
dererlaubnis; aber in einem »Eingeborenenstaat« konnte man offenbar
nicht mit derselben Unterwürfigkeit rechnen, wie sie in den Gebieten
unter unmittelbarer britischer Kontrolle selbstverständlich war.

Anscheinend galten dort die Regeln des Gehorsams überhaupt nur, wenn man sie mit vorgehaltener Waffe erzwang. Bei den Meuterern, die sich in einen nahe gelegenen Mangohain zurückgezogen hatten, handelte es sich um eine Abordnung einheimischer Truppen, die ihr Befehlshaber Nizam Sikander Jah aus Hyderabad den britischen Landvermessern als Schutz und Unterstützung bereitgestellt hatte. Zusätzlich verfügte das Vermessungsunternehmen über eine eigene Eskorte von zwölf Mann, die in britischem Gebiet rekrutiert worden waren, ihren Sold aus dem Budget des Vermessungsprojekts bezogen und schon jahrelang treue Dienste geleistet hatten. Diese hauseigene Eskorte erhielt nun den Befehl, die Gewehre zu laden, auf die Meuterer anzulegen und ihnen zu drohen, eine Salve auf sie abzufeuern, sollten sie nicht sofort aufgeben.

Der Einschüchterungsversuch hatte Erfolg. Die Meuterer ließen von ihrem Vorhaben ab, und diesmal suchte der Lieutenant nicht nach einer Entschuldigung für den Rohrstock. Drei Männer wurden vor aller Augen verprügelt und anschließend aus dem Dienst entlassen. Auf diese Weise, so berichtet uns der Lieutenant, »wurde sehr früh in meiner Karriere ein umstrittener Punkt geklärt, der für Colonel Lambton eine Quelle ständigen Disputs und Ärgernisses dargestellt hatte, seit er in das Territorium von Nizam vorgestoßen war«.

Colonel Lambton hatte die Große Trigonometrische Vermessung Indiens ins Leben gerufen und war nun ihr oberster Leiter. Bereits siebzehn Jahre lang hatte er ein riesiges geometrisches Netz über die indische Halbinsel ausgebreitet, ohne jemals einen der zahllosen Einheimischen verprügeln lassen zu müssen. Lambton, bekannt für sein Taktgefühl, seine Geduld und Unbeirrbarkeit, schien immun gegen jedes Ärgernis, das ihm in Indien widerfuhr. Zugute kam ihm dabei seine lange Erfahrung in der Wildnis von Nordamerika und seine Hingabe an die Wissenschaft, die so obsessiv und uneigennützig war, dass selbst seine Kritiker ihm vieles nachsahen. Colonel Lambton betörte Indien; Lieutenant George Everest hingegen, sein eifriger neuer Assistent, züchtigte es.

Sein Name wurde übrigens nicht »Ever-rest« ausgesprochen, son-

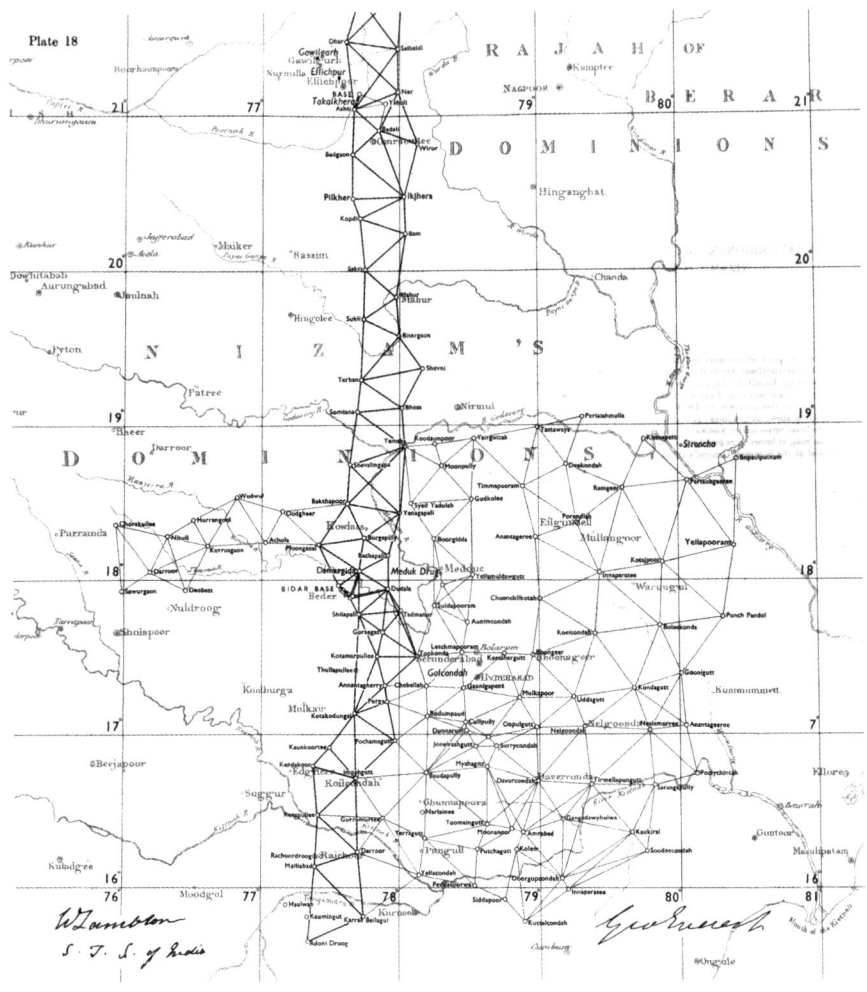

ABBILDUNG 3

Das Dreiecksnetz im rechten Teil dieser Karte von Hyderabad gibt Everests unglückselige Vermessungstätigkeit im Kistna-Godavari-Dschungel 1819/20 wieder. Währenddessen rückte William Lambton mit dem Großen Bogen immer
weiter nach Norden vor (auf der Karte die vertikal verlaufende Dreieckskette in
der Mitte). Die Karte trägt die Unterschrift beider Männer.

dern »Eve-rest«. So war es seit jeher Brauch in seiner Familie, und der Lieutenant wäre wenig erfreut gewesen, hätte man sich nicht daran gehalten. Jahre später beging einer seiner Offizierskameraden den Fauxpas, ihn als »Kumpass Wala« zu bezeichnen. Das war keineswegs beleidigend gemeint: »Kumpass wala« oder »Compass-Wallah« galt als gebräuchlicher angloindischer Ausdruck für Landvermesser. Everest jedoch akzeptierte so etwas nicht. Er verabscheute alles, was für ihn wie ein »Spitzname« klang, und obschon der Anlass kaum der Rede wert war, verlangte Everest eine formelle Entschuldigung, die er auch erhielt. George Everest auf dem falschen Fuß zu erwischen war ein Berufsrisiko, mit dem selbst die in Indien lebenden Briten nur schwer zurechtkamen.

Als die Meuterei zerschlagen war und die Meuterer »jetzt, wo sie mich besser kannten, begriffen hatten, dass eine gute Führung sie vor unfreundlicher Behandlung vorzüglich schützte«, forcierte der selbstgerechte Everest den Vorstoß in die Dschungelgebiete beiderseits des Kistna. Es war Juli, der Monat, in dem der Monsun einsetzt. Pünktlich öffnete der Himmel seine Schleusen genau in dem Moment, als Everest die Anhöhe zu seiner ersten Beobachtungsstelle hinaufkletterte.

Die Vermessungsarbeit fand trotz der wetterbedingten Widrigkeiten während und unmittelbar nach dem Monsun statt, weil nur in dieser Zeit die Luft staubfrei war und sich der von der Hitze erzeugte Dunst auflöste. Wenn zwischenzeitlich die Sonne hervorbrach, war die Atmosphäre vollkommen klar; dann herrschte eine so ausgezeichnete Sicht, dass es Everest vorkam, als könne er unendlich weit sehen und als ließe sich »die Entfernung zu den angepeilten Zielen nur durch ihre offensichtliche Größe erschließen«. Trigonometrische Landvermessung setzte voraus, dass man über eine Distanz von mehr als 30 Kilometern die dort aufgestellten Signale anpeilen konnte. Die vollkommen klare Atmosphäre während des Monsuns war daher ideal. Als Everest in knapp 100 Kilometern Entfernung eine lange dunkle Bergkette erspähte, schickte er seine vier besten Gehilfen los, deren Gipfel zu erklimmen. Die Bergkette, so erfuhr er, trug den Namen Panch Pandol, und die Männer sollten dort ein Signal aufstellen, damit er die Messungen durchführen konnte. In der Zwischenzeit machte er sich mit der übrigen Mannschaft auf den Weg Richtung Süden zum Kistna.

Zwar wurde durch den Monsun die Sicht wesentlich besser, das Vorankommen im Gelände jedoch nicht. Ausgetrocknete Flussbetten verwandelten sich in reißende Ströme, in denen unzählige entwurzelte Bäume trieben. Der Musi, ein Nebenarm des Kistna, schwoll so rasch an, dass Everest von seinem Nachschub abgeschnitten wurde. Nur mit der eisernen Ration ausgestattet und ohne die Möglichkeit, den Kistna jenseits des Zusammenflusses mit dem Musi auf normalem Weg überqueren zu können, zog Everest flussabwärts, wo angeblich eine zweite Fähre verkehrte – an einem Ort etwa 80 Kilometer von der heutigen Stadt Vijayawada entfernt.

Der Kistna, einer der mächtigsten Ströme Indiens, schoss in rasendem Tempo über steile, schräg abfallende Felsen und bäumte sich auf wie ein von Panik besessener Patient unter dem Skalpell des Chirurgen. Wer den Fluss überqueren wollte, musste sich einem »Coracle« anvertrauen, einem kreisrunden Boot, das aus einem mit Häuten überzogenem Weidengeflecht bestand und seiner Form nach einer Schüssel ähnelte. Everest erinnerte es an einen Korb aus Leder. Solche Wasserfahrzeuge, die auch heute noch vielerorts in Indien verwendet werden, sind leicht zu transportieren und gehörten manchmal zur Standardausrüstung von Landvermessern. Everest selbst führte zwar kein solches Boot mit sich, fand jedoch eines, das beschädigt am Ufer liegen gelassen worden war.

Während es der Dorfschuster notdürftig wieder zusammenflickte, befahl Everest, die »Lastochsen« über den Fluss zu treiben. Zum Glück waren es keine wirklichen Ochsen – im wegelosen Dschungel sind Ochsenkarren nutzlos –, sondern Tiere einer Spezies, die seiner Meinung nach »mehr im Wasser zu Hause sind als jeder andere Vierfüßler«, nämlich Elefanten. Er notierte auch, dass Elefanten außerordentlich klug seien. Die Lastelefanten bewegten sich wie befohlen ans Ufer, warfen einen ausgiebigen Blick auf die Felsen und das tosende

Wasser, ließen sich weder von gutem Zureden noch von Flüchen beeindrucken und beschlossen dann, lieber im Trockenen zu bleiben.
»Wahrscheinlich war dies ein Glück«, fügt Everest hinzu, »denn diese
mächtigen Tiere ... benötigen aufgrund der Größe ihrer Gliedmaßen
das, was man in der Schifffahrt als Seeräume bezeichnet, und in ei-
nem Fluss wie dem Kistna ... hätten sie sich mit hoher Wahrscheinlichkeit schwerwiegende Verletzungen zugezogen.«
Diese Wendung der Dinge machte eine Planänderung erforderlich.
Dr. Henry Voysey, einer der beiden britischen Begleiter von Everest,
Geologe und Arzt des Unternehmens in Personalunion, blieb am
Nordufer mit dem Hauptteil der Mannschaft plus den Elefanten,
Pferden, Zelten und dem Gepäck zurück. Everest und ein Dutzend
Männer hingegen setzten, zusammen mit dem schweren Theodolit,
auf die andere Flussseite über. Dazu waren drei Überfahrten nötig,
und da das schüsselförmige Boot danach jedes Mal erneut ausgebes-
sert werden musste, dauerte die Aktion fast den ganzen Tag. Anschließend machte sich Everest, durch die gute Sicht zu der fälschlichen
Annahme verleitet, sein nächster Beobachtungsposten liege nur wenige Kilometer entfernt, sofort auf den Weg dorthin.
Die kurze Entfernung erwies sich als eine Strecke von 20 Kilometern, die durch Dschungel und über steile Felsen führte. Als in der
Abenddämmerung der Berg Sarangapalle endlich erreicht war, zogen
dicke schwarze Wolken auf, aus denen Blitze zuckten. »Schließlich
sammelte sich die geballte Macht«, notierte Everest, »es ertönte ein
fürchterlicher Donnerschlag, und als hätte sich der ganze Himmel zu
einem einzigen riesigen Brausebad vereinigt, strömte der Regen in
großen runden Tropfen senkrecht auf das arg geschundene Fleckchen
Erde des Sarangapullee herab«.
Da sie keine Zelte bei sich trugen, bauten sich Everest und seine
Männer in dieser Sintflut Biwaks aus abgebrochenen Zweigen. Sein
eigener Unterschlupf wurde außerdem mit einer Pritsche und einem
Regenschirm ausgestattet, unter dem er in tiefer Erschöpfung in
Schlaf fiel, ohne noch einen Gedanken an die durchweichten Tweed-
sachen, seine von Matsch verdreckte Lagerstätte oder seine unbedarf-

ten Begleiter zu verschwenden. »Diese Übel haben an sich vielleicht keine schädlichen Auswirkungen«, betont er, »hätten aber unter anderen Umständen schwerwiegende Folgen.«

Die einheimische Bevölkerung Indiens, deren Denken laut Everest »dem Schreckgespenst des Aberglaubens verhaftet war«, führte Fieber stets auf Hexerei zurück und ignorierte dessen natürliche Ursachen. Everest, den die vermeintliche Dummheit und Lächerlichkeit dieses Irrglaubens belustigte, meinte es natürlich besser zu wissen. Malaria und »Typhus«-Fieber waren für ihn gleichermaßen die Folge eines »giftigen Einflusses in der Luft«, die aus feuchten und »ungesunden« Böden hervortrete (Malaria bedeutet »schlechte Luft« und wurde damals als Ursache für das verheerende Fieber angesehen). Überzeugt, dadurch etwas zur medizinischen Forschung beizutragen, untersuchte er eingehend die verschiedenen Schieferarten und -schichten, den kristallinen Sandstein des Sarangapalle, den blauen Kalkstein des Kistna und den porösen Sandstein des Godavari. Diese Böden, so glaubte er, waren die »anderen Umstände«, die ernsthafte Auswirkungen auf sein Vermessungsunternehmen haben könnten.

Zur damaligen Zeit teilten die meisten Zeitgenossen Everests diese Ansicht. Ein kurioser Zufall wollte es, dass ausgerechnet in Hyderabad ein wichtiger Schritt zur Erforschung der natürlichen Ursachen der Malaria unternommen wurde. Siebzig Jahre später nämlich führte in Begampet, heute eine Vorstadt von Hyderabad City, der Arzt Ronald Ross Experimente mit Insekten aus dem Dschungelgebiet des Kistna und des Godavari durch und entdeckte, dass der Malariaerreger von der Anophelesmücke übertragen wurde. Everest Vorstellungen von »Malariadämpfen« erwiesen sich dadurch als ebenso falsch wie diejenigen seiner Begleiter.

Nachdem Everest die Messungen auf dem Sarangapalle abgeschlossen hatte, kehrte er wieder in sein Lager jenseits des Kistna zurück und brach anschließend nach Norden zum Godavari auf. Auf dem Weg dorthin unternahm er von markanten Erhebungen aus, wie derjenigen, zu der er zuvor seine Gehilfen geschickt hatte, mehrere Messungen. Die Vermessung, zu der er beauftragt war, war eine »sekundäre Triangulierung«. Ihr Ziel bestand darin, das gesamte Gebiet zwischen Kistna und Godavari mit einem Netz imaginärer Dreiecke zu überziehen, deren Seitenlinien durch wechselseitig sichtbare Messpunkte ermittelt wurden.

Triangulierung bedeutet »Dreiecksbildung« beziehungsweise Festlegung von drei wechselseitig sichtbaren Bezugspunkten – in der Regel auf den höchsten Bergen oder Gebäuden – als Ecken eines Dreiecks. Kennt man die genaue Entfernung zwischen zweien dieser Punkte und misst dann jeweils den Winkel zwischen der sie verbindenden Visierlinie und der Visierlinie des dritten Punktes, so lassen sich mittels trigonometrischer Berechnung Entfernung und Position des dritten Punktes bestimmen. Eine dieser neu ermittelten Seitenli-

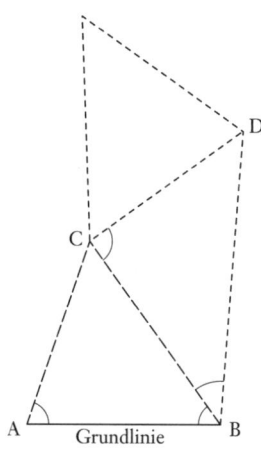

ABBILDUNG 4
Triangulierung der Grundlinie
Kennt man die Entfernung zwischen Punkt A und B (die Grundlinie), so kann die Entfernung von jedem dieser Punkte zu Punkt C trigonometrisch berechnet werden; die Winkel CAB und ABC werden dabei durch Visieren mit dem Theodolit ermittelt. Hat man die Entfernung zwischen C und B errechnet, kann diese als Grundlinie für ein weiteres Dreieck genommen werden, um die Position von Punkt D zu ermitteln. CD bildet sodann die Grundlinie für ein drittes Dreieck und so weiter.

nien des Dreiecks kann man sodann als Grundlinie eines zweiten
Dreiecks mit einem neuen Bezugspunkt nehmen, dessen Position auf
dieselbe Weise gewonnen wird. So entsteht ein weiteres Dreieck, bei
dem wiederum eine Seitenlinie die Basis eines dritten Dreiecks bildet, und so weiter. Daraus resultiert ein Netz beziehungsweise eine
Kette von Dreiecken. Everests Aufgabe bestand nun darin, dieses Netz
der Triangulierung über die gesamte Kistna-Godavari-Region auszudehnen.

Die Position dieser entscheidenden Bezugspunkte hätte man auch
durch sorgfältige Beobachtung der Sterne errechnen können. Doch
wie Everest wiederholt betonte, erreichten astronomische Messungen nur dann die erwünschte Exaktheit, wenn sie über viele Monate
oder noch besser Jahre hinweg von einem gut ausgestatteten und
fachmännisch geführten Observatorium durchgeführt wurden. Auf
dem indischen Subkontinent solche Observatorien einzurichten und
zu betreiben, war jedoch undenkbar; zudem wurden aus Gründen,
die seinerzeit noch nicht vollständig erforscht waren, die Messwerte
von Observatorien von ihrer jeweiligen örtlichen Umgebung beein-
flusst. Die geometrische Methode der Triangulierung galt daher als
die bessere und einfachere Methode. Die Große Trigonometrische
Vermessung war bereits seit zwanzig Jahren im Gang, als Everest hin-
zustieß, und benötigte nach Everests Ausscheiden bis zu ihrer Been-
digung noch weitere zwanzig Jahre. Everest sollte feststellen, dass dieses Unternehmen mehr Menschenleben forderte und mehr Geld
kostete als mancher Krieg, der damals in Indien geführt wurde. Aber
die Triangulierung war ein bewährtes Verfahren, das mathematisch
exakt und daher in der wissenschaftlichen Welt anerkannt war.

Eine solche Vermessungsarbeit hing dennoch von gelegentlichen
astronomischen Messungen ab, mit deren Hilfe die Dreiecke hin-
sichtlich ihrer Position auf den Breiten- und Längengraden verortet
wurden. Außerdem erforderte sie zuweilen die direkte Messung einer
Grundlinie mittels Messlatten am Boden. Man benötigte nämlich
diese so genannte »Grundlinie«, um überhaupt mit der Triangulierung beginnen zu können und die Entfernung zwischen den ersten

beiden Punkten zu ermitteln. Die Messung einer Grundlinie war zudem nützlich, um bei fortgeschrittener Triangulierung die Genauigkeit der ermittelten Werte noch einmal zu überprüfen.

Bei der »sekundären Triangulierung«, wie sie Everest zwischen dem Kistna und dem Godavari durchführte, waren keine Messungen der Grundlinie und astronomische Berechnungen nötig. Everests Aufgabe bestand darin, die trigonometrischen Stationen entlang der Ostküste (deren relative Lage bereits durch die aufwändigeren Methoden und Instrumente der primären Triangulierung bestimmt worden waren) mit denjenigen einer anderen, in mühevollerer primärer Triangulierung erstellten Dreieckskette etwa 150 Kilometer landeinwärts weiter westlich zu verbinden.

Diese Kette folgte in etwa dem 78-Grad-Meridian (dem in Nord-Süd-Richtung verlaufenden Längengrad) und bestand aus einer zusammenhängenden Folge von Dreiecken, die vom Kap Comorin an der Spitze der indischen Halbinsel bis nach Hyderabad im Norden reichte, eine Entfernung von etwas mehr als 1 000 Kilometern. Bereits damals wurde diese Kette als der Große Meridionalbogen bezeichnet. Am meisten faszinierte George Everest an seiner Arbeit, dass er das Rückgrat erstellen sollte, von dem das gesamte Skelett der Großen Trigonometrischen Vermessung abhing. Seinen Auftrag betrachtete er vor allem als eine Chance zu beweisen, dass er die überragende Fähigkeit besaß, als Großmeister des Großen Bogens in die Fußstapfen von Colonel Lambton zu treten.

Für jemanden wie Everest, der im Londoner Stadtteil Greenwich getauft (und daher wahrscheinlich dort auch geboren) war, müssen Meridiane schon früh etwas bedeutet haben. Seit dem 17. Jahrhundert war Greenwich Sitz des Royal Observatory of England. Britische Seefahrer und Landvermesser betrachteten den Meridian von Greenwich, die so genannte »Mittagslinie« (weil auf jedem Punkt eines Nord-Süd-Meridians die Sonne zur selben Zeit im Zenit steht), als den Nullpunkt, von dem aus alle geografischen Längen berechnet wurden und auf den sich in Land- und Seekarten das Koordinatensystem oder Gradnetz der 360 Längengrade der Erde bezog. Später,

im 19. Jahrhundert, wurde diese britische Konvention internationaler
Maßstab. Von da an galt die »Greenwich Mean Time« weltweit als Be-
zugswert für die Zeitmessung, und der Meridian von Greenwich
wurde zum Nullmeridian erklärt. Er war damit das in Nord-Süd-
Richtung verlaufende Gegenstück zu dem in Ost-West-Richtung
verlaufenden nullten Breitenkreis, dem Äquator.

Everest war daher von Kindesbeinen an mit Meridianen vertraut
und vielleicht faszinierte ihn schon damals die Herausforderung ihrer
Berechnung. Während seiner Ausbildung an der Royal Military Aca-
demy in Woolwich studierte er Mathematik, Mechanik und Mess-
technik, Disziplinen also, die für einen zukünftigen Artillerieoffizier
von wesentlicher Bedeutung waren. Dabei kam Everest nicht aus einer Akademikerfamilie. Abgesehen von einem kurzfristigen Vermes-
sungsauftrag in Java, als während der napoleonischen Kriege britische
Truppen die Insel besetzt hielten, hatte sich Everests Karriere kaum
von der jedes anderen Offiziers in Indien unterschieden. Die Berufung zur Großen Trigonometrischen Vermessung war seine große
Chance. Weder Meutereien noch Überschwemmungen oder Fieber
sollten seine Entschlossenheit, sich hervorzutun, bremsen.

Nachdem Everest aus der Sintflut am Sarangapalle zurückgekehrt
war, überprüfte er seinen ersten Beobachtungsposten, stellte den
Theodolit auf – das Instrument zur Messung der Winkel zwischen
den Visierlinien – und suchte mit dem Fernrohr die entfernt liegende
Bergkette des Panch Pandol ab. Seit drei Wochen hatte er von seinem
Messtrupp keine Nachricht, und auch jetzt war nichts von ihnen zu
sehen. Einige Tage später entdeckte man jedoch in der dunklen Vegetation, die die Bergkette überzog, eine lichte Stelle. Von Tag zu Tag
konnte man verfolgen, wie sie zu zwei beträchtlichen Schneisen he-
ranwuchs. »Nach zwei Wochen weiteren Wartens gab es genügend
Tageslicht hinter [den Schneisen], um zu erkennen, dass an der einen
Stelle die Fahne der Großen Trigonometrischen Vermessung wehte
und an der anderen das Signal über dem Vermessungspunkt stand.«
Nun konnten Peilungen vorgenommen und der Winkel zwischen
der Visierlinie dieses neuen Vermessungspunkts und derjenigen eines

anderen Vermessungspunkts auf einer bereits eingerichteten Beobachtungsstation bestimmt werden.

Die Messung solcher Winkel war der Kern der trigonometrischen
Vermessungsarbeit. So wurde ein weiteres Dreieck vervollständigt,
und sobald die Visierlinie zum Panch Pandol berechnet war, konnte
sie als Grundlinie für das nächste Dreieck dienen. Daraufhin zog die
gesamte Mannschaft in Richtung der Bergkette weiter, um von dort
die Messungen fortzuführen und – was den ungeduldigen Everest betraf – eine Erklärung dafür zu finden, weshalb seine Gehilfen so ungeheuer lange gebraucht hatten, um den Panch Parol zu erreichen.
Der Grund dafür war bald offensichtlich. Der Pfad endete abrupt
in einem gewaltigen Dschungelgebiet, das heute die Wildreservate
von Pakhal und Eturnagaram umschließt. Die Ebenholz- und Teak-
wälder bestanden aus Bäumen von »siebzig, achtzig und sogar neunzig Fuß* Höhe und dichtem Unterholz und waren voller riesiger Tiger und Boa constrictors«. Als sich der Vermessungstrupp vorsichtig
einen Pfad durch das Gehölz bahnte, begann Everest gnädiger über
seine Gehilfen zu denken.»Wie sie … ohne Wasser und Nahrung und
angesichts des ständig drohenden Dschungelfiebers durch eine solche
Wildnis gelangt sein konnten, bis sie die am besten geeigneten Stellen für einen Beobachtungsposten gefunden hatten, übersteigt – ich
gestehe es – mein Vorstellungsvermögen.« Sein Vorstellungsvermögen
wurde bald schon auf eine neue Probe gestellt, denn die Szenerie, die
ihn erwartete, war noch beeindruckender:

Als ich die schreckliche Wildnis sah, die mich umgab; als ich sah, wie es meinen
Leuten gelungen war, mittels guten Zuredens und unverzüglicher Entlohnung
genügend Arbeiter zu finden, die jeden Baum fällten, der auf einer Fläche von
fast einer Quadratmeile auch nur annähernd in den Himmel ragte; und als [ich
sah, wie] die riesigen Äste dieser Bäume abgehackt und entfernt wurden, sodass
nur die Stümpfe als Trophäe zurückblieben, da – und erst da – lernte ich die
überragenden Führungsqualitäten von Colonel Lambton zu schätzen, der es verstanden hatte, eine so zuverlässige Truppe von Männern auszubilden.

---

* 70 Fuß = ca. 21 Meter, 80 Fuß = ca. 24 Meter, 90 Fuß = ca. 27 Meter

Dadurch lernte er auch beiläufig »den Wert der Eingeborenen Südindiens« zu schätzen. Aber diese Lektion war bald wieder vergessen. Untergebenen Anerkennung zu zollen, gehörte nicht zu den Charaktermerkmalen eines George Everest. Vom Panch Pandol aus schickte er seinen Vortrupp zu einer Bergkette, die noch tiefer im Dschungel lag, am Ufer des Godavari. Wieder verstrichen die Tage ohne ein Zeichen von ihnen; erneut schäumte Everest vor Wut. Er sandte einen zweiten Trupp los, um nach ihnen zu suchen, dann einen dritten. Schließlich schickte er seinen ersten Unterassistenten Joseph Olliver auf die Suche, den einzigen Briten in seiner Mannschaft neben Dr. Voysey.

Olliver erreichte schließlich den Berg und zog die Flagge auf; aber er hatte keine guten Neuigkeiten. Die meisten der Gehilfen des ersten und zweiten Trupps hatte das Fieber befallen; einige rangen bereits mit dem Tod. Falls der ganze Vermessungstrupp nach Yellapuram weiterziehen sollte (das Dorf, nach dem der neue Standort benannt war), wären die Risiken enorm. Everest zeigte sich unbeeindruckt. Versessen darauf, seinen Auftrag zu erfüllen und auf diese Weise die Anerkennung Colonel Lambtons zu gewinnen, erschien ihm jegliches Risiko gerechtfertigt.

Der Pfad vom Panch Pandol nach Yellapuram wand sich durch »den wildesten und dichtesten Wald, den ich je betreten hatte«. Es dauerte drei Tage; aber zumindest blieb das Wetter gut und die Vegetation zeigte sich nach den letzten Regenschauern in voller Pracht. Voysey und Everest waren beide hoch erfreut, ein Stück weit reiten zu können, und zogen sich dann gegenseitig, als es ans Klettern ging. Schließlich wurde das Blätterdach dünner, und als wieder Himmel und Gipfel zu sehen waren, deklamierten sie spontan eine ihrer Lieblingsstrophen von Shakespeare:

Das Nachtlicht ist verbrannt: der muntre Tag
Reckt sich schon hoch auf dunstigen Bergesspitzen.

Everest jedoch zitierte falsch; und keinem der beiden scheint bewusst gewesen zu sein, was Romeo schon im nächsten Vers voll böser Vorahnung sagt: »Mein Leben heißt jetzt Gehn, mein Bleiben Tod.«

Nachdem sie in Yellapuram vom Pferd gestiegen waren, rief die bedrückende Stille des Dschungels Everest eine Wildnis-Szene aus *Tausendundeine Nacht* ins Gedächtnis. Es bot sich eine grandiose Aussicht auf den Godavari und auf drei Erhebungen, die am Fluss beziehungsweise jenseits davon lagen und sich ausgezeichnet für abschließende Vermessungen eigneten. Er beglückwünschte sich dafür, »dass nun das Ende meiner mühseligen und anstrengenden Aufgabe in Reichweite zu sein schien«, und schickte Messtrupps los.

Aber der muntere Tag hatte kaum die dunstigen Bergesspitzen vertrieben, als das Fieber zuschlug. An jenem Abend lag Everest mit Beschwerden danieder, die er als Typhusanfall bezeichnete, hervorgerufen von »meinem Tagesritt durch eine stechende Sonne und über einen Boden, der schwanger war von Ausdünstungen und Malaria«. Kurz darauf ereilte auch Dr. Voysey das Fieber. Innerhalb von fünf Tagen waren die meisten ihrer Begleiter, darunter die Eskorte, Vermessungsgehilfen, Träger, Elefantenführer und Läufer – insgesamt fast 150 Personen –, ebenfalls erkrankt.

Es schien, als habe sich schließlich der Geist des Dschungels zornig erhoben, um diese Männer für den Frevel zu züchtigen, dass sie es gewagt hatten, die Heiligkeit des von ihnen erkorenen Ortes zu verletzen. Jede Hoffnung, die Arbeit noch in dieser Saison abzuschließen, war nun begraben, und so blieb nur noch, möglichst viele Teilnehmer der Expedition nach Hyderabad zu führen ... [und] enttäuscht und geschlagen die gesamte Strecke von fast zweihundert Meilen* zurückzulegen.

Dr. Voysey ließ sich in einer Sänfte transportieren, Everest, der über kein solches Transportmittel verfügte, auf einer Trage. Als Träger dienten ihnen jedoch nicht ihre vom Fieber geschüttelten Männer, sondern Gefolgsleute eines »aufständischen Anführers, der mir überaus beherzt half voranzukommen«. Sie benötigten drei Wochen, um nach Hyderabad zu gelangen, in welcher Zeit »das Dschungelfieber meine Gruppe verfolgte wie ein Schwarm aufgebrachter Bienen«.

Als in der Stadt die Nachricht von dem Unglück eintraf, wurden

---

* 200 Meilen = ca. 320 Kilometer

alle verfügbaren Karren, Sänften, Elefanten und Kamele losgeschickt, um die Kranken heimzuholen. Die meisten wurden zwar gerettet, aber von den insgesamt 150 Männern waren 15 unterwegs gestorben und keiner war unversehrt geblieben. Die Überlebenden, so schrieb der erschütterte Everest, »besaßen nur noch wenig Ähnlichkeit mit menschlichen Wesen, sondern sahen aus wie Leichen, die man frisch aus dem Grab gezerrt hatte«.

So endete Lieutenant George Everests erste Saison in Diensten der Großen Trigonometrischen Vermessung. Eine lange Genesungszeit war notwendig; es war ohnehin bereits Oktober, der Monat, in dem die Sicht wieder an Klarheit verlor. Everest wurden durch diese Erfahrung die Augen geöffnet. Später erinnerte er sich daran mit einer Mischung aus Schrecken und Naivität, wie man sie sonst selten in seinen Aufzeichnungen findet. Seine Erlebnisse waren jedoch nichts Außergewöhnliches gewesen; der Großen Trigonometrischen Vermessung sollten noch größere Katastrophen widerfahren und noch viele Männer sollten ihr Leben einbüßen. Aber für einen Neuling war es eine harte Probe gewesen, und es war zugleich ein unheilvoller Auftakt zu einer glanzvollen, aber umstrittenen Karriere.

Dr. Voysey sollte nie wieder ganz genesen. Er blieb zwar im Dienst, starb aber schon vier Jahre später an einem erneuten Ausbruch der Yellapuram-Malaria. Auch Everest sollte nie die – wie er es nannte – »volle Vitalität der Jugend« wiedergewinnen. Im darauf folgenden Jahr kehrte er nach Yellapuram zurück, um seine Messungen abzuschließen, erlitt dort aber eine neue »heftige Attacke des Dschungelfiebers«. Die Arbeit wurde von seinem verlässlichen Assistenten Joseph Olliver zu Ende geführt. Inzwischen nahm Everest, der es als »unklug empfand, mich für ein unbedeutendes Ziel zu opfern«, ein Jahr Genesungsurlaub und segelte zur Erholung ans Kap der Guten Hoffnung. 1822 kehrte er in den Dienst zurück, wurde aber im darauf folgenden Jahr von alten wie neuen Fiebererkrankungen gepeinigt, begleitet von grausigen Komplikationen, die ihn zeitweilig zum Krüppel machten. 1825, im Alter von 35 Jahren, brach er erneut per Schiff zu einem Genesungsurlaub auf, diesmal nach England, von wo er erst nach fünf Jahren wieder nach Indien zurückkehrte.

Das Jahrzehnt von 1820 bis 1830, das so entscheidend für Everest war, erwies sich als noch entscheidender für das Unternehmen, das er gegenüber den Behörden in London als das »größte wissenschaftliche Unterfangen dieser Art, das je gewagt wurde« bezeichnet hatte. Damit meinte er weder den ehrgeizigen Plan, eine Landkarte Indiens zu erstellen, noch die strengen Methoden der Großen Trigonometrischen Vermessung, sondern deren größte Hervorbringung, den Großen Indischen Meridionalbogen.

So wie sein Geburtsort Greenwich untrennbar mit dem Nullmeridian verbunden war, so war Everests Leben mit dem Indischen Meridionalbogen verknüpft. Der Meridionalbogen wurde zu seinem Lebenswerk, zu seiner größten Leidenschaft, zu einer fast tödlichen Sucht; und noch zu seinen Lebzeiten wurde sein Name zum Synonym dafür. Dabei darf nicht vergessen werden, dass der Meridionalbogen nicht Everests geistiges Kind war und größtenteils auch nicht seine Leistung – diese Ehre gebührt dem weniger bekannten Genie William Lambton. Auch Everests Name blieb nach seinem Tod nicht wegen des Meridionalbogens in Erinnerung, sondern wegen des Berges, der nach ihm benannt wurde.

Es lag nicht in seinem Wesen, den bleibenden Ruhm auszuschlagen, dass sein Name »ein wenig näher an den Sternen geschrieben steht als der jedes anderen«. Auch die Kontroverse, die die Namensgebung des Mount Everest auslöste, passte gut zu Everests Charakter. Berüchtigt für sein trotziges Wesen, drehte er sich bestimmt im Grab um, weil man sich seiner nur wegen des Berges und nicht wegen der Vermessungen erinnert. Berge spielten in seinem Leben kaum eine Rolle, außer dass sie für ihn günstige Messstationen abgaben. Das Himalajagebirge sah er erst am Ende seiner Karriere, und er betrachtete deren Berge damals nur als passenden Abschluss für den Großen Bogen. Nichts lässt darauf schließen, dass sie ihn wegen ihrer Höhe besonders interessierten.

Und doch bestand eine Verbindung zwischen dem Großen Bogen

und dem Himalaja, und es lag eine gewisse Logik darin, den höchsten Gipfel der Welt nach Everest zu benennen. Denn der Große Bogen war es, der das Rätsel der Berge entschlüsselte. Erst die sorgfältige Vermessung eines Meridians quer durch die Gluthitze des schier unendlichen Indien ermöglichte die Vermessung des eisbedeckten Himalaja. Und dies ist die Geschichte von beidem – des Großen Bogens und der Berge.

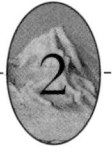

DER RÄTSELHAFTE LAMBTON

Das Andenken an Everests Vorgänger als dem obersten Leiter der Großen Trigonometrischen Vermessung wird weniger hochgehalten. Dieser freundliche Wissenschaftler, der sehr zurückgezogen lebte, ist heute ganz aus dem öffentlichen Bewusstsein verschwunden. Nicht einmal einen Gedenkstein gibt es, der an seine Leistung erinnern würde. Aber ich hatte das Privileg, an seinem Grab zu stehen. Seine letzte Ruhestätte war nur schwer zu finden und überhaupt nicht als solche gekennzeichnet. Ich bezweifle, dass in den vergangenen 50 Jahren irgendjemand in die Stadt Hinganghat gereist ist, um nach ihr zu suchen. Nicht einmal die Einwohner wussten, wo sich Lambtons Grab befindet, und sie hörten seinen Namen zum ersten Mal, als meine Frau ihn buchstabierte.

Zum Glück kamen wir an einem Sonntag an, denn die Entdeckung des Grabes verdankten wir allein dem Umstand, dass in Hinganghat gerade die Morgenmesse gefeiert wurde. Als wir die aus dem Gotteshaus herausströmenden Gemeindemitglieder, Einwanderer aus Kerala, nach einem christlichen Friedhof fragten, ernteten wir zunächst nur erstaunte Blicke. Dann jedoch, noch während die Orgel spielte, tauchte ein Mann von festerem Glauben auf. Mr. K. J. Sebastian, ein Englischlehrer, hätte wahrscheinlich seinen freien Tag lieber mit seiner jungen Familie verbracht. Nachdem er jedoch erfuhr, worum es mir ging, nahm er die Herausforderung an und brauste auf seinem Motorroller los – wir immer dicht hinter ihm her –, um in den Seitenstraßen der Gemeinde nach einer Antwort zu suchen. Hinganghat liegt etwa 80 Kilometer südlich von Nagpur und somit ziemlich genau in der geografischen Mitte Indiens. Die Stadt verkörpert vieles von dem, was an Indien unschön ist. Sofern man nicht geschäftlich mit Baumwolle zu tun hat, gibt es keinen vernünftigen Grund, von der Straße nach Wardha abzubiegen. Zwei große Spinnereien, die schlecht bezahlte Arbeitsplätze bieten, ragen aus der Steppenlandschaft empor. Ihre Maschinen sind in heruntergekommenen rostigen Wellblechhallen untergebracht. Der Rhythmus des Schichtwechsels bestimmt den Tagesablauf von Hinganghat, das eigentlich nur ein übergroßes Dorf ist. Der Gestank nach Gülle vermischt sich mit dem schmierigen Ölfilm der Industrieabgase. Unser Fahrer hatte uns schon gewarnt: »Hinganghat stinkt nach Scheiße.«

Hinter einer Straßenzeile, bestehend aus Zelten mit Verkaufsständen für Tee und Werkstätten zur Reparatur von Autoreifen, wurde auf einem Stück Ödland Cricket gespielt. Das war bereits die dritte Stelle, an der wir nachfragten. Vorsichtig, um nicht auf die menschlichen Exkremente zu treten, mit denen das Gelände übersät war, gingen wir am Spielfeldrand entlang zu einer kleinen, weiß getünchten Moschee. Laut einem Bericht aus dem Jahre 1929 waren zu Lambtons letzter Ruhestätte weitere Gräber hinzugekommen, woraufhin dieses Gelände als christlicher Friedhof geweiht worden war. Da aber niemand in Hinganghat von der Existenz eines solchen Friedhofs zu wissen schien und außer den Christen nur die Moslems ihre Toten begraben, hoffte Mr. Sebastian, dass der Maulvi, der örtliche Vorprediger, vielleicht helfen könnte. Ja, antwortete der Maulvi, es habe christliche Gräber in dem – wie er ihn nannte – moslemischen Friedhof gegeben, und obschon der geheiligte Ort vor kurzem von illegalen Siedlern in Besitz genommen worden sei, finde man dort noch zwei intakte Gräber.

Das eine, das rätselhafterweise als »der Stein des Belgiers« bezeichnet wurde, stellte sich als ein Obelisk in einer runden gemauerten Umfriedung heraus, die der Kolonie der illegalen Siedler als Gemeinschaftstoilette diente. Das andere Grab bestand aus einer flachen rechteckigen Sockelplatte, auf der der erhöhte Umriss eines Sarges zu erkennen war. Kinder spielten darauf. Es gab keinen Grabstein, und irgendwann einmal war die ganze Grabstätte mit einer Schicht Mörtel verputzt worden. In den noch feuchten Mörtel hatte jemand mit dem Finger drei Zeilen geschrieben. Die Buchstaben waren krakelig und so groß, dass wohl nur das Allernötigste mitgeteilt wurde. Ursprünglich mögen es insgesamt zwanzig Buchstaben gewesen sein, und anscheinend hatte sie jemand, der mit der lateinischen Schrift nicht vertraut war, irgendwo abgeschrieben, vielleicht von einer früheren Inschrift. Inzwischen war der Mörtel so brüchig, dass kaum noch die Hälfte der Buchstaben zu entziffern war. Aber ein »L«, ein »A«, ein »M« und ein »B« in der obersten Zeile konnte man noch deutlich erkennen, ebenso wie das völlig überflüssige Wort »DATE« (Datum). Dahinter standen drei Ziffern, »1«, »7« und »6«, der Rest war weggebrochen.

Wenn man dieses Datum als siebzehnhundert-soundso-sechzig las, war es falsch. Es gab zwar kaum einen Zweifel, dass dies tatsächlich Lambtons letzte Ruhestätte war, aber gestorben war er 1823. Außerdem wäre siebzehnhundert-soundso-sechzig ein sehr früher Zeitpunkt für das Grab eines Europäers an einem solch abgelegenen Ort gewesen. Mir kam daher der Gedanke, dass es sich um ein Geburtsdatum handeln könnte. Lambtons Geburtsjahr wird gewöhnlich mit 1753 angegeben, allerdings ist dies nicht sicher belegt. Demnach wäre er zu Beginn der Vermessung des Indischen Meridionalbogens 50 Jahre alt gewesen, 66, als Everest in Hyderabad zu ihm stieß, und bei seinem Tod beeindruckende, aber eher unwahrscheinliche 70 Jahre alt. Bis zu seinem Tod hatte er noch in der Wildnis gearbeitet und sich bereits darauf gefreut, seine Dreieckskette bis nach Agra in Nordindien fortzuführen, was mindestens zwei weitere Jahre Arbeit bedeutet hätte. Unter den Europäern, die sich dem tödlichen indischen Klima aussetzten, waren 70-jährige so selten, wie es heute 100-jährige sind. Ein noch tätiger 70-jähriger hätte bestimmt großes Aufsehen erregt und seine Zeitgenossen zu entsprechenden Kommentaren veranlasst.

ABBILDUNG 5
Lambton starb 1832, während er den Großen Bogen durch Zentralindien legte.
Die Wiederentdeckung seines Grabes inmitten einer Siedlerkolonie in
Hinganghat, Maharashtra, war die überraschende Belohnung einer
abenteuerlichen Spurensuche.

Daher war ich geneigt, eher der Inschrift auf dem Grabstein Glauben
zu schenken. Die frühen 60er Jahre des 18. Jahrhunderts erschienen
mir als Geburtszeitraum plausibler als 1753. Das stimmt auch damit
überein, dass es über und von Lambton ein Jahrzehnt lang – vermutlich als er zwischen 20 und 30 Jahre alt war – unerklärlicherweise keinerlei Aufzeichnungen gibt.

Über den Ort seiner Geburt herrscht größere Gewissheit. Lambton kam auf einer verschuldeten Farm in North Riding in Yorkshire
zur Welt. Die Not seiner verarmten Eltern zwang ihn, einen Beruf zu
wählen, der es ihm ermöglichte, sie zu unterstützen. Schon früh be-
wies er ein Talent für die Mathematik, was ihm einen Platz in einer
höheren Schule eintrug und 1781 den Posten eines Fähnrichs im 33.
Infanterieregiment. Sein Regiment wurde bald schon für den Unab-
hängigkeitskrieg in Amerika eingeschifft, wo er, ebenfalls sehr bald, in

York Town in Gefangenschaft geriet. Nach seiner Freilassung beorderte man ihn in die Wildnis von New Brunswick an der Nordostküste des amerikanischen Kontinents. Dort half er mit, das Land unter den britischen Loyalisten aufzuteilen, die durch den Sieg der Amerikaner vertrieben worden waren, und er beteiligte sich an der Vermessung und Festlegung der Grenzlinie zwischen Britisch-Kanada und den Vereinigten Staaten.

Neun Jahre später, offenbar als Folge eines Versehens, war er immer noch in Brunswick stationiert und bekleidete dort nach wie vor den Rang eines Fähnrichs, bezog aber zusätzliche Einkünfte als ziviler Quartiermeister. Im Jahr 1793 deutete sich jedoch an, dass seine Zeit in der Wildnis abgelaufen war, denn er wurde unerwartet befördert; »zu seinem Erstaunen«, wie es im *Royal Military Calendar* heißt, »wurde ihm der Rang eines Lieutenant verliehen«. Zwei Jahre später erhielt er den Befehl, sich zwischen der militärischen und der zivilen Tätigkeit zu entscheiden. Nachdem er sich ohne Zögern für die Armee entschieden hatte, wurde er 1796 nach Indien versetzt.

Verantwortlich für diese überraschende Entwicklung war der neue Kommandant von Lambtons Regiment, ein gewisser Honourable Arthur Wesley, damals Colonel und 27 Jahre alt. Wesley, besser bekannt unter seiner späteren Namensform »Wellesley«, sollte eines Tages als Herzog von Wellington, der Sieger von Waterloo, berühmt werden. Er war der jüngere Bruder von Richard Wesley (oder Wellesley), dem späteren Earl of Mornington, und wie dieser auf dem Sprung nach Indien. Richard war zum Generalgouverneur der britischen Besitzungen in Ostasien ernannt worden und verstand es als seine Aufgabe, diese munter zu vergrößern. Der junge Arthur und sein Regiment, darunter auch der rätselhafte Lambton, kamen zu einer umtriebigen Zeit nach Indien.

Die beiden Männer begegneten sich zum ersten Mal, als sie 1798 auf demselben Schiff von Kalkutta nach Madras segelten. Arthur Wellesley, auf dem Weg in einen Krieg, den sein angriffslustiger Bruder gegen den Herrscher des unabhängigen Staates Mysore führte, war viel zu beschäftigt, um den Neuankömmling genauer unter die Lupe zu nehmen. Dennoch wunderte er sich über ihn. Lambton, inzwischen etwa Ende dreißig, hatte offenbar viel zu lange außerhalb der zivilisierten Welt gelebt. Der groß gewachsene, robust gebaute und glatt rasierte Lambton mit seinem rötlichen, bereits schütter werdenden Haar, war im gesellschaftlichen Umgang eher unbeholfen, und sein Lebensstil galt als ungewöhnlich bescheiden. »Die Schlichtheit seines Auftretens vermittelte vielen Leuten einen sehr unzutreffenden Eindruck von seinen Geisteskräften und seiner Weltkenntnis«, erinnerte sich John Warren, ein alter Freund. »Manche Eigentümlichkeiten seines Verhaltens waren dem Umstand geschuldet, dass er so lange außerhalb der Welt gelebt hatte. Er verzog das Gesicht, und der alte Unfall hatte dazu geführt, dass er schielte.« Der »alte Unfall« hatte sich ereignet, als er in Kanada eine Sonnenfinsternis beobachtete. Weil er sich nicht an die elementaren Vorsichtsmaßnahmen gehalten und vor seinem Fernrohr kein geschwärztes Glas angebracht hatte, hatte Lambton die Sehkraft seines linken Auges teilweise eingebüßt. Die Folge war ein leicht glasiger Blick und eine erhöhte Vorsicht, wenn einer seiner Untergebenen unter seiner Leitung ein solches Instrument benutzte.

Trotz dieser Eigentümlichkeiten war Arthur Wellesley von Lambtons Fähigkeiten beeindruckt. Er befragte andere, ob sie ihm dies bestätigen konnten, und als ihr Schiff in Madras einlief, lud er Lambton ein, in seiner Residenz zu wohnen. Wie auch immer die 13 Jahre in der Wildnis Lambtons gesellschaftlichen Umgangsformen geschadet haben mögen, in beruflicher Hinsicht waren sie nicht vergeudet gewesen. Lambton hatte sich in die höhere Mathematik, in Mechanik und Astronomie eingearbeitet, was in London großen Eindruck machte – und in Indien noch viel mehr. Nach seiner Ankunft in Kalkutta hatte er für die führende wissenschaftliche Zeitschrift Indiens, die *Asiatick Researches*, einen Beitrag geschrieben, gespickt mit höchst respektablen mathematischen Gleichungen. Einladend betitelt mit »Beobachtungen zur Theorie der Mauern« demonstrierte er darin, dass es für jede Festungsmauer eine optimale Tiefe des Fundaments gab, die zu überschreiten mathematisch gesehen nutzlos sei. Solche

Kenntnisse mögen zwar zu einer Zeit, als die Briten in Indien die Angreifenden waren, nur von begrenztem Nutzen gewesen sein, aber sie überzeugten Colonel Wellesley, dass Lambton alles andere als ein Tölpel war. Lambton bedauerte es, dass der Colonel niemals mit ihm sprach. Vielleicht wollte Wellesley auf diese Weise nur vermeiden, dass sein Mangel an wissenschaftlichen Kenntnissen offenbar wurde. Aber zweifellos schätzte er Lambtons Gesellschaft und sollte sich bald als nützlicher Gönner erweisen.

Lambton erhielt seine Chance im Krieg gegen Mysore, der 1799 begann. Damals waren die Briten bereits seit mehr als 150 Jahren in Madras. Händler der englischen Ostindischen Kompanie kauften seit dem frühen 17. Jahrhundert in diesem Teil Indiens Baumwollstoffe auf. Sie waren sehr stolz auf das Fort – welches inzwischen zu einer richtigen Stadt angewachsen war –, das sie 1640 in Madraspatnam gegründet hatten. Aber schon hundert Jahre später, als die europäischen Kriege die Briten in Auseinandersetzungen mit ihren französischen Konkurrenten im nahe gelegenen Pondicherry verwickelten, begannen sie in Indien mehr Interesse an der Landnahme als am Handel zu entwickeln. Inzwischen gab es zahlreiche weitere Handelsniederlassungen der Briten – oder besser gesagt der Ostindischen Kompanie – entlang der indischen Küste, und von einer dieser Niederlassungen, Kalkutta, aus war der erste Vorstoß zu einem britischen Dominion unternommen worden.

Zwischen 1756 und 1766 stellte die Ostindische Kompanie in Kalkutta Truppen auf, die in einem weiteren Krieg gegen die französischen Rivalen den örtlichen Nawab stürzen und einen Anspruch auf die Erträgnisse Bengalens sichern sollten. Bengalen, eine der größten und reichsten Provinzen Indiens, umfasste ein Gebiet, das den heutigen Staat Bangladesch sowie die angrenzenden indischen Bundesstaaten Westbegalen, Bihar und Orissa einschloss. An Bihars Nordgrenze zu Nepal blickten die britischen Kolonialbeamten zum ersten Mal auf das gezackte Profil des Himalajagebirges, und von diesem festen bengalischen Brückenkopf aus begannen die britischen Truppen in Nordindien ihren unerbittlichen Marsch durch die Gangesebene auf die alte Mogul-Hauptstadt Delhi.

Madras im Süden und Bombay im Westen hingegen waren eigenständig regierte »Präsidentschaften« geblieben, so genannt, weil beide Städte einen eigenen Präsidenten oder Gouverneur hatten. Da bei ihnen nach wie vor der Handel die maßgebliche Rolle spielte, waren sie viel leichter angreifbar als Bengalen, dessen Beamte sie zunehmend als politisch abhängig betrachteten. Diese Ansicht verstärkte sich noch, als in den 70er Jahren des 18. Jahrhunderts Kalkutta zur Hauptstadt von Britisch-Indien erklärt und deren Gouverneur zum Generalgouverneur über alle britischen Besitzungen in Indien berufen wurde.

Zu dieser Zeit hatte Madras zwar die Bedrohung durch die französischen Rivalen in Pondicherry abgeschüttelt, sah sich aber den Expansionsgelüsten des landeinwärts gelegenen Nachbarstaats Mysore (dem Gebiet nach ungefähr das heutige Karnataka) ausgesetzt. Daraus erwuchsen nicht weniger als vier britisch-mysorische Kriege; am letzten, zugleich dem unausgewogensten, waren die beiden Wellesleys und Lambton beteiligt. In den 60er bis 80er Jahren war Haidar Ali, ein furchterregender Feldherr, zweimal gegen die Briten angetreten, doch als in den 90er Jahren sein närrischer Sohn Tipu Sultan es ihm gleichtun wollte, hatten die Briten leichtes Spiel. Durch ihre Erfolge in Bengalen beflügelt, konnten sie jeden Widerstand überwältigen und legten alles, was nicht äußerstem Gehorsam entsprach, als Auflehnung aus, die bestraft gehörte.

Tipu Sultan hatte mit französischer Unterstützung gerechnet. Zu diesem Zweck hatte er den gewöhnlich nur in eine Richtung verlaufenden Weg der kolonialen Diplomatie umgekehrt beschritten, indem er eine eindrucksvolle Botschaft nach Versailles sandte. Als sie 1788 in Frankreich eintraf, war Ludwig XVI. gerade verzweifelt bemüht, eine Krise in seinem eigenen Land abzuwenden, die Frankreich ein Jahr darauf in die Revolution stürzte. Es kam zu keinem Bündnis zwischen Mysore und Frankreich, und so stand Tipu Sultan der geballten britischen Macht allein gegenüber. Doch er blieb widerspenstig. Der »Tiger von Mysore«, wie man ihn nannte, fand Gefallen an einem beweglichen, mit Geräuscheffekten ausgestatteten

Apparat, der einen Tiger darstellte, welcher einen englischen Soldaten zerfleischt (der Apparat ist heute in London im Victoria and Albert Museum zu bewundern). Aber im dritten Krieg zwischen den
Briten und Mysore im Jahre 1790 war es der Tiger, der übel zugerich-
tet wurde; und im vierten Krieg im Jahre 1799 galt es nur noch, ihn
vollends zu erlegen.

Lambton spielte in diesem Krieg seine Rolle mit Bravour. Dank
seiner astronomischen Berechnungen konnte er ein Desaster abwen-
den, als General Baird bei einem nächtlichen Marsch seine Truppen
versehentlich nach Süden zu den feindlichen Linien führte anstatt
nach Norden in sicheres Gebiet. Und bei der großen, sorgfältig geplanten Belagerung von Tipus Festung in Srirangapatnam gab er sich
tollkühner als später Wellington, der »Eiserne Herzog«. Der Krieg
selbst, mit einer solch klaren Überlegenheit geführt, wurde zur er-
warteten Tigerjagd. Er dauerte nur vier Monate. Srirangapatnam
wurde mit einer Besessenheit verwüstet, die einem Hunnenkönig At-
tila zur Ehre gereicht hätte, und Tipu fand man erschlagen inmitten
der Ruinen.

Die Siegesbeute einzukassieren dauerte länger als der Krieg und
war weitaus erfreulicher. Das Territorium von Mysore erstreckte sich
bis nach Malabar an der Westküste und südlich fast bis an die Spitze
der indischen Halbinsel. Entsprechend dem Vorbild Kalkuttas in Bengalen erhielt auch Madras schließlich ein ausgedehntes Hinterland indischen Territoriums, dessen größter Teil von nun an direkt unter britischer Herrschaft stand.

Während Lambton mit Arthur Wellesley und seinen Truppen
durch das schöne Hochland aus Teakholzwäldern und trockenen
Wiesen zog, wo man hier einen aufsässigen Herrscher unterwarf und
dort eine Festung plünderte, entwickelte er eine grandiose Idee.

Genauso wie früher New Brunswick war den Briten das Land, das
sie besiedeln wollten, praktisch unbekannt. Um Mysore zu erkunden,
zu verteidigen und auszubeuten, benötigte man dringend Landkarten, und so machten sich 1799/1800 zwei Vermessungstrupps auf den
Weg. Der eine konzentrierte sich darauf, Daten zu Ackerbau und

Handel zu sammeln. Der dreibändige Forschungsbericht, ein weit-
schweifiger Klassiker dieses Genres, enthielt Kostbarkeiten wie zum
Beispiel die Beschreibung des Anbaus von Koschenille-Schildläusen
– oder besser gesagt ihrer Zucht, denn die kleinen roten Tierchen, aus
deren Körperflüssigkeit Farbe gewonnen wird, brauchte man nur
einzusammeln, wenn sie in den Hecken ihre Netze spannen und sich
dort ungeheuer vermehrten.

Der andere Vermessungstrupp verfolgte eher offizielle Aufgaben,
ähnlich denen, die bereits in Bengalen durchgeführt worden waren.

ABBILDUNG 6
Bevor sich Lambton ans Werk machte, erhoben die Vermessungen (wie beispielsweise die von Mackenzie) nur sehr geringen Anspruch auf Genauigkeit, da
die Theodolite äußerst primitiv gebaut waren.

Er verfügte über Theodolite zur Triangulierung, über Messtische zur Aufzeichnung der topografischen Details und über Messräder und Stahlketten für die Längenmessung. Colonel Colin Mackenzie, ebenfalls ein bekannter Mathematiker, leitete den Trupp. Er hatte sein Zuhause auf der Hebrideninsel Lewis ursprünglich zu dem Zweck verlassen, in Indien das Logarithmensystem der Hindus zu studieren. Seine Vermessung von Mysore war ein Vorbild an Genauigkeit, und die von ihm erstellten Landkarten zeichneten die Staatsgrenzen ebenso getreu nach wie sie die »Lage jeder Stadt, jedes Forts, jedes Dorfes ... sämtlicher Flüsse und deren Verlauf, die Straßen, die Seen, Wasserreservoirs, Hohlwege, Berge und jedes bemerkenswerte Objekt, jede Besonderheit und Eigenart des Landes« verzeichneten. Zusätzlich sammelte Mackenzie Informationen über Klima und Böden, Pflanzen, Mineralien, Menschen und Altertümer. Letztere waren seine Spezialität. Im Laufe der Vermessung von Mysore und bei anderen Reisen trug er den größten Bestand an orientalischen Manuskripten, Münzen, Inschriften und Aufzeichnungen zusammen. Die Katalogisierung der Mackenzie-Sammlung, die die Archive sowohl in Indien als auch in Großbritannien verstopfte, war noch hundert Jahre später nicht abgeschlossen.

Unter diesen Umständen erschien Lambtons große Idee, noch eine dritte Vermessung auf den Weg zu bringen, reichlich überflüssig. Und da Mackenzies Bemühungen erwarten ließen, dass Mysore das kartografisch bestdokumentierte Gebiet ganz Indiens sein würde, sah Lambton den Widerstand der Behörden bereits voraus. Aber Arthur Wellesley kam ihm zur Hilfe, indem er darauf hinwies, dass sein Untergebener nicht eine Landkarte ausarbeiten, sondern eine Vermessung vornehmen, also keine geografische, sondern eine geodätische Erkundung durchführen würde.

Die Geodäsie erforscht die Oberflächengestalt der Erde, und es schien, als habe Lambton diese Wissenschaft in der Einsamkeit von zwölf langen kanadischen Wintern zu seinem Spezialgebiet erkoren. Er hatte eifrig studiert und die gesamten führenden wissenschaftlichen Veröffentlichungen zu diesem Thema verschlungen. Besonders

ABBILDUNG 7

Die Ausrüstung der Vermesser (Flaggensignale, geeichte Messstangen, Messketten und andere Instrumente) konnte von einem halben Dutzend Gehilfen
bedient werden.

hatten es ihm die Arbeiten von William Roy, dem Gründer des British Ordnance Survey, und dessen noch berühmteren französischen
Mentoren angetan.

Das Vermessen unbekannter Gebiete hatte zu Lambtons ersten
Aufgaben in Kanada gehört. Auf einigen alten Landkarten von New
Brunswick findet man sogar einen »Lambton's Mountain«. Dieser
Berg ist nicht besonders hoch, und im Unterschied zum Everest behielt er auch nicht seinen Namen; man benannte ihn in »Big Bald
Mountain« (Großer Kahler Berg) um. Aber eine solche Vermessung,
die auf der einfachen Logik der Triangulierung beruhte, war ein Kinderspiel verglichen mit dem, was die Cassini-Familie in Frankreich
und William Roy in Schottland und England unternommen hatten.

Die Triangulierung mit all ihren Gleichungen und Theoremen
(wie etwa dem Satz des Pythagoras), ist strikt zweidimensional. Sie
setzt voraus, dass alle Messungen auf einer ebenen Fläche stattfinden,
sei es nun ein Küstendelta oder ein Blatt Papier. In jedem natürlichen

Gelände gibt es jedoch Erhebungen und Senken. Aber auch diese lassen sich trigonometrisch bestimmen, indem man den Querschnitt der Erdoberfläche nimmt und auf ihn vertikal stehende Dreiecke legt. So kann dann der Steigungswinkel zwischen der Horizontalen und einer Visierlinie zu jedem beliebigen erhöhten Punkt gemessen und – sofern man die Entfernung zu dem erhöhten Punkt kennt – seine Höhe auf die gleiche Weise berechnet werden wie die Winkel in einer horizontalen Ebene. Auf diese Weise lassen sich alle Berghöhen bestimmen, auch die des Himalaja. In der Theorie war eine zusätzliche dritte Dimension also kein Problem.

Eine weit größere Schwierigkeit jedoch ergab sich aus dem Umstand, dass die Erde nicht nur uneben, sondern rund ist. Das bedeutet, dass sich die Winkel eines Dreiecks auf der horizontalen, aber gerundeten Erdoberfläche nicht wie in einer Ebene zu 180 Grad addieren. Vielmehr sind sie durch die Krümmung leicht geöffnet und ergeben in der Summe etwas mehr als 180 Grad. Diese Differenz wird als sphärischer Exzess bezeichnet und muss von den ermittelten Werten abgezogen werden, bevor man Schlussfolgerungen daraus zieht.

Für eine Ortsvermessung von einigen hundert Quadratkilometern spielten die Abweichungen, die aus dem sphärischen Exzess herrühren, keine große Rolle. Bei sorgfältiger Ermittlung der Längen- und Breitengrade an den Grenzen des Vermessungsgebiets konnten diese Abweichungen annähernd bestimmt werden. So ging jedenfalls Mackenzie vor. Aber eine derart über den Daumen gepeilte Berechnung war bei einer Vermessung von mehreren tausend Quadratmeilen völlig unzureichend, da sich jede Ungenauigkeit rasch mit der folgenden addiert hätte; und sie war jedem Landvermesser, der Wert auf höchste Genauigkeit legte, ein Gräuel.

Die einfachste Lösung, wie sie schon von Geografen der Antike vorgeschlagen wurde, bestand darin, Radius und Umfang der Erde zu berechnen und aus diesen Werten eine Standardkorrektur für den sphärischen Exzess abzuleiten, die dann allen Triangulierungen zugrunde gelegt werden konnte. Aber hier ergab sich ein weiteres und noch größeres Problem. Die Erde ist zwar rund, aber man hatte herausgefunden, dass sie nicht gleichmäßig rund ist. Im 17. Jahrhundert mussten Astronomen und Landvermesser widerwillig eingestehen, dass die Erde keine vollkommene Kugel ist, sondern ein Ellipsoid oder Sphäroid, eben eine »Art Kugel«. Die Frage, welche Art von Kugel das war, welche Gestalt der Sphäroid nun genau hatte, gab Anlass zu langen Debatten. War die Erde an den Seiten flach wie ein aufrecht stehendes Ei oder wie eine Grapefruit an der Spitze abgeflacht? Und um wie viel?

Zum Glück für Lambton war zu seiner Zeit diese Frage bereits gelöst. In den 30er Jahren des 18. Jahrhunderts hatte man in Frankreich zwei Expeditionen ausgesandt, die eine zum Äquator ins heutige Ecuador, die andere zum Polarkreis nach Lappland. Jede der Expeditionen sollte durch Triangulierung entlang des Meridians eine Bogenlänge von ca. 300 Kilometern bestimmen. Dann würde man durch astronomische Berechnung die exakte Position der Grenzpunkte dieses Kreisbogenabschnitts ermitteln und so die exakte Länge des Breitengrades erhalten. Unter großen Schwierigkeiten und mit Verzögerungen – die Expedition zum Äquator zog sich länger als neun Jahre lang hin – wurde diese Arbeit durchgeführt und anschließend die Ergebnisse verglichen. Es stellte sich heraus, dass in Ecuador ein Breitengrad über einen Kilometer kürzer war als in Lappland, genau genommen belief sich das Verhältnis auf etwas weniger als 110 Kilometer zu etwas mehr als 111 Kilometer. Also lagen die Parallelen der Breitengrade am Äquator näher beieinander, an den Polen hingegen weiter auseinander. Die Oberfläche der Erde musste demnach am Äquator stärker gekrümmt, an den Polen flacher sein. Das Grapefruit-Modell hatte sich bestätigt – man musste sich die Erde als oben und unten abgeflachten Sphäroid vorstellen.

Es blieb noch zu klären, um wie viel flacher die Pole waren beziehungsweise wie stark abgeflacht der Sphäroid war und ob diese Abweichung regelmäßig und konsistent war. Dies zu erforschen übernahmen im späten 18. Jahrhundert die französischen Gelehrten und William Roy. Die Messinstrumente wurden immer ausgeklügelter und dementsprechend stiegen auch die Erwartungen an ihre Genauigkeit. Die bahnbrechende Kette von Dreiecken, die man bereits früher durch ganz Frankreich hindurch gemessen hatte, wurde nach Süden bis nach Spanien hinein und zu den Balearischen Inseln fortgeführt und im Norden über den Ärmelkanal hinweg mit den Dreiecken von Roy verknüpft, die sich über Großbritannien erstreckten. Der daraus resultierende Bogen war der längste, der je vermessen worden war, und trotz einer Reihe unerklärlicher Ungereimtheiten erwies er sich als verlässliche Basis für die Bestimmung der Erdkrümmung in den nördlichen Breiten und damit auch des sphärischen Exzesses.

Lambton schlug nun vor, das Gleiche in den tropischen Breiten zu unternehmen, etwa in der Mitte zwischen dem Äquator und Nordeuropa. Aber wie seine Kollegen in Europa spielte auch er den wissenschaftlichen Erkenntnisgewinn herunter, als er seine Methode anpries, und betonte stattdessen den praktischen Nutzen, der sich ergebe, wenn man »die korrekte Lage der wichtigsten geografischen Punkte [innerhalb von Mysore] nach korrekten mathematischen Prinzipien bestimmt«. Auf diese Weise könne man auch die genaue Breite der indischen Halbinsel bestimmen, ein nicht unerheblicher Aspekt, seit diese in britischer Hand war. Und zudem ließe sich später die Dreieckskette »fast unbegrenzt in jede beliebige Richtung fortführen«. Örtliche Landvermessungen wie die von Mackenzie würden sich wesentlich beschleunigen lassen, wenn man nicht mehr eigene Grundlinien ausmessen müsste, sondern an der Seitenlinie eines Lambtonschen Dreiecks anknüpfen konnte. In dieses Rahmenwerk der »wichtigsten geografischen Punkte« könne man außerdem bereits bestehende Vermessungen integrieren und deren oft zweifelhafte Angaben von Breiten und Längen entsprechend korrigieren. Wie ein Architekt würde Lambton Räume schaffen, die in ihrem Bau unzweifelhaft solide, ihrer Form nach wahrhaft und in ihrer Lage korrekt sein würden − und diese Räume könne dann jeder nach eigenem Belieben ausstatten und möblieren.

Lambton konnte sich jedoch kaum enthalten zu erwähnen, dass dieses Unterfangen noch ein weiteres »Desideratum« erfüllen würde,

»ein noch erhabeneres«, wie er es nannte: nämlich »durch direkte Messung die Größe und Gestalt der Erde zu bestimmen«. Die präzise Kenntnis der Länge eines Grades in den Tropen wäre nicht ohne praktischen Wert, insbesondere für die Seefahrt, deren Karten dadurch erheblich verbessert würden. Aber Lambton dachte eigentlich nicht an die Seeleute. Wie er in langen und gewundenen Sätzen darzulegen versuchte, verfolgten seine Messungen »ein Ziel von äußerster Wichtigkeit für die höheren Gefilde der Mechanik und der physikalischen Astronomie«. Denn neben der Frage nach der Erdkrümmung waren auch Zweifel über die Struktur der Erde aufgekommen und insbesondere über deren mögliche Wirkung auf Schnurlote und die Libellen an den Messinstrumenten. Mit Schnurloten ermittelte man die Vertikale, während Libellen die Horizontale angaben, von denen aus sowohl in der Astronomie (für die Bestimmung von Länge und Breite) als auch in der terrestrischen Landvermessung (bei der Messung von Höhen) die Steigungswinkel berechnet wurden. Unstimmigkeiten, die bei der Vermessung des Europäischen Bogens aufgetreten waren, ließen vermuten, dass Schnurlote nicht immer genau zum Zentrum der Erdkugel wiesen und die Libellen nicht immer die Horizontale anzeigten. Sie schienen zuweilen abgelenkt zu werden, vielleicht durch die »Anziehungskraft« nahe gelegener Berge. Wenn aber die Vertikale und die Horizontale variabel waren – was tatsächlich der Fall ist –, war es wichtig zu wissen weshalb, wo und um wie viel. Neue Messungen in bis dahin unvermessenen Breiten würden, so hoffte Lambton, die Antwort darauf liefern.

Ob irgendein Mensch in Indien, der Lambtons Ausführungen las, auch nur die leiseste Vorstellung davon hatte, was Lambton im Sinn hatte, darf bezweifelt werden. Dennoch empfahl Arthur Wellesley die wissenschaftlichen Qualitäten seines Freundes aufs Wärmste, Mackenzie trat energisch für die Idee einer Landvermessung ein, die sicherlich seine eigene verifizieren würde, und Generalgouverneur Richard Wellesley war einem Projekt nicht abgeneigt, das nicht nur seine jüngsten Eroberungen ins rechte Licht rücken, sondern vielleicht auch die Notwendigkeit weiterer Eroberungen belegen würde.

Dass sich die Erstellung neuer Landkarten hervorragend für politische Zwecke eignete, wusste man damals bereits sehr genau; dieser Aspekt würde in der weiteren Entwicklung keine geringe Rolle spielen.

Anfang 1800 wurde daher die dritte Mysore-Vermessung genehmigt, auch wenn kaum jemand ganz verstand, worum es dabei ging. Lambton begann sofort, mit Instrumenten und möglichen Dreiecken zu experimentieren. Für die – wie es hieß –»trigonometrische Vermessung der Halbinsel« war es zunächst von entscheidender Bedeutung, einen gültigen Wert für die Länge eines Breitengrades in der Mitte Indiens festzulegen. Ähnlich wie jene Expeditionen nach Lappland und Ecuador plante daher Lambton zunächst penibel genau einen kurzen Bogen in der Nähe von Madras. Aber erst im April 1802 machte er sich daran, die erste Grundlinie festzulegen, die zum Grundpfeiler der Großen Trigonometrischen Vermessung Indiens werden sollte.

Verzögert wurde das Projekt durch die Schwierigkeit, geeignete Instrumente zu bekommen. Zufällig hatte man in Kalkutta eine stählerne Messkette von höchster Qualität entdeckt. Diese Kette war zusammen mit einem großen Zenitsektor – einem Instrument für astronomische Beobachtungen – und anderen Geräten ursprünglich für den Kaiser von China angefertigt worden. Aber wie schon viele vor ihr hatte auch die Macartney-Mission von 1793 vom kaiserlichen Hof eine Abfuhr erhalten und Dr. Dinwiddie, der eigentlich Seiner Himmlischen Majestät den himmlischen Nutzen von Instrumenten aus britischer Fertigung hatte demonstrieren wollen, sah sich genötigt, eben diese Instrumente als Entlohnung für seine Dienste zu akzeptieren.

Als Dinwiddie danach in Kalkutta landete, verschaffte er sich ein hübsches Auskommen mit astronomischen Vorführungen. Nun aber willigte er gnädig ein, seine Instrumente der Wissenschaft zur Verfügung zu stellen; insbesondere die Kette sollte Lambton gute Dienste leisten. Sie hatte vierzig Glieder aus besonders hartem Stahl, von denen jedes 76,2 Zentimeter maß. Verbunden waren die Glieder durch fein gearbeitete Messinggelenke. Zusammengelegt ließ sich die Kette in einer schweren Kiste aus Teakholz transportieren. Mit Inhalt wog dieses Behältnis an die 50 Kilogramm. Sowohl die Kette als auch die Kiste sind als wertvolle Relikte im indischen Vermessungsdienst von Dehra Dun zu besichtigen.

Einen geeigneten Theodolit für die entscheidenden Winkelmessungen von Lambtons ersten Dreiecken zu finden, bereitete größere Probleme. Ein Theodolit ist im Grunde genommen ein hochwertiges Zielfernrohr, montiert auf einem ausgeklügelten Gestell. Auf diesem kann man es um zwei Achsen drehen: in der Vertikalen mittels eines senkrecht stehenden Ringes oder »Kreises«, an dessen Kalibrierung die Höhenwinkel abgelesen werden, und in der Horizontalen mittels eines noch größeren waagrechten Kreises, dessen Skala die Horizontalwinkel angibt. Zur Ausrichtung und lotrechten Aufstellung eines Theodoliten sind Senkbleie, Libellen und Justierschrauben angebracht, und zum Ablesen der Kalibrierung gibt es Mikrometer und Mikroskope. Zudem muss dieses Instrument felsenfest stehen und seine Fertigung, optischen Instrumente und die Kalibrierung müssen höchste Präzision aufweisen. Tatsächlich gab es weltweit wahrscheinlich nur zwei oder drei Instrumente dieser Art, die jene für Lambtons Zwecke ausreichende Präzision und Verlässlichkeit aufwiesen. Durch einen glücklichen Zufall hatte er eines entdeckt, das fast mit dem von William Roy benutzten identisch war. William Cary, ein berühmter englischer Hersteller, hatte es erst kurz zuvor angefertigt. Aber es musste von England nach Indien verschifft werden, ein beträchtliches Risiko für ein Instrument von einer halben Tonne Gewicht und der Größe eines kleinen Traktors. Und unglücklicherweise hatte jenes Schiff aus nicht bekannten Gründen Verspätung.

Es war auch dann noch überfällig, als Lambton für seine Grundlinie in Madras bereits die Markierungen setzte. Er wählte dafür einen Streifen ebenen Geländes zwischen dem St. Thomas's Mount, einem markanten Felsen, wo angeblich der »ungläubige« Apostel in einer Höhle gelebt hat, und einem anderen Berg 12 Kilometer weiter südlich. Der St. Thomas's Mount, heute am südöstlichen Stadtrand von

ABBILDUNG 8

Lambtons Großer Theodolit wog eine halbe Tonne und musste von zwölf Männern getragen werden. Nach mehrfacher Beschädigung bei wiederholten Stürzen wurde er schließlich restauriert und befindet sich heute in Dehra Dun im Survey of India, dem indischen Vermessungsdienst.

Madras gelegen, wurde inzwischen bebaut, aber das andere Ende der Grundlinie ist wie zu Lambtons Zeiten heute noch Farmland und Gestrüpp. Nachdem Lambton den Boden freigeräumt und geglättet und die Endpunkte festgelegt hatte, begann er mit Dinwiddies gut 30 Meter langer Kette die Vermessung.

Inzwischen hatte er aus England eine zweite Kette erhalten, und diese benutzte er zur Gegenkontrolle, indem er Dinwiddies Kette des

Öfteren daraufhin prüfte, ob sie sich durch den Transport oder das
Auslegen gedehnt hatte. Ausdehnung und Zusammenziehung infolge
des Temperaturwechsels waren ein großes Problem. William Roy
vom Ordnance Survey hatte, bevor er seine erste Grundlinie bei
Hounslow Heath maß (das nun hauptsächlich vom Flughafen Hea-
throw eingenommen wird), sowohl Holzstäbe als auch Stahlketten als
ungeeignet verworfen, bis er sich schließlich für speziell angefertigte
Glaszylinder entschied. In Indien hatte Lambton keine solch praktische Alternative; er musste sich mit den Ketten behelfen. Zum Messen wurde die eine Kette in ihrer vollen Länge von einhundert Fuß
in fünf hölzerne Kästen von je zwanzig Fuß Länge gelegt und in
Spannung gehalten. Die Kästen ruhten auf dreibeinigen Gestellen, die
mit Justierschrauben ausgestattet waren, sodass man sie exakt waag-
recht ausrichten konnte. Lambton stattete sämtliche Kästen mit Ther-
mometern aus, die bei jeder Messung abgelesen und deren Angaben
aufgezeichnet wurden. Durch Vergleich mit der zweiten Kette, die in
einem kühlen Gewölbe lagerte, versuchte er dann, einen Richtwert
für die wärmebedingte Ausdehnung zu ermitteln.

April und Mai sind in Tamil Nadu heiße Monate. Die Temperatur
bewegte sich zwischen 32 und 49 Grad Celsius. Lambton verlor kein
Wort über die Qualen, die es bedeutete, in einer solchen Hitze zu arbeiten, doch die Temperaturschwankungen bereiteten ihm enormes
Kopfzerbrechen. Nach endlosen Experimenten kam er zu dem
Schluss, dass ein Temperaturunterschied von 0,5 Grad Celsius bei der
30 Meter langen Kette einen Unterschied von 0,0188 cm bewirkte.
Aber waren die vor Ort gekauften Thermometer auch ausreichend
präzise? Und könnte sich die Temperatur nicht in der Zeit geändert
haben, die zwischen dem Auslegen der Kette und dem Ablesen der
Thermometer verstrich? Lambton zerbrach sich fieberhaft den Kopf;
er ordnete an, die Messungen und das Ablesen ausschließlich in der
Dämmerung oder am frühen Nachmittag durchzuführen, wenn die
Temperatur so stabil wie nur irgend möglich war; die Thermometer
wurden geprüft und wieder geprüft, beide Ketten mit einem Standardmaß kontrolliert und erneut kontrolliert. Nichts vermittelt einen

besseren Eindruck von Lambtons Besessenheit, die Toleranzen auf ein
unendlich kleines Minimum zu drücken, als diese Jagd nach einer Variablen, die sich auf weniger als zwei Hundertstel Zentimeter belief.

Um die vollen 12 Kilometer der Grundlinie zu erhalten, waren
vierhundert einzelne Messungen mit der Kette nötig. Für jede dieser
Messungen mussten die Kästen mit den dreibeinigen Gestellen und
natürlich auch die Kette selbst weitertransportiert werden. Das ging
nur langsam vonstatten, selbst nachdem Lambtons Gehilfen so ge-
schult waren, dass sie es wie im Schlaf erledigten. Die gesamte Vermessung dauerte 57 Tage, wobei noch nicht die Zeit mitgerechnet
war, die für den Bau der Endmarken benötigt wurde. Diese sollten so
dauerhaft sein, dass sie gleichzeitig die Beständigkeit eines Blockhau-
ses und die haarscharfe Präzision aufwiesen, die nötig war, um auf
dem Erdboden die tatsächliche Markierung zu haben, mittels derer
der Theodolit für die Triangulierung ausgerichtet werden konnte.

Der alles entscheidende Theodolit war jedoch noch immer nicht
eingetroffen. Ein Gerücht, dass das Schiff, das ihn bringen sollte, von
den Franzosen gekapert worden sei, bestätigte sich. Das Schiff lag in
Port Louis auf Mauritius fest, und der große Theodolit war dort ent-
laden und ausgepackt worden. Zum Glück zeigten sich die französischen Behörden großzügig, als sie erkannt hatten, um was es sich
handelte. So wurde der Theodolit wieder verpackt und nach Indien
weitergeschickt. Im September traf er dort ein, »zusammen mit einer
höflichen Empfehlung an die Regierung von Madras«.

Schließlich konnte Lambton mit seiner Triangulierung beginnen.
Ende September maß er von seiner Grundlinie aus die Winkel zu
Punkten im Süden und Westen, die er zuvor ausgewählt hatte. Mit der
kurzen Kette von Dreiecken Richtung Süden zur Küste sollte die
Länge eines Grades festgelegt werden; das dauerte etwa ein Jahr.
Dann, im Oktober 1804, wandte er sich von der Küste nach Westen
ins Landesinnere. Er wollte seine Dreiecke über die gesamte Halbinsel weiterführen und begann mit der Nord-Süd-Reihe, die heute als
der Indische Meridionalbogen bekannt ist.

Während der folgenden zwanzig Jahre bekam man Lambton in

Madras nur höchst selten zu sehen. Wie schon zuvor in Kanada schien er erneut in der Leere des Kontinents verschwunden zu sein; nach etwa sechs Jahren im Rampenlicht der Öffentlichkeit war es ihm gelungen, sich wieder unsichtbar zu machen. Aber die Regierung bestand auf Berichten über den Fortgang der Expedition und die wissenschaftliche Welt wartete auf seine Entdeckungen. Lambtons persönliche Papiere waren mit ihm verschwunden. Bis Ende 1818, als der junge Everest zu ihm stieß, gibt es nur wenige Zeitzeugenberichte über seine Arbeit und deren Fortgang. Aber seine Berichte fanden Eingang in die Akten des Vermessungsamts, und seine gelehrten Abhandlungen wurden in wissenschaftlichen Zeitschriften veröffentlicht. Zusätzlich schrieb einer seiner Assistenten Erinnerungen nieder; und es ist – wenngleich unerwarteterweise – belegt, dass Lambton zwei Kinder hatte, beide geboren in der Zeit, als er am Indischen Meridionalbogen arbeitete. Wie er später gestand, waren die Jahre in Indien die glücklichsten seines Lebens gewesen.

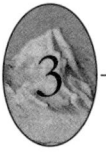

UNGLAUBLICHE GESCHICHTEN AUS DEN BERGEN

Bei der Vermessung einer Grundlinie musste nicht nur deren genaue Länge, sondern auch deren Höhe über Meeresniveau bestimmt werden. Andere Höhenangaben, die im Verlauf der Triangulierung ermittelt wurden, konnten sodann auf diesen universellen Standardwert statt auf die einzelnen Grundlinien bezogen ausgedrückt werden. Um das zu messen, was gleichsam das Rückgrat seiner ganzen Vermessung darstellen sollte, hatte Lambton für seine Grundlinie ein Gelände ausgewählt, das nur fünf bis sechs Kilometer von der Küste bei Madras entfernt war und nur wenige Fuß über Meeresniveau lag. Aber wie viel Fuß genau war nicht so leicht zu ermitteln.

Zunächst wurde am Sandstrand südlich des berühmten Marina Beach von Madras der höchste Meeresspiegel exakt gemessen und durch ein Signal markiert. (Im Jahr 1802 bezeichnete man als »Meeresspiegel« oder »Meeresniveau« den höchsten Wasserstand; erst im weiteren Verlauf des 19. Jahrhunderts wurde der mittlere Wert zwischen dem höchsten und dem niedrigsten Wasserstand zum Standard erklärt, an dem sich alle Höhenmessungen orientierten.) Von diesem Signal am Strand aus wurde die horizontale Entfernung zur Haupttribüne der Pferderennbahn von Madras, die noch heute ganz nah am St. Thomas's Mount gelegen ist, mit der Messkette exakt vermessen; es ergaben sich 5 854,4 Meter. Anschließend wurde vom obersten Geländerrand der Haupttribüne aus mit dem Theodolit der Neigungswinkel zu dem Fähnchen am Strand ermittelt. Dann bestimmte man im umgekehrten Verfahren den Steigungswinkel vom Strand zur Tribüne.

Diese doppelte Messung war notwendig, weil Lambton daran gelegen war, die Auswirkung eines als Refraktion (Brechung) bezeichneten Phänomens zu messen; infolge der Brechung durch die Erdatmosphäre werden die Visierlinien vertikal abgelenkt oder gekrümmt – eine weitere tückische Variable, die die geodätische Arbeit erschwerte. Die Brechung spielte den Vermessern insbesondere bei der Beobachtung weit entfernt liegender Berggipfel übel mit, wenngleich sie, wie George Everest feststellen sollte, durchaus auch Vorteile hatte.

Nachdem Lambton einen Brechungsfaktor berechnet hatte, korrigierte er dem entsprechend die gemessenen Winkel. Indem er die Visierlinie zwischen dem Signal am Strand und der Tribüne der Pferderennbahn als die Hypotenuse eines rechtwinkligen Dreiecks definierte (deren rechter Winkel weit unterhalb der Tribüne lag, wo sich eine vom Geländer ausgehende Vertikale mit einer Horizontalen vom Strand schnitt), konnte Lambton zwei Winkel und eine Seitenlänge von 5 854 Metern berechnen. Nach den Grundregeln der Geometrie ließ sich sodann die Länge der beiden anderen Seiten des Dreiecks ermitteln, von denen die eine eben die zu messende Höhe der Tribüne über Meeresniveau war.

Wichtig war, auch die Höhe des Signals zu berücksichtigen, weil bei der Messung von der Tribüne aus dessen oberes Ende angepeilt worden war. Entsprechendes galt für die Höhe des Theodoliten-Fernrohrs über dem Erdboden. Um den exakten Wert für die Höhe der Grundlinie über Meeresniveau zu erhalten, musste man schließlich noch die Höhe der Tribüne abziehen.

Dazu wurde zunächst die Tribüne selbst vermessen und anschließend nach unten, zur Grundlinie, »hinunternivelliert« – ein verhältnismäßig einfaches Verfahren, bei dem die Neigung in einzelne »Stufen« zerlegt und deren jeweiliges Gefälle mittels Nivellierlatten und einem Nivellier (einem Fernrohr, das mit einer Röhrenlibelle ausgestattet ist und damit eine horizontale Ziellinie ermöglicht) bestimmt

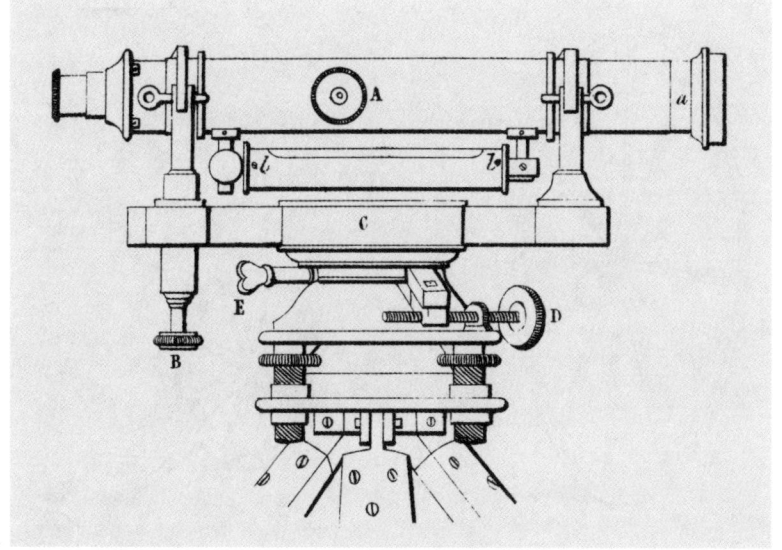

ABBILDUNG 9

Nivellierinstrumente mit Röhrenlibelle und Teleskop wurden zur Messung von
Steigung und Gefälle des Bodens entlang einer Grundlinie verwendet.

wurde. Zwischen die Nivellierlatten gestellt konnte man so deren
Höhenunterschiede messen. Die Grundlinie selbst war allerdings
ebenfalls nicht horizontal, sondern wies einen ähnlichen »Stufenver-
lauf« auf. Nachdem all dies »mit so viel Exaktheit, wie bei einem me-
chanischen Verfahren überhaupt möglich, durchgeführt war ... darf
ich das Ergebnis«, so Lambton, »als das Vollkommenste betrachten,
was in dieser Art jemals erreicht worden ist.« Stolz verkündete er die
Zahl: »15,753 Fuß* für die lotrechte Höhe des südlichsten Punktes der
[Grund-]Linie über Meeresniveau.«

Seinerzeit wurde dieser Berechnung nicht viel Beachtung ge-
schenkt. Sie hatte mehrere Tage gedauert und sorgfältigster Planung
bedurft, aber ein Anstieg von 4,802 Metern war keine besonders auf-
regende Entdeckung. Das Ergebnis der Vermessung war überdies in

---

* 15,753 Fuß = 4,802 Meter

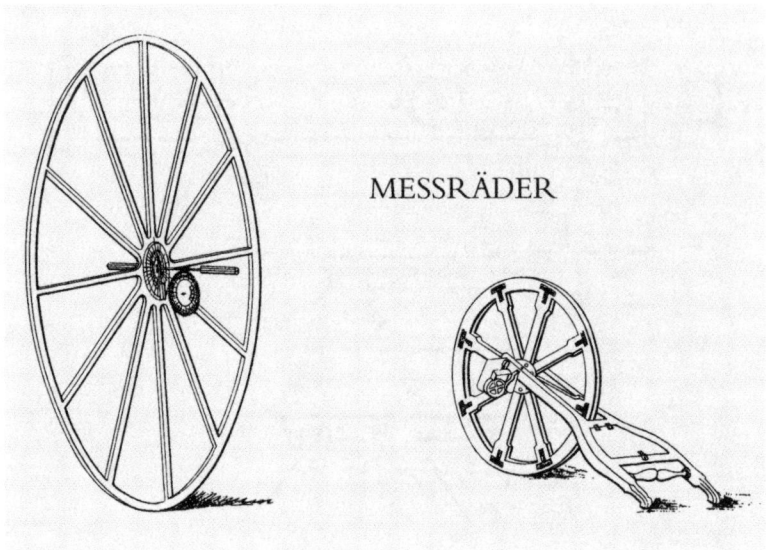

ABBILDUNG 10

Entfernungen wurden mithilfe von Messrädern grob bestimmt; diese Messräder
waren mit einem Meilenzähler ausgestattet. Es wurden verschiedene Modelle
entwickelt, die aber für die Vermessung einer Grundlinie alle viel zu ungenau
waren.

eher technischen Daten über die Grundlinie selbst versteckt. Diese
wiederum war tief in einem großen ledergebundenen Buch verborgen, dessen Veröffentlichung im Jahr 1805 zufällig mit Nachrichten
über weitaus atemberaubendere Höhen andernorts zusammenfiel.

Knapp 2000 Kilometer entfernt, jenseits der Nordgrenze von Bri-
tisch-Bengalen, hatte ein Vermesser namens Charles Crawford das
Königreich Nepal im Herzen des Himalaja betreten – just zu der
Zeit, als Lambton seine Grundlinie vermaß. Von der Gegend um Katmandu aus hatte Crawford einen guten Blick auf das Himalajagebirge, und einem Reisebericht von 1805 zufolge war er »zu der
Überzeugung gelangt, dass diese Berge von enormer Höhe sind«.

… Es wurden Peilungen von allen höheren Gipfeln des schneebedeckten Massivs
vorgenommen, die von mehr als einer Beobachtungsstation aus zu sehen waren;

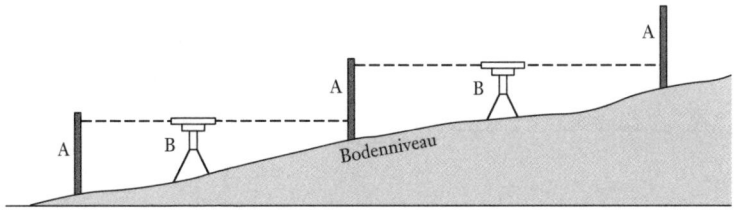

ABBILDUNG 11
Nivellierung
Nivellierung: Bei kurzen Entfernungen, etwa bei derVermessung einer
Grundlinie am Boden, wurde die Steigung beziehungsweise das Gefälle des
Bodens durch das horizontale Visieren nach lotrecht stehenden Maßstäben oder
Nivellierlatten (A) mit einem Nivellier (B) bestimmt.

und in der Folge wurden die Entfernungen dieser Gipfel von den Beobachtungspunkten aus … bestimmt, indem die Schnittstelle der Peilungen berechnet
wurden. Colonel Crawford führte auch Höhenmessungen durch, mit deren Hilfe die Höhe der Berge berechnet werden konnte und – unter Berücksichtigung
der Brechung – sogar sehr hoher Gipfel.

Das klang vielversprechend. Es schien, als hätte Crawford den ersten
ernsthaftenVersuch unternommen, den Himalaja zu vermessen. Bedauerlicherweise wurden die hohen Erwartungen aber schon im
nächsten Abschnitt gedämpft.

Aber die Zeichnungen und das Tagebuch dieserVermessung sind leider verloren
gegangen.

DieserVerlust hätte durch die Aufzeichnungen eines anderen Mannes
wettgemacht werden können, der zufällig Crawfords Entdeckungen
zitiert hatte; doch er schrieb in einem lückenhaften Telegrammstil:
»Doppelte Höhen mit Sextant gemessen – Berücksichtigung der Refraktion – Peilung – berechnete Entfernung – Höhe durch Trigonometrie – zusätzliche Höhe für die Erdkrümmung – Ergebnis 11 000
bis 20 000 Fuß* über den Beobachtungsstationen.«

---

* 11 000 Fuß = 3 353 Meter, 20 000 Fuß = 6 096 Meter

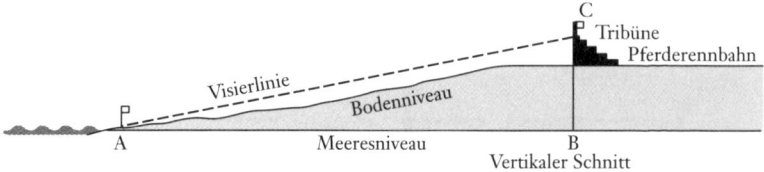

ABBILDUNG 12

Höhenmessung

Zugängliche Erhebungen in geringer Entfernung – wie beispielsweise die Höhe über Meeresniveau der Tribüne der Pferderennbahn von Madras, die William Lambton bestimmt hatte – konnten mit größter Genauigkeit gemessen werden. Nachdem man die Entfernung AB durch Triangulierung der Grundlinie (siehe S. 31) bestimmt hatte, konnte mittels Messung des Steigungswinkels an Punkt A (und/oder des Neigungswinkels an Punkt C) die Höhe über Meeresniveau (CB) auf ein Tausendstel Zoll genau berechnet werden.

Crawfords genaue Vorgehensweise bleibt im Dunkeln. Wie war beispielsweise die Entfernung der Gipfel von Crawfords Beobachtungspunkten aus »berechnet« worden? Sicher nicht nach jenem Verfahren, mit dem Lambton sein Dreieck zwischen Strand und Tribüne ausgemessen hatte; wenn aber das Verfahren die horizontale Triangulierung gewesen war, so hätte man eine exakte Grundlinie zwischen zwei Beobachtungspunkten gebraucht, die mindestens 32 Kilometer auseinander lagen. Crawfords Grundlinie soll aber weniger als 400 Meter lang und von zweifelhafter Exaktheit gewesen sein.

Darüber hinaus war die »Höhe über den Beobachtungsstationen« eine wertlose Angabe, wenn man nicht wusste, wie hoch diese über Meeresniveau lagen. Diese Auskunft lag nicht vor, und eine geschätzte Höhe von 1 400 Metern war reine Spekulation. Das Meeresniveau tief in den Bergen sollte noch in den nachfolgenden 50 Jahren reine Spekulation bleiben – eine weitere der zahlreichen Unwägbarkeiten, die die Vermessung des Himalajas erschwerten.

Trotzdem räumte Crawfords Bericht mit einer gängigen, aber falschen Vorstellung auf. Der Himalaja war keine Kette aktiver Vulkane.

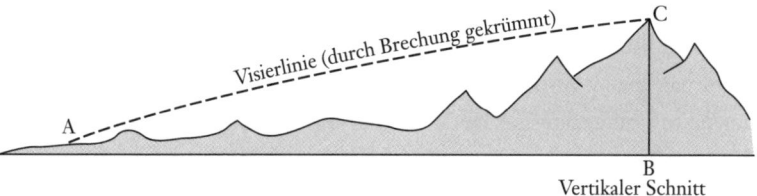

ABBILDUNG 13
Höhenmessung unzugänglicher Erhebungen
Die Gipfel des Himalajagebirges, deren Höhe nur aus 160 Kilometern
Entfernung von der Ebene aus gemessen werden konnte, waren schwer zu
bestimmen. Die Höhe über Meeresniveau von Punkt A musste vorher
errechnet und für die Brechung (die Ablenkung der Visierlinien durch die
Erdatmosphäre) ein bestimmter Faktor einberechnet werden. Die Entfernung
AB war häufig das Ergebnis einer Schätzung oder der zweifelhaften
Triangulierung einer viel zu kurzen Grundlinie, deren Länge nicht exakt
ermittelt worden war.

Die Rauchfähnchen, die von seinen Gipfeln aufzusteigen schienen, waren nur Schneeverwehungen. Crawfords Bemühungen zur Vermessung stellten darüber hinaus gegenüber den bisher nur vagen Vermutungen einen wichtigen Fortschritt dar. In den folgenden zwei Jahrzehnten, während Lambton die Dreiecke seines Großen Bogens weit entfernt im tropischen Süden konstruierte, lösten Crawfords Behauptungen über den Himalaja Neugier und Kontroversen über die schneebedeckten Berge aus, die, unterhalb des Hochlands von Tibet gelegen, trotzig und herausfordernd selbst einen großen Bogen entlang der Nordgrenze Indiens beschrieben.

Von der Existenz des Himalaja wusste man schon in der Antike. Der Astronom und Geograf Ptolemäus hatte bereits im ersten nachchristlichen Jahrhundert von »Imaus« und »Emodi« gesprochen, Namen, die vermutlich aus dem Sanskrit *(H)ima-alaya*, »Wohnstätte des Schnees«, abgeleitet sind. Er beschrieb sie als Fortsetzung des Kaukasus östlich des Kaspischen Meeres. Spätere Reisende wie Marco Polo im 13. Jahrhundert folgten gewöhnlich einem Zweig der alten Seidenstraße, die entlang der Nordflanke des westlichen Himalajagebir-

ges verlief, sich aber von Tibet und dem Zentralmassiv des Himalaja
aus in südlicher Richtung fortsetzte. Im 17. Jahrhundert wurde Tibet
regelmäßig von jesuitischen Missionaren von Indien aus bereist, und
der erste überzeugende Bericht über das Gebirge stammt von einem
dieser Missionare aus dem 18. Jahrhundert. Es handelt sich um den
Italiener Ippolito Desideri, der im Jahr 1715 von Kaschmir aus nach
Lhasa aufbrach und zu seinem Entsetzen noch Ende Mai tiefen
Schnee vorfand und Berge, »die den Inbegriff von Trostlosigkeit,
Schrecken und Tod« darstellten. »Sie sind übereinander geschichtet«,
schrieb er, »und so nah beieinander, dass kaum Platz für die Sturzbä-
che bleibt, die von den Gipfeln herunterströmen und mit einem
solch ohrenbetäubenden Lärm auf das Gestein treffen, dass auch der
tapferste Reisende in Angst und Schrecken versetzt wird.«

50 Jahre später, als die britischen Waffen in Bengalen den Beginn
der Raj, der britischen Oberherrschaft, ankündigten, wurden die Beobachtungen nüchterner. Lord Clive beauftragte in den 60er Jahren
des 17. Jahrhunderts Major James Rennel damit, die Territorien zu in-
spizieren, die er als Colonel Robert Clive so überraschend in seine
Gewalt gebracht hatte. Rennel, der Vater der Vermessung Bengalens
und deren erster Chef, reiste nach Norden an die Grenze zu Bhutan,
wo er beobachtete, dass mehrere Gipfel das ganze Jahr hindurch
schneebedeckt waren. Besonders einer fiel ihm auf, vielleicht der
Chomo Lhari. Auch wenn Rennel keinen Versuch machte, ihn zu
vermessen, und die Berge als außerhalb seines Operationsbereichs lie-
gend ansah, machte er doch die Welt darauf aufmerksam, dass das Himalajagebirge womöglich »zu den höchsten Gipfeln der alten Hemisphäre« gehörte.

Kurioserweise wurde als Hauptkonkurrent um den Rang des
höchsten Gipfels Eurasiens nicht der türkische Ararat (5 165 Meter)
oder der französische Montblanc (4 810 Meter), sondern der »höchste
Gipfel Teneriffas« (El Teide, 3 716 Meter) betrachtet. Während die
Höhe anderer hoher Berge ungewiss war – hauptsächlich deshalb,
weil sie so weit vom Meer entfernt lagen und daher nicht in Bezug
auf das Meeresniveau gemessen werden konnten, erhob sich der

höchste Gipfel der Kanarischen Inseln praktischerweise direkt über dem Atlantik, am viel befahrenen Seeweg um Afrika. Die Seeleute führten Sextanten mit sich, und deshalb war dieser Berg Teneriffas schon vielfach gemessen worden. Dennoch war seine damals berechnete Höhe mit 4782 Metern um fast ein Viertel zu hoch angesetzt. Dies zeigt, wie schwierig es war, auch leicht zugängliche Höhen zu berechnen.

Rennel zog nur mit den »höchsten Gipfeln der alten Hemisphäre« Vergleiche. Die neue Hemisphäre oder Neue Welt aber hatte da schon mit anderen Erhebungen aufzuwarten. Man wusste damals bereits, dass insbesondere die Anden extrem hoch waren. Dank jener französischen Expedition, die einen Breitengrad am Äquator gemessen hatte, war der Chimborazo in Ecuador auf etwas weniger als seine tatsächlichen 6310 Meter über Meeresniveau gemessen worden; er galt damit als der höchste Gipfel der Erde. Dass der Chomo Lhari in Bhutan 914 Meter höher war als der Chimborazo Ecuadors, hätte Rennel wohl überrascht.

Einer von Rennels herausragendsten Zeitgenossen übte weniger Zurückhaltung und wusste auch bereits, dass dieser Gipfel Chomo Lhari oder »Chumalary« genannt wurde. Sir William Jones, Richter am Obersten Gerichtshof in Kalkutta, war unbestreitbar der größte Gelehrte Englands, der jemals nach Indien geschickt worden war. Dr. Johnson hatte ihn als den »aufgeklärtesten Mann« gepriesen, Edward Gibbon nannte ihn ein »Genie«. Als Sprachwissenschaftler, Dichter, Historiker, Philologe und Naturforscher in einer Person, gründete Jones die Asiatic Society of Bengal, zu deren Veröffentlichungen unter anderem auch Lambtons gelegentliche Berichte zählten. Jones' Forschungen waren in fast allen Bereichen der Orientwissenschaften maßgeblich. Es ist Jones' Verdienst, dass die Berechnung der Höhe des Himalaja auf die Liste der Forschungsaufgaben im Orient gesetzt wurde.

»Kurz nach« Sonnenuntergang des 5. Oktober 1784«, schreibt Jones, »hatte ich von Bhagilpoor [Bhagalpur am Ganges in Bihar] eine klare Sicht auf den Gipfel des Chumalary ... Den exaktesten Berechnungen zufolge, die ich durchführen konnte, muss die horizontale Entfernung, von der aus er deutlich sichtbar war, mindestens 244 britische Meilen* betragen.« Diese außergewöhnliche Sichtbarkeit sprach stark für eine riesige Erhebung; aber Jones kam es außerdem zugute, dass er mit zwei Männern korrespondiert hatte, die die Gebirgskette tatsächlich überquert hatten. Sie waren auf getrennten Handelsmissionen nach Tibet gesandt worden und dabei einer bereits vorhandenen und nicht besonders schwierigen Route durch Bhutan gefolgt. Aus ihren Berichten über Breiten- und Entfernungsmessungen schlussfolgerte Jones richtig, dass die Gebirgswand viele Meilen tief und ebenso hoch sein musste. Die höchsten Gipfel lagen weit hinter dem unmittelbaren Horizont »auf dem zweiten oder dritten Kamm«. Anders als der vorsichtige Rennel hatte Jones nach sorgfältigem Studium dieser und anderer Berichte Mut zum Risiko. Er war der Erste, der erklärte, es gebe jetzt »hinreichend Grund, davon auszugehen, dass wir von Bhagilpoor aus die höchsten Gipfel der Welt erblicken, auch die Anden nicht ausgenommen«.

Bei diesen und anderen Äußerungen zur indischen Geschichte und Philologie bestand Jones' Genialität darin, einer Wahrheit nahe zu kommen, deren Beweis noch ausstand. Und er besaß eine solche Autorität, dass kaum jemand seine Behauptungen infrage stellte; man betrachtete sie vielmehr als Ansporn, den ausstehenden Beweis zu erbringen.

Zu denen, die sich anschickten, diese Aufgabe zu erfüllen, gehörten vorrangig zwei Vettern namens Colebrooke. Robert Colebrooke war Soldat und wurde im Jahr 1794 Rennels Nachfolger als oberster Chef der Vermessung Bengalens. Henry Colebrooke, Antiquar und Verwaltungsbeamter, wurde später zum Vorsitzenden der von Jones gegründeten Asiatic Society of Bengal; seine umfassende Bildung war ein – wenngleich schwacher – Abglanz von Jones' Gelehrsamkeit. Während Colonel Robert zumeist auf Reisen war und ein unterhaltsames Tagebuch führte, das mit feinen Zeichnungen geschmückt war, agierte sein Vetter Henry als Agent, der die Entdeckungen Roberts und anderer der Öffentlichkeit präsentierte.

---

* 244 Meilen = 393 Kilometer

Es war Henry Colebrooke, der sich zuerst für die Berge interessierte. Als Assistent des obersten Verwaltungsbeamten in Purnia im Norden Bihars stationiert, war er den verschneiten Gipfeln 145 Kilometer näher als Jones in Bhagalpur. Anfang der 90er Jahre des 18. Jahrhunderts begann er mit seinen Messungen zur Höhenbestimmung. Ausgehend von einer Entfernung von 241 Kilometern und einer seinen Berechnungen zufolge durchschnittlichen Erhebung von 1 Grad 1 Minute ($1° 1'$) über der Horizontalen (Grade werden wie Stunden in sechzig Minuten zu jeweils sechzig Sekunden unterteilt), kam Henry Colebrooke auf eine Höhe von 7 925 Metern.

Die Frage, welcher Höhe bezüglich des Meeresniveaus dies entsprach, war nicht allzu relevant; Purnia lag im niedrigeren Teil der Gangesebene, die sich bekanntermaßen nur 30 bis 60 Meter über dem höchsten Pegelstand des Golfs von Bengalen befindet. Zwar sind Höhenmessungen in Bezug auf das Meeresniveau von der Ebene aus zuverlässiger, der Nachteil ist aber die größere Entfernung von den schneebedeckten Gipfeln und damit die Ungenauigkeit bei der Bestimmung dieser Entfernung. Mit anderen Worten: Der Beobachter hatte entweder eine gute Vorstellung von der Höhe, auf der er selbst sich befand, und eine vage Vorstellung von der Höhe der Gipfel – wie Henry Colebrooke von seinem Beobachtungsposten in der Ebene aus –, oder er hatte keine genaue Vorstellung von der Höhe seines Standorts und eine relativ gute von der Höhe der Gipfel – wie Crawford in Nepal.

Es schien ein aussichtsloses Unterfangen, aber als Henry Colebrooke von Purnia versetzt wurde, legte er seinem Vetter Robert die Sache ans Herz. Roberts Chance ließ jedoch noch zwölf Jahre auf sich warten. Unterdessen legten Crawford und andere ihre aufregenden, aber wissenschaftlich fragwürdigen Berichte über den nepalesischen Teil des Himalaja vor.

Zu jener Zeit gewährte das Königreich Nepal den einzigen Zugang zu den höchsten Berggipfeln. Sehr viel größer als heute, erstreckte sich sein Territorium im Osten bis Bhutan und im Westen bis zum Punjab und umfasste damit beinahe den gesamten Gebirgszug.

Dessen Geheimnissen auf die Spur zu kommen war nur auf dem Weg über Nepal möglich. An der Wende zum 18. Jahrhundert erschien dieser Weg gangbar, denn der Hof in Katmandu nahm mehrere britische Missionare auf, darunter jenen, mit dem Crawford in Verbindung stand. 1804 jedoch wurde der britisch-nepalesische Freundschaftsvertrag gekündigt und die Grenze gesperrt. Das Königreich zog sich in eine Isolation zurück, die – zum Leidwesen von Generationen von Vermessern und später Bergsteigern – in den nachfolgenden 150 Jahren lediglich diplomatische Beziehungen zuließ. Falls die Briten in eine für Vermessungen geeignete Nähe der – um es mit Jones' kühnen Worten auszudrücken – »höchsten Gipfeln der Welt« gelangen konnten, dann nur, indem sie einige dieser Berge der Souveränität Nepals entzogen.

Angesichts der rasanten Geschwindigkeit der britischen Expansion unter Führung des Generalgouverneurs Richard Wellesley erschien dies als ein durchaus realistisches Ziel. Sobald Südindien in den Jahren 1799 und 1800 dem Tipu Sultan entrissen worden war, wandte der Generalgouverneur seine Aufmerksamkeit den Marathen zu, einer Konföderation von Herrschern, die über fast das gesamte restliche Indien eine – wenn auch milde – Vorherrschaft ausübten. In drei Kriegen, von denen der zweite, 1803/04 von Wellesley angezettelte, der blutigste und entscheidende war, wurden sie von den Briten unterworfen, womit – um mit Wellesley zu sprechen – »der Grundstein unseres Reiches in Asien gelegt« war. Dieser Krieg legte auch den Grundstein für den Ruf seines Bruders Arthur als eines tüchtigen Truppenkommandanten, der wichtige Schlachten in West- und Zentralindien gewann, unter anderem die Schlacht von Assaye – ein Sieg, den er stets höher als Waterloo bewerten sollte. Im Zuge dieser Eroberungen erhielt Bombay Gebietszuwächse in Westindien, die mit jenen Kalkuttas in Bengalen 40 Jahre und jenen von Madras in Mysore vier Jahre zuvor vergleichbar waren.

Da die Macht der Marathenfürsten im Norden zu jener Zeit bis nach Delhi und an den Ganges reichte, ergriff man gleich die Gelegenheit, auch das Territorium Britisch-Bengalens von Bihar an fluss-

aufwärts auszudehnen. Diese »[1801] abgetretenen und [1803] eroberten Provinzen im Nordwesten« waren ein Hauptbestandteil des später als »United Provinces« bezeichneten Gebiets im heutigen Uttar
Pradesh, das auf diese Weise Britisch-Indien zugeschlagen wurde.
Hierzu gehörten die Städte Agra und Delhi sowie die Ufer des Ganges und des Jumna bis hinauf zu deren Quelle in den Bergen des damaligen westlichen Nepal.

In diesen neu eroberten Bezirken bot sich Robert Colebrooke
endlich die Gelegenheit zu dem Unternehmen, das ihm sein Vetter
Henry so sehr ans Herz gelegt hatte. Als Chef der Vermessungsbehörde Bengalens hatte er die Aufgabe, die neuen Territorien kartografisch zu erfassen. Dabei durfte er zum ersten Mal hoffen, bis zum
Fuße des Himalaja im Westen und womöglich noch darüber hinaus
vorzudringen, um die Quellen der Flüsse Ganges und Jumna zu erkunden.

Mit seinen 1807/08 durchgeführten Vermessungen erhob er nicht
den Anspruch, mit der Genauigkeit von Mackenzies Vermessungen in
Mysore und noch viel weniger, mit den »korrekten mathematischen
Grundsätzen« zu konkurrieren, auf die Lambton so stolz war. Colebrooke reiste so weit wie möglich per Boot auf dem Fluss. Die Entfernungen wurden entlang des Ufers gemessen, und zwar mit einem
so genannten Messrad, das auf der zu messenden Strecke abgerollt
wurde; mittels Peilungen wurden Standorte und gelegentlich der
Breitengrad bestimmt, allerdings nicht mit dem Ziel, das Territorium
zu triangulieren. Es handelte sich vielmehr um eine »Streckenvermes-
sung«, die vorrangig strategischen und militärischen Zwecken diente.
Straßen und Flüsse, auf denen Truppen bewegt werden konnten, waren von entscheidender Bedeutung; desgleichen befestigte Städte und
andere Hindernisse. Die Berge waren weniger der Höhe als der Senken wegen von Interesse, durch die ein Feind eindringen oder – was
weitaus realistischer war – eine britische Streitmacht vorrücken
konnte.

Aber Robert Colebrooke kannte Lambtons Werk, und während er
einerseits bedauerte, dass der hintergründige Mann aus Yorkshire so

lange nichts von sich hatte hören lassen, vergaß er andererseits nicht
zu erwähnen, wie schade es sei, »dass eine auf derart wissenschaftlichen Grundlagen durchgeführte Vermessung nicht auf ganz Indien
ausgedehnt werden« könne. Bald dachten auch andere in ähnlicher
Weise. Lambton setzte neue Maßstäbe der Genauigkeit, durch die alle
vorangegangenen Vermessungen unpräzise, wenn nicht sogar überflüssig wurden. Es hatte keinen Sinn, mithilfe von Theodoliten im Ta-
schenformat wochenlang Dreiecke zu konstruieren, wenn eines Tages
die Große Trigonometrische Vermessung mit ihren eine halbe Tonne
schweren Instrumenten und seitenlangen Gleichungen auch in diesen Teil gelangte.

Als häuslicher und glücklicher Familienmensch nahm Robert Colebrooke auf seine Vermessungsreisen seine Frau Charlotte mit – »meine junge Lady«, wie er sie nannte – sowie die beiden ältesten seiner
insgesamt neun Kinder, die sie ihm in neun Ehejahren geboren hatte.
Es war also keine Reise mit leichtem Gepäck. Colebrookes Tagebuch
zufolge bestand seine »Equipage« beim Verlassen des Bootes aus »4
Elefanten, die zwei große Zelte für den Trupp und 6 private Zelte
trugen; fünf Kamelen für mein Gepäck; einem Palankin, einem Ma-
hana und einem Dooly [verschiedene Arten von Sänften] (wobei die
beiden letzteren meine beiden Kinder und deren Kindermädchen
trugen), 12 Bhangies [Sänftenträger], 12 Kulis [Träger], 12 Lascars zum
Aufstellen der Zelte sowie einer Eskorte aus 50 Sepoys [indische Sol-
daten]«. Kein Wunder, dass die Colebrookes die meiste Zeit per Boot
unterwegs waren.

In seinem Tagebuch stehen Details aus dem Familienleben fröhlich
neben Notizen über seine berufliche Tätigkeit und extemporierten
Skizzen. Nachts wurde der Trupp von Tigern wach gehalten, die
Boote liefen ständig auf Schlammbänke auf und die Bevölkerung
ganzer Distrikte starrte sie an. Die Leute hatten noch nie einen Europäer, geschweige denn ein europäisches Ehepaar samt Kindern zu
Gesicht bekommen. Der 44-jährige Colebrooke ertrug alles mit Anstand und Humor. Im Morgentau war er mit dem Gewehr unterwegs
und genoss die Frische nach dem Monsun in vollen Zügen. Dies war

das Leben: Schnepfen zum Frühstück, Tee mit dem Nawab – das war Indien in seiner ganzen präkolonialen Unschuld. Es gab keinen besseren Ort, keine bessere Tätigkeit.

Im Jahr 1807 fuhren die Colebrookes den Gogra und den Rapti hinauf, beides Nebenflüsse des Ganges, und kamen in Sichtweite der Berge. In Gorakhpur nahm Robert seine ersten Messungen der schneebedeckten Gipfel vor. Weihnachten verbrachte er mit seiner Familie in der kleinen europäischen Gemeinschaft der Stadt Lucknow. Hier ließ er seine Familie zurück und brach Anfang 1808 zu einer beschwerlichen Reise nach Nordwesten auf.

Er kämpfte sich den Fuß der Berge entlang immer weiter voran, durch dichte sumpfige Wälder und durch Dschungel, in denen es die meisten Tiger Indiens gab. Es war das berüchtigte *terai*, ein niedrig liegender Graslandgürtel mit hoch aufragenden Bäumen entlang des nepalesischen Territoriums, der eine sicherere Grenze bildete als die Berge selbst. Hier ließ eine Vielzahl von Vermessern ihr Leben. Auch Colebrooke wurde von einer Fiebererkrankung niedergestreckt. Von einem Ort namens Pilibhit (unweit Bareilly im Südwesten der heutigen nepalesischen Grenze) aus führte er weitere Vermessungen der verschneiten Gipfel durch, nahm aber Abstand von seinem Plan, den Ganges und den Jumna bis zu ihren Quellen zu verfolgen. Diese Aufgabe übertrug er seinem Assistenten, Lieutenant William Webb.

Im April war Colebrooke so schwach, dass er nur noch auf dem Fluss weiterreisen konnte. Das Fieber erwies sich als Malaria, zu der die Ruhr erschwerend hinzukam. Er schrieb zwar weiterhin Tagebuch, fertigte aber weniger Skizzen an, und auch die Einträge wurden kürzer. Als er Mitte August nach Cawnpore (Kanpur) gelangte, hatte sich sein Zustand »sehr verschlechtert«; und die Hitze war größer als je zuvor. Geschwächt und im Fieberdelirium ließen ihn die Gewitterwolken des Monsun, die sich höher und höher über dem Fluss auftürmten, nicht mehr los. Weiß gesprenkelt, wie sie sich über ihm am Himmel zusammenballten, erschienen sie ihm wie die Bedrohung des Himalaja selbst. Am 12. September schrieb er erneut von

einem herannahenden Sturm. Es blitzte und donnerte die ganze
Nacht hindurch.

13. Das Wetter war so schlecht, dass wir den ganzen Tag in Jungeera liegen mussten. Regnerische, stürmische Nacht.

14. –

Mit diesem Datum und Gedankenstrich endet das Tagebuch. Robert
Colebrooke starb in den frühen Morgenstunden des 21. September,
»ein Opfer seiner Bemühungen im Dienste der Wissenschaft«, wie es
einer seiner Kollegen freundlich formulierte. Er war 45 Jahre – kein
hohes Alter, das aber dem Durchschnittsalter der um die Jahrhundert-
wende in Indien lebenden Europäer entsprach. Das Leben war zwar
herrlich, aber kurz. Durch einen Zufall hauchte er sein Leben in Bhagalpur aus, dem Ort, an dem Sir William Jones erstmals von »den
höchsten Gipfeln der Welt« gesprochen hatte.

Sein Vetter Henry gedachte Roberts, dessen neun Kindern sowie
der 33-jährigen Witwe und blieb seinen eigenen Überzeugungen
treu, indem er sich mit aller Kraft für die Erforschung des Himalaja
einsetzte. Unter Berufung auf die Zeugnisse früherer Tibetreisender
– Crawfords in Nepal, Jones' und insbesondere seines Vetters Robert
und dessen Assistent Webb – arbeitete er in den folgenden sieben Jahren ununterbrochen an seiner großen Schrift *On the Height of the Himalaya Mountains*.

Wie Henry, das zeigen seine Tagebücher, war auch Robert überzeugt, die Gipfel, die er von Gorakhpur und Pilibhit aus beobachtet
hatte, seien »zweifellos ebenso hoch wie die Kordilleren Südamerikas
[das heißt die Anden], wenn nicht sogar höher«. In Gorakhpur hatte
Robert berichtet, eine kleine Menschenmenge habe ihn »und seine
Instrumente in stummem Erstaunen betrachtet«, während er Winkelmessungen zweier Gipfel vorgenommen und für jeden »mehr als fünf
Meilen* lotrechter Höhe über dem Niveau der Ebene« berechnet
hatte, »auf der ich stand und die beträchtlich über Meeresniveau gele-

---

*   5 Meilen = 8 Kilometer

gen sein muss«. Genauere Angaben konnte er nicht machen, weil er unsicher war, wie viel er für die Brechung einberechnen musste, die Ablenkung der Visierlinien durch die Erdatmosphäre, die Lambton in Madras so sehr beschäftigt hatte. Robert hatte Tabellen benutzt, in die er aber wenig Vertrauen setzte.

Henry dagegen war zuversichtlicher; denn auch Webb hatte von vier verschiedenen Beobachtungsstationen an der nepalesischen Grenze Messungen eines Gipfels vorgelegt, die eine Höhe von 8 187 Metern ergeben hatten. Webb kannte auch bereits den Namen seines Gipfels: Dhaulagiri oder »Der Weiße Berg«. So heißt er bis heute; und bis auf 15,2 Meter entspricht die von Webb berechnete Höhe tatsächlich derjenigen, die heute für den Dhaulagiri angenommen wird, den siebthöchsten Gipfel der Welt. Aber diese Zahl war nicht nur durch wissenschaftliche Beobachtung, sondern auch durch eine große Portion Glück zustande gekommen; Henry Colebrooke verdarb die Sache, indem er die Angabe als zu niedrig verwarf; er meinte, aus Webbs Berechnungen ergäben sich »mehr als 28 000 Fuß[*] über Meeresniveau«. Die Schlussfolgerungen von Colebrookes Bericht stellten daher auch keine Überraschung dar.

Ich meine, es gibt nun ausreichend Beweise dafür, dass man uneingeschränkt sagen kann, der *Himalaja* ist das höchste bis heute bekannte Hochgebirge, und seine höchsten Erhebungen sind weitaus höher als die der Anden.

Zuerst veröffentlicht in der Zeitschrift seiner Asiatic Society of Bengal und dann in ganz Europa verbreitet, lösten Colebrookes Entdeckungen eine kleine Sensation aus. Aber sie stießen auch auf eine gewisse Gleichgültigkeit gegenüber allem, was mit Indien zu tun hatte, und wurden keineswegs bereitwillig hingenommen. Stubengelehrte, an absurde Behauptungen aus dem Land der Seiltricks und der Reinkarnation gewöhnt, rümpften die Nase über diese unglaublichen Geschichten aus den Bergen. Selbst anerkannte Autoritäten, die sich bereits mit dem Himalaja beschäftigt hatten, blieben skeptisch. Henry

---

[*] 28 000 Fuß = 8 534 Meter

Colebrooke schien mit seinen Behauptungen zu weit gegangen zu
sein und zu sehr aufgetrumpft zu haben. Das Himalajagebirge war
zwar unbestreitbar hoch, aber viel zu unzugänglich und die Messungen der Berge viel zu vage, als dass seine hochfliegenden Schlussfolgerungen gerechtfertigt waren.

Die vernichtendste Kritik erschien in dem einflussreichsten Or-
gan. In der *Quarterly Review*, einer maßgeblichen Zeitschrift, die bis
zur Gründung der Royal Geographical Society in London alle Entdeckungen kommentierend begleitete, bezeichnete ein anonymer,
aber kompetenter Kritiker Colebrookes Schrift als »höchst merkwürdig«. Er beanstandete jedoch nicht Colebrookes Methoden oder seine mathematischen Berechnungen, sondern nahm sich die von Colebrooke angeführten Belege einzeln vor und verwarf sie der Reihe
nach. Crawfords Messungen in Nepal seien »von äußerst geringem
Wert«, weil seine Peilungen, Entfernungen und Dreiecke nicht bekannt seien. Robert Colebrooke war nie mehr als 145 Kilometer an
die von ihm gemessenen Gipfel herangelangt, ebenso wenig wie
Webb an den Dhaulagiri und Henry Colebrooke in Purnia. Auch
wenn man annehme, die angegebenen Entfernungen seien korrekt,
so seien die gemessenen Höhenwinkel – typischerweise ein bis drei
Grad über der Horizontalen – viel zu klein, um als zuverlässig gelten
zu können. Für jede Sekunde Abweichung (also $\frac{1}{360}$ Grad) von der
korrekten Zahl – sei es wegen der Ungenauigkeit des Messgeräts
oder aufgrund eines Fehlers bei der Messung – müssten mehr als 15
Meter zur angegebenen Höhe addiert beziehungsweise davon subtra-
hiert werden.

Eine weitere Schwierigkeit war die Brechung. Die Tabelle, die Robert Colebrooke benutzt hatte, stammte aus astronomischen Messungen und war nie für die terrestrische Messung so kleiner Winkel über
derart große Entfernungen hinweg gedacht gewesen. Der Kritiker
der *Quarterly Review* erörterte dieses Problem sehr ausführlich. Wenn
die Bewohner von Dover über den Ärmelkanal blickten, konnten sie
manchmal die Häuser von Calais am Ufer sehen, zu anderen Zeiten,
wenn die Atmosphäre genauso klar war, dagegen gar nichts. Walfän-

ger vor Grönland hatten dasselbe Phänomen beobachtet: Je nach Wetterverhältnissen und der Position des Eises tauchten die verschneiten Felsklippen am Horizont auf oder verschwanden. Die Walfänger nannten dieses Phänomen »Eisblink« und vermuteten, dass man Objekte, die 50 Kilometer »jenseits der unmittelbaren Sichtweite« lagen, noch klar sehen konnte, sofern die Bedingungen günstig waren. Temperatur, Feuchtigkeit, ja, sogar die Tageszeit schien die Stärke der Brechung zu beeinflussen, und in einem Fall erhöhten sich Beobachtungswinkel sogar um mehr als vier Grad. Da in Indien der Temperaturunterschied zwischen Beobachtungspunkten in der Ebene und den eisigen Gipfeln, die aus den Wolken hervorlugten, gut 100 Grad Fahrenheit (67,6 Grad Celsius) betrage, könne über das Ausmaß der Brechung nur spekuliert werden.

Kurz gesagt, Colebrookes Argumentation wurde der Todesstoß versetzt. Seine Fakten seien »unzureichend«, seine Daten »ungenau«, seine Schlussfolgerungen »voreilig«. »Daher«, so die *Review,* »müssen wir in allen Punkten zu dem Schluss kommen, dass die Höhe des Himalaja noch nicht mit einer so ausreichenden Genauigkeit bestimmt ist, dass man sagen könnte, dieser Gebirgszug sei höher als die Kordilleren der Anden.«

Wie Colebrooke darauf – wenn überhaupt – reagierte, ist nicht bekannt. Aber Webb und eine jüngere Generation von Vermessern stellten sich dieser Kritik mit wilder Entschlossenheit entgegen. Man hatte ihre professionelle Kompetenz infrage gestellt, die Ehre ihres Vermessungsdienstes stand auf dem Spiel. Von günstigeren Beobachtungsposten aus wurden neue Messungen durchgeführt, und bald wurden neue Beweise erbracht. Denn zu der Zeit, als die Kritik der *Quarterly Review* in Indien kursierte, war der lang ersehnte Zugang zu einem Teil der Himalaja-Gletscher offen. Im Zuge des Gurkha-Kriegs 1814/15, auch britisch-nepalesischer Krieg genannt, war endlich ein Abschnitt des Himalaja zwischen Dehra Dun und der heutigen nepalesischen Grenze der Oberherrschaft Nepals entrissen worden. Die höchsten Gipfel im Zentralmassiv des Himalaja lagen zwar weiterhin im Nebel der nepalesischen Abgeschottetheit, aber an

dessen westlichem Ende, in den neu hinzugewonnenen Staaten Kumaon und Garhwal, lagen niedrigere Giganten, die nach stichhaltigen
Vermessungen belegen sollten, dass dem Himalaja der erste Platz in
der Rangliste der höchsten Gebirge zukam.

Und schließlich war da noch Lambton. In gewisser Weise hatten
die Genauigkeitsmaßstäbe, die er im äußersten Süden gesetzt hatte,
zur Kritik an den behelfsmäßigen Methoden und den ungefähren
Berechnungen geführt, die seine Zeitgenossen oben im Norden im
Himalaja anwandten. Da Lambton die Forderungen der europäischen
Wissenschaftler erfüllte, ja übertraf, fühlten sich diese Wissenschaftler
berechtigt, dieselben Genauigkeitsmaßstäbe für den Himalaja erwarten zu dürfen.

Zu einer Zeit, da die Angabe der Höhe des Montblanc noch immer mehr als 300 Meter von der tatsächliche Höhe differierte, war
mit einer solchen Forderung wahrlich viel verlangt. Aber es gab gute
wie auch schlechte Nachrichten: Lambtons Großer Meridionalbogen, der sich bis an die Südspitze der Halbinsel erstreckte, hatte jetzt
ein neues Ziel im Norden. 1 600 Kilometer Berge, Wälder und Ebenen, die zum großen Teil außerhalb des britischen Territoriums lagen
und vielfach als unmöglich zu triangulieren galten, trennten den Großen Bogen vom Himalaja. Und man hatte auch nicht vor, ihn so weit
fortzuführen. Doch Lambton schickte sich bereits an zu beweisen,
dass die hohe Präzison seiner durch Triangulierung errechneten Entfernungen und Höhen den Schlüssel zur Vermessung der Berge darstellte.

DROOG-ABHÄNGIG

Durchquert man Südindien mit der Eisenbahn, fährt man an einzelnen Hügeln vorbei, die scheinbar willkürlich in die Landschaft gesetzt sind und oft aus riesigen Felsbrocken bestehen. Sie wirken geologisch fehl am Platz, wie Trophäen einer längst untergegangenen Spezies von megalithischen Sammlern. Dem Hochland der Halbinsel mit ihrer ansonsten monotonen Abfolge von ausgedehnten Feldern und verdorrtem Weideland verleihen diese Berge eine verstörende Fremdheit. Mit einem vagen Gefühl des Unbehagens hält man Ausschau nach Riesen.

In Karnataka heißen solche Erhebungen *droogs*, und in den Kriegen der Briten in Mysore wurden viele von ihnen für militärische Zwecke als Schanzen benutzt. Ähnliche Felsformationen in den niederen Ebenen Tamil Nadus sprenkeln den üppigen Teppich der Reisfelder westlich und südlich von Madras. Die eindrucksvollsten von ihnen, zum Beispiel in Jinji und Trichy (Tiruchirapalli), beherbergen uneinnehmbare Festungen und werden von kleinen windgepeitschten Tempeln gekrönt.

Im Brindavan-Express von Madras nach Bangalore konnte ich mir gut vorstellen, dass ein Landvermesser, aufgefordert, ein ideales Gelände zur Triangulierung zu entwerfen, ein Landschaftsbild ähnlich dem nördlichen Tamil Nadu oder Karnataka präsentiert. Große, ziemlich flache Ebenen, durchsetzt mit *droogs* in geeigneten Abständen – genau dies war es, was der Triangulator brauchte. Mit seiner

ausgezeichneten klaren Luft, seinen relativ geringen Waldbeständen,
der nicht allzu dichten Besiedelung und den vielen Ressourcen war
dieser Teil der indischen Halbinsel der ideale Ort, um einen Feldve-
such in trigonometrischer Vermessung durchzuführen.

Nach 20 Jahren Erfahrung in weniger begünstigten Distrikten hätte mir William Lambton wahrscheinlich Recht gegeben. Aber im Jahr
1803 sah er die Sache noch anders. Als er anfing, westlich von Madras
nach Bangalore und weiter über die gesamte Breite der Halbinsel
hinweg seine ersten Dreiecke zu konstruieren, warteten nur Schwierigkeiten auf ihn. Die *droogs* befanden sich nie genau da, wo er sie haben wollte, und wenn, waren sie nicht immer zugänglich. 150 Kilometer landeinwärts von Madras sah er sich gezwungen, den gesamten
nördlichen Verlauf seiner Dreiecke neu festzulegen. Ein Messtrupp,
vorausgeschickt, ein Signal samt Fähnchen an einem Ort namens
Narnicul aufzustellen, hatte zwar einen geeigneten *droog* gefunden,
doch wurde er von »Männern mit Luntenschlossmusketen, Schwer-
tern und Dolchen« verteidigt. Sie nahmen die schriftlichen Instruktionen des nächsten zuständigen britischen Offiziers nicht ernst und
bestanden darauf, den Ort im Namen ihres lokalen »Poligar« oder
Feudalherrn zu verteidigen. Natürlich hatte das Aufpflanzen einer
Flagge in Indien wie überall auf der Welt etwas von einer Inbesitz-
nahme. Lambton war bereit, jede andere Flagge zu nehmen, die in der
Gegend akzeptiert wurde, aber das änderte nichts. Schließlich entschied sich der Messtrupp für andere, weniger umstrittene Markierungen der Visierlinie, für einen kräftigen jungen Baum oder einen
Korb auf einer Stange.

Lambtons Männer verließen eiligst Narnicul, nur um beim nächsten *droog* erneut abgewiesen zu werden. Diesmal wurde als Grund angegeben, »dass von hier aus das Haus [des Poligar] sichtbar sei und
dessen Frauen fremden Blicken ausgesetzt würden«. Derartige Voyeu-
rismus-Vorwürfe wurden häufig erhoben. Anhöhen gewährten immer Einblick in die Privatsphäre irgendeines Hauses, und bald wusste
jedermann, dass die Instrumente der Vermesser entfernte Objekte,
Personen oder Körperteile von Personen in äußerst indiskreter Weise

vergrößern konnten. Noch schlimmer, diese monströsen Geräte vergrößerten die Objekte nicht nur, sondern stellten sie auf den Kopf. Ehrbare Ehefrauen und Töchter, die ihren häuslichen Pflichten nachgingen, wurden auf diese Weise von völlig fremden Leuten in unzüchtiger Absicht entstellt; viel besuchte Tempel wurden einfach umgestürzt; und wenn ein Brunnen austrocknete, dann deshalb, weil diese Unruhestifter ihn umgedreht hatten. Es brachte nichts, wenn die gekränkten Leute Lambtons Männer an einen weniger anstößigen Aussichtspunkt führten, der abseits von Haus und Hof lag. »Ich muss mich auf solche Hügel stellen, um vorherige und nachfolgende Beobachtungspunkte erspähen zu können«, protestierte einer von Lambtons Assistenten, »und derartige Erhebungen sind in einer solchen Landschaft im Allgemeinen die höchsten und fast überall befindet sich dort die Festung eines Poligar.«

Die einheimische Bevölkerung blieb unbeeindruckt. Und schließlich: Für wie dumm hielten sie diese Fremden eigentlich, die erklärten, sie würden Landkarten anfertigen und die Erde vermessen? Landkarten wurden angefertigt, indem man mit Papier und Bleistift die Straßen abschritt, nicht indem man auf Hügeln herumsaß und mit Geräten hantierte. Außerdem fand man bekanntlich immer jemanden, der einem den Weg weisen konnte, wenn man zu einem bestimmten Ort reisen musste. Sogar die Vermesser fragten ja ständig nach dem Weg.

Ein Mitglied des Finanzausschusses der Regierung von Madras soll in derselben Weise argumentiert haben. »Wenn ein Reisender nach Seringapatam [Srirangapatnam] gelangen will, so braucht er dies nur seinem obersten Palanquinträger zu sagen; dieser bürgt dafür, dass der Reisende ans Ziel kommt, ohne Lambtons Karte zurate ziehen zu müssen.« Der Einwand richtete sich gegen die hohen Kosten einer solchen trigonometrischen Vermessung. Glücklicherweise betrachteten andere, darunter auch der Gouverneur von Madras, das Unternehmen als eine »große nationale Tat«. Zugegebenermaßen gehörte der Gouverneur zu jenen, denen die geodätische Bedeutung des Ganzen eher ein Rätsel war; aber die wissenschaftliche Welt war of-

fenbar beeindruckt, und wenn der Ruf der aufgeklärten Verwaltung
Britisch-Indiens und insbesondere von Madras dadurch befördert
wurde, sollte es recht sein.

Dennoch erwartete man von Lambton, dass er mit dem wenigen
auskam, was Robert Colebrooke mit seiner Bootsflotille und seinem
Wanderzirkus aus Zelten, Elefanten und Kamelen als eine erbärmliche Ausrüstung betrachtet hätte. Zu den für Lambton bewilligten
Zelten gehörten: »1 großes Zelt, 2 private, 1 für die Bedürfnisse, 1
Observatorium.« Das große Zelt war Büro und Unterkunft in einem;
die beiden »privaten« Zelte dienten der Lagerung des Gepäcks; dasje-
nige für die »Bedürfnisse« war für den Nachtstuhl – dringend notwendig in Anbetracht der häufig auftretenden Ruhr; und mit »Observatorium« war der Große Theodolit gemeint. Für die Männer
seiner Begleitung waren Zelte nicht vorgesehen; sie lagerten vermutlich unter eigenhändig gebauten Überdachungen.

Wie viele Männer genau in der Anfangszeit an der Vermessung beteiligt waren, ist ungewiss. Für den Transport wurden Lambton zunächst Ochsenkarren und Träger bewilligt, die die Zelte und Instrumente trugen, dazu zwei Boten, acht Laskars, zwei Wasserträger, ein
Schreiner, ein Eisenschmied sowie ein Dolmetscher. Dieser Trupp,
insgesamt an die 40 Personen, wuchs bald auf das Doppelte an. Denn
man merkte beispielsweise schnell, dass es einem so empfindlichen
Gerät wie dem Großen Theodolit nicht gut tat, wenn er von einem
Ochsenkarren gezogen wurde. Die schlechten Straßen verursachten
ständige Erschütterungen und führten außerdem selten auch nur in
die Nähe der vorher ausgewählten Anhöhen. Unendlich vorteilhafter
waren Träger, die geübt waren, ihre Lasten mit der nötigen Sorgfalt
zu transportieren. Aber für ein Gewicht von einer halben Tonne
brauchte man mindestens zwei Trägermannschaften, bestehend aus
jeweils zwölf Mann, die in zwei Schichten ausschließlich diese Arbeit
verrichteten. Auch eine Militäreskorte war notwendig, um einerseits
gegen Feindseligkeiten wie jene der Poligars vorzugehen und andererseits die Instrumente vor Diebstahl zu schützen, deren Messing-
teile oft für Gold gehalten wurden. Die Eskorte bestand aus dem in-

dischen Pendant eines Sergeanten, zwei Corporals und zwei Dutzend einfachen Soldaten – weitere 27 Leute, die verpflegt werden mussten.

Viele dieser Männer – und offensichtlich auch Lambton selbst – holten ihre Familien nach, sobald der Vermessungstrupp einen längeren Halt machte, gewöhnlich wenn eine Grundlinie vermessen wurde. Wenn dann noch einer von Lambtons beiden europäischen Assistenten mit seinem Anhang hinzukam, war der Auftrieb groß. Für Männer, die den Großteil ihres Arbeitslebens damit zubrachten, irgendwo am Ende der Welt schwere Lasten steile Berge hinaufzuschleppen, waren solche Zusammenkünfte auf offenem Gelände und in Zelten eine willkommene Entspannung und zählten zu den gesellschaftlichen und beruflichen Glanzpunkten des Jahres. Die Disziplin wurde weniger streng gehandhabt; und Liebesabenteuer während der Vermessung einer Grundlinie waren im Leben eines Vermessers üblich.

Nachdem Lambton im Jahr 1804 seine Dreieckskette von Madras nach Bangalore gespannt hatte, wandte er sich nach Westen und überließ die Vermessung der zweiten Grundlinie seinem Oberassistenten Lieutenant John Warren. Warren, den er aus dem gemeinsamen Offiziersdienst im 33. Infanterieregiment kannte, hatte von Mackenzies topografischer Vermessung – sehr zu dessen Leidwesen – vieles übernommen. Sein unbeschwerter Charme hatte zu einer dauerhaften Freundschaft mit Lambton geführt; wie viele andere als Astronom und Mathematiker Autodidakt, genoss er das volle Vertrauen seines Vorgesetzten. Und er enttäuschte es nicht. Die Vermessung der Grundlinie von Bangalore dauerte 49 Tage und führte zur triumphalen Bestätigung von Lambtons akribisch genauen Verfahren. Es stellte sich nämlich heraus, dass die Länge der mit der Messkette am Boden gemessenen Grundlinie von der durch Triangulierung auf Basis der 338 Kilometer entfernten Grundlinie von Madras gemessenen Länge von 11,6 Kilometern um nur 9,4 Zentimeter abwich. Wie kritisch auch immer man die Notwendigkeit von Lambtons Vermessungen beurteilte, deren ungewöhnliche Präzision ließ niemanden unbeeindruckt.

Zum Glück gab es westlich von Bangalore keine missliebigen Poligars. Auf der Hochebene von Karnataka verliefen die Messungen einfacher; hier wurde das bis dahin größte Dreieck konstruiert. Es erstreckte sich gut 80 Kilometer von Savendroog am Stadtrand von Bangalore bis zum Mullapunnaletta, einem Berg westlich von der – mit Lambtons Worten – »Großen Statue« in Sravana Belgola (eine weithin sichtbare Statue des Jainismus, kerzengerade und splitternackt und bis heute die weltweit größte monolithische Skulptur). Doch aufgrund der ausgezeichneten Sichtverhältnisse war die Statue auf dem Hügel sowie dann auch die Signalflagge durch das Fernrohr des Theodoliten klar zu erkennen, und diese Linie bildete die eine Seite eines riesigen Dreiecks.

Unter solch günstigen Umständen kam die trigonometrische Vermessung sehr viel schneller voran als ihr Gegenstück, die topografische Vermessung. Mackenzie, der mit Lambton eher formelle als freundschaftliche Beziehungen pflegte, drängte die Männer seiner Mysore-Vermessung, die Westküste als Erste zu erreichen. Die Kenntnis der Breite der indischen Halbinsel war ein »unbedingtes Desiderat«, wie Mackenzie schrieb, und er habe »den starken Wunsch, dass wir unsere Vermessung als Erste abschließen, um deren Daten frühzeitig nach England zu übermitteln«. »Insbesondere wäre es mir eine große Freude, wenn [ich die Küste] früher als Captain Lambton [erreichen würde].« Derjenige seiner Vermesser, der der Küste am nächsten war, musste tatsächlich einen Spurt einlegen, sobald Lambton in Sichtweite kam; aber, so mahnte Mackenzie, »sprechen Sie mit niemandem darüber, außer Ihnen soll es niemand wissen«.

Mackenzies Männer waren schon zwei Jahre länger unterwegs als Lambtons Trupp. Daher war es nur recht und billig, dass dem Trupp der Mysore-Vermessung die Ehre zukam, als Erste Mysore zu durchqueren und damit die erste Triangulierung quer über die Halbinsel zum Abschluss zu bringen. Aber da sie ihre Messräder schieben und alle paar Meilen stehen bleiben mussten, um relevante Besonderheiten auf ihre Messtische einzuzeichnen, und da sie mit minderwertigen Instrumenten und sehr viel kürzeren Dreiecken arbeiteten, wa-

ren sie stark im Nachteil. Bei längeren Streckenabschnitten wie etwa
von Bangalore nach Sravana Belgola überholte sie Lambton unbe-
merkt.

Es gibt keinen Beleg dafür, dass Lambton Mackenzies Herausforderung annahm oder sich einer solchen überhaupt bewusst war. Er
bestand darauf, alle seine Winkel mindestens vier Mal zu messen. Und
bei jeder Messung musste der Theodolit mindestens einmal ge-
schwenkt werden: Durch zwei Ablesungen auf den gegenüberliegenden Seiten des 90 Zentimeter großen Teilkreises beziehungsweise der
geeichten Skala konnte er eine eventuelle Ungenauigkeit der Eichung der Grade, Minuten und Sekunden (die Eichstriche waren so
klein, dass sie nur mit einem Mikroskop abgelesen werden konnten)
mit berücksichtigen; die Fehler wurden dadurch ausgeglichen, dass
man den Mittelwert beider Messungen nahm. Lambton hätte wohl
auch darauf bestanden, zuerst mit dem linken und dann mit dem
rechten Auge jeden Winkel getrennt abzulesen, wenn da nicht jener
»alte Unfall« bei der kanadischen Sonnenfinsternis gewesen wäre.

Er bestand jedoch darauf, dass von allen drei Eckpunkten jedes
Dreiecks aus Messungen durchgeführt wurden. Wenn zwei Winkel
eines Dreiecks bekannt waren und der sphärische Exzess einberechnet wurde, konnte der dritte Winkel mathematisch berechnet werden. Aber Lambton wandte sich vehement gegen ein solches abge-
kürztes Verfahren. Jeder Winkel musste eigens vermessen werden.
Dies war die einzige Möglichkeit, Fehlern auf die Spur zu kommen,
und es war die einzige Möglichkeit, jene Schwankungen im sphärischen Exzess zu entdecken, die für die Geodäsie von so grundlegen-
der Bedeutung waren. Den dritten Winkel zu messen bedeutete gewöhnlich einen weiteren langen Weg, die Besteigung eines weiteren
sengend heißen *droog* und sodann tagelanges Warten auf die idealen
Sichtverhältnisse – nur um einen Wert zu ermitteln, der bis auf den
Sekundenbruchteil eines Winkelgrades bereits bekannt war. Aber
Lambton ließ sich nicht hetzen; und das wissenschaftliche Establishment, wenn schon nicht die Regierung, gab ihm Recht. »Lambton
macht nicht den Eindruck, als würde er auf Kosten der Genauigkeit

Mühen scheuen«, meinte der berühmte schottische Mathematiker
und Geologe John Playfair etwas gewunden.

Um den Longitudinalbogen quer über die Halbinsel, von Küste zu
Küste, zu vervollständigen, musste Lambton seine Dreiecke jetzt nur
noch auf den Bergkamm der Westlichen Ghats und hinunter ans
Meer fortsetzen. Mit den Westlichen Ghats, einem gewaltigen Gebirgszug, der über die gesamte Länge der indischen Westküste verläuft, musste der Messtrupp erstmals hohe Berge erklimmen. Die
dichten Wälder und engen Schluchten der Ghats waren noch schwe-
rer passierbar als der Kistna-Godavari-Dschungel, der George Everest
derart zu schaffen machte; und das feuchte Malariaklima dieser Wälder, insbesondere in der Zeit nach dem Monsun, als Lambton seinen
letzten Vorstoß unternahm, galt als noch gefährlicher. In einer Note
»Betreffend Krankheiten der Wälder von Malabar« warnte ein Militäringenieur, der kurz zuvor in der Region stationiert worden war,
vor dem extrem »ungesunden Klima« und gab Tipps zur Vorbeugung,
die zu missachten Lambton anzuraten war. Unter anderem empfahl
er:

Flanell auf der Haut und an den Füßen zu tragen, vor allem im Schlaf; hoch über
dem Boden zu schlafen und nachts im Haus oder im Zelt ein Feuer brennen zu
lassen; nicht hinauszugehen, wenn das Gras nass vom Tau ist; Tabak zu rauchen,
wenn die Luft feucht ist; und regelmäßig so viel Sport zu treiben, wie es die Kraft
zulässt, ohne dass man ermüdet.

Sollte der Reisende trotz Befolgung dieser Maßnahmen dennoch an
Fieber erkranken, sei die Ursache möglicherweise eine »Vergröße-
rung der Milz«. Dann bestehe die einzige Hoffnung in »heißen Bä-
dern, körperlicher Nacktheit und unablässiger, ermüdender sportli-
cher Übung«; dies und natürlich die häufige Verabreichung der
Allheilmittel Britisch-Indiens: »Opium, eine moderate Menge besten
Weines und viele Gewürze.«

Im Unterschied zu George Everest hielt sich Lambton in seinen
Berichten nicht lange bei der Beschreibung solcher Gefahren auf.
Wenn ein Vermessungsgehilfe vermisst wurde, so blieb dies uner-

wähnt; eine Schneise zu schlagen und Bäume zu fällen war lediglich eine »Schwierigkeit«. Von Tigern ist kaum die Rede; und Lambton selbst scheint keinen einzigen Tag seines Lebens krank gewesen zu sein. Wie neunzig Prozent seiner Landsleute in Indien hatte auch er mit größter Wahrscheinlichkeit entweder die Malaria oder die Ruhr oder beides; aber er schwieg sich darüber aus, vielleicht weil er keine Notwendigkeit sah, die Sache an die große Glocke zu hängen, oder weil er befürchtete, den Behörden damit einen Vorwand zu liefern, die Mittel für seinen Auftrag zu kürzen.

Es ist jedoch bekannt, dass seine Männer durchaus nicht immun waren und dass sein zweiter Assistent am »Malabar-Fieber« erkrankt war. Todkrank (wenn nicht vom Fieber, so von der Behandlung), wurde er als arbeitsunfähig nach Hause geschickt. Aber der Verlust für Indien war ein Gewinn für England. Denn Henry Kater wurde einer der herausragendsten Physiker seiner Zeit, eine führende Persönlichkeit der Royal Society, der Erfinder des »Kater-Pendels« und des Prismenkompass. 1823 setzte er seinen ehemaligen Vorgesetzten über einen miniaturisierten Theodolit in Kenntnis, den er selbst entworfen hatte; es war genauso exakt wie der dort verwendete »Große Theodolit«, passte aber in eine Kiste, die nicht größer war als ein Koffer, und konnte von einem einzigen Mann getragen werden. Bedauerlicherweise lag zu dem Zeitpunkt, als der Brief eintraf, Lambton selbst in einer Kiste unter einem Rasenstück von Hinganghat.

Statt seine Berichte mit alltäglichen Details zu füllen, hielt sich Lambton an wissenschaftliche Mitteilungen. Seine beiden Messstationen auf den Westlichen Ghats ergaben dieselben Höhen über dem Meeresniveau, die schon in Madras gemessen worden waren: 1702 und 1732 Meter. Von jener 4,8 Meter hohen Steigung zur Tribüne der Pferderennbahn von Madras aus hatte er seine Messungen über einen ganzen Subkontinent bis hoch hinauf in die wolkenverhangenen Berge durchgeführt. Dass dies tatsächlich die ersten exakt vermessenen Berggipfel Indiens waren, wurde deutlich, als er sein Dreiecksnetz die Küste entlang weiterspannte. Die Meereshöhe in Mangalore an der Malabar-Küste des Arabischen Meeres, die von der Meereshöhe des Golfs von Bengalen auf der gegenüberliegenden Seite der Halbinsel abgeleitet wurde, differierte nur um 2,4 Meter von ihrem tatsächlichen Wert. In Anbetracht des variierenden und noch immer nicht genau bekannten Ausmaßes der Brechung und der Schwankungen der Gezeiten war dies ein ebenso zufrieden stellender Beweis für die Genauigkeit von Lambtons Höhenwinkeln wie die 9,4-Zentimeter-Abweichung der Grundlinie von Bangalore für die Genauigkeit seiner Horizontalwinkel. Diese unanfechtbare Logik wünschte sich das wissenschaftliche Establishment in Europa auch von Henry Colebrooke und seinen Berechnungen der Höhe des Himalajagebirges.

Eine überraschendere Entdeckung war, dass die indische Halbinsel geschrumpft war. Entgegen damals üblichen Karten, die größtenteils auf Küstenvermessungen und astronomischen Grundlagen basierten und eine Breite von knapp 650 Kilometer angaben, vermochte Lambton mit seiner Vermessung schlüssig nachzuweisen, dass die Strecke von Madras nach Mangalore lediglich 580 Kilometer betrug. Ein Küstenstreifen von mehreren zehntausend Quadratkilometern war damit dem Arabischen Meer übereignet worden. Dank Lambton erlitt Britisch-Indien auf diese Weise seinen größten Gebietsverlust überhaupt. Zum Glück gab es für diese Entdeckung eine Parallele in Frankreich, wo eine Vermessung im 17. Jahrhundert zutage gefördert hatte, dass sich die Bretagne mehr als sechzig Kilometer weniger weit in den Atlantik erstreckte als bis dahin angenommen. Seinerzeit beklagte sich Ludwig XIV., seine Landvermesser hätten ihm »einen großen Teil seines Territoriums geraubt«. Aufgrund dieses Präzedenzfalles blieb Lambton eine ähnliche Rüge erspart, ja, seine Ergebnisse bestätigten sogar den Wert seiner Arbeit.

An der Malabar-Küste wurde keine Grundlinie gemessen. Im Jahr 1805 sah sich Lambton zu Beginn des Monsuns gezwungen, sich nach Bangalore zurückzuziehen, und obwohl er 1806 an die Westküste zurückkehrte, kam er wieder nicht dazu, einen Trupp Männer zusammenzustellen, die mit Messketten, Stativen und Kisten loszogen und große Schneisen schlugen, um Vermessungen am Boden durchführen

zu können. Er bedauerte dies zwar, aber nachdem er den ersten Longitudinalbogen über die Halbinsel vollendet hatte, konzentrierte er
sich nunmehr auf die Latitudinalmessung, auf den Großen Meridionalbogen. (Verwirrend ist dabei die Tatsache, dass Messungen entlang
eines Breitengrads als »Longitudinalmessungen« bezeichnet werden;
der Grund dafür ist, dass bei diesen Messungen Längen- oder Longi-
tudinalgrade geschnitten werden.) Die Grundlinie von Bangalore als
Ausgangspunkt nehmend, spannte Lambton seinen – wie er es später
nannte – »Großen Indischen Bogen« aus Dreiecken etwa 160 Kilometer nach Norden bis dorthin, wo das britische Territorium an das
Territorium des unabhängigen Nizam von Hyderabad stieß, und
dann hinunter nach Süden zum Kap Comorin (Kanya Kumari) an
der Spitze des Subkontinents. Die nächste Grundlinie wurde im Jahr
1806 am Großen Bogen bei Coimbatore vermessen, etwa 225 Kilometer südlich von Bangalore. Auf einer Länge von knapp 100 Kilometern betrug die Differenz zwischen der von Bangalore aus durchgeführten triangularischen Vermessung und der aktuellen Vermessung
am Boden 19,3 Zentimeter.

Eine ähnlich große Strecke erweiterte im Jahr 1809 den Bogen bis
hinunter zum Kap Comorin; und eine weitere Grundlinie unweit Tirunelveli (südlich der alten Hauptstadt Madurai) brachte ähnlich zufrieden stellende Ergebnisse. Die Freude über die erfolgreiche Vervollständigung des Bogens nach Süden wurde jedoch durch ein
besonders schreckliches Unglück getrübt, das in der Zwischenzeit
geschehen war. Selbst der sonst so ungerührte Lambton musste eingestehen, dass es sich um eine regelrechte Katastrophe handelte, die
das ganze Unternehmen gefährdete.

Die Schwierigkeiten begannen mit den im Wind wogenden Blät-
tern der Palmen, mit denen das flache Deltagebiet des Flusses Kaveri
östlich von Tanjore (Thanjavur) im südlichen Tamil Nadu bewachsen
war. Ende 1807 hatte Lambton die Fortführung des Großen Bogens
ruhen lassen, um zunächst eine parallele Triangulierung von Madras
aus die Ostküste entlang durchzuführen. Das bedeutete praktisch die
Weiterführung jenes kurzen Bogens, den er im Jahr 1802 vermessen

hatte, um die Länge eines Grades zu bestimmen – die Voraussetzung seiner ganzen Vermessung. Die Regierung drängte jetzt auf die Erstellung eines Dreiecksnetzes über die gesamte Halbinsel als Grundlage für eine Landkarte, und nicht nur von nord-südlich und ostwestlich verlaufenden Dreiecksketten, die für den Geodäten am vielversprechendsten waren. Um dieser Forderung zu entsprechen, schien es am besten, entlang beider Küstenlinien Dreiecke zu erstellen und dann um die Dreiecke zwischen diesen und seinem Großen Bogen zu ergänzen. Daher auch Lambtons Vorstoß von Madras aus nach Süden im Jahr 1807/08.

Alles verlief reibungslos, bis er in das palmenbestandene Kaveri-Delta kam, wo es keine Berge und *droogs* mehr gab. Die Sicht zwischen den Kokospalmen hindurch war unmöglich, ohne dass breite Schneisen geschlagen wurden, und der Bau von Türmen wurde noch als viel zu kostspielig verworfen. Tamil Nadu jedoch ist berühmt für seine Tempel. Die tamilischen Tempel sind die größten Indiens, und obwohl mit ihren zahllosen Schreinen und Hallen nicht besonders hoch, sind sie doch zumeist von hohen Mauern umgeben, deren Eingangstore, von eindrucksvollen Tortürmen, *gopurams*, gestützt werden, die in ihrer Höhe sogar die Palmen überragen. Die spektakuläre Lösung für Lambtons Problem lag also auf der Hand.

Die Benutzung religiöser Bauwerke für Vermessungszwecke war keineswegs etwas Neues. In Frankreich hatten Vermesser die Türme mehrerer Kathedralen, unter anderem von Notre-Dame in Paris, bestiegen und im Zuge eines Gemeinschaftsprojekts zum Anschluss an William Roys Dreiecke quer über den Ärmelkanal auch die Kathedrale von Rouen in der Normandie. Roy selbst hatte von einer eigens gebauten Plattform auf der Kuppel der St.-Paul's-Kathedrale in London Winkelmessungen vorgenommen; und um auf dem Kirchturm der Kathedrale von Norwich eine ebene Arbeitsfläche zu erhalten, hatte er sogar die obersten Steine abgetragen. Bei den indischen Tempelbauten durfte man sich solche Freiheiten nicht nehmen. Die Brahmanen der Tempel mussten behutsam und zuvorkommend behandelt werden. Doch die reichlich vorhandenen Tortürme machten das Klettern leicht, und von der Spitze eines *gopuram* aus hatte man eine ausgezeichnete Sicht auf das ebene Terrain unterhalb des dichten Blattwerks der Kokospalmen.

Von *gopuram* zu *gopuram* hüpfend schritt die Vermessung Richtung Süden zügig voran, aber im Jahr 1808 wurden auch die Tempel rar. Vom Tempel von Kumbakonam aus hatte Lambton im Westen den Turm des Rajarajeshwara-Tempels von Tanjore gesichtet. Daher beschloss er, nicht mehr weiter nach Süden voranzuschreiten, sondern seine Dreiecke ins Landesinnere hinein fortzuführen und auf dem Weg über Tanjore mit dem Großen Bogen zu verknüpfen.

Der Rajarajeshwara- (oder Brihadishwara-) Tempel in Tanjore ist dem Gott Shiva geweiht und wurde Anfang des 11. Jahrhunderts von dem großen König Rajaraja I., dem Gründer des südindischen Reiches, erbaut, dessen Herrschaft bis nach Sri Lanka, Malaya und Bengalen reichte. Im Unterschied zu anderen Tempeln sind dessen *gopurams* eher von bescheidener Größe, der Hauptschrein jedoch enthält eine 66 Meter hohe kolossale Steinpyramide. Sie ist der höchste und in den Augen vieler auch der schönste Tempelturm ganz Indiens. Diese einzigartige Erhebung war Lambtons einzigartigem Messinstrument in jeder Hinsicht würdig. Mit Seilen und Flaschenzügen hievten die Laskars auch schon bald den Großen Theodolit auf dessen Spitze hinauf.

Der Schlussstein eines südindischen Tempelturms wird aufgrund seiner Rundung und nicht selten auch Riffelung, die ihm Ähnlichkeit mit der Myrobalan-Frucht verleiht, bisweilen als *amlaka* bezeichnet. Der Schlussstein des Rajarajeshwara-Tempels ist eher kuppelförmig und aus einem einzigen Granitblock gehauen; er hat einen Umfang von über 30 Metern und wiegt schätzungsweise 80 Tonnen. An seinen Standort auf der Turmspitze wurde er wohl ursprünglich mithilfe einer eigens zu diesem Zweck konstruierten, sechs Kilometer langen Erdrampe geschafft. Verglichen damit erschien der Transport eines lediglich 500 Kilogramm schweren Geräts geradezu ein Kinderspiel. An dem *amlaka* wurden Flaschenzüge befestigt; der weiträumige gepflasterte Hof, in dem sich der Tempel befindet, ließ genügend Raum für

ABBILDUNG 14

Der Turm des großartigen Tempels in Tanjore in Tamil Nadu aus dem 11. Jahrhundert eignete sich ideal als Beobachtungspunkt zur Vermessung. Als man
jedoch den Großen Theodolit hinaufhieven wollte, löste sich ein Halteseil und
das 500 Kilogramm schwere Präzisionsinstrument prallte gegen den Turm.

die Männer, die den Theodolit mit den Seilen hinaufzuziehen hatten;
und damit das Messinstrument nicht an den Turm stieß, wurde es mit
einem Halteseil gesichert, das anschließend um einen der Pfeiler im
Klosterhof wie um einen Poller geschlungen wurde.

Dieses Halteseil aber verrutschte entweder oder riss sogar, wie es
George Everest später schilderte. Der Theodolit sackte mit einem
Ruck senkrecht nach unten und prallte krachend auf die Schräge der
Turmpyramide mit den zahllosen Skulpturen. Zum Glück lag der
Theodolit noch in der Kiste, sonst wäre er völlig zerstört worden. So
aber federte die Kiste den Aufprall ab und wurde vom Turm zer-
schmettert, wobei die hervorstehende Halteschraube des Teilkreises

mit seinen neun Metern Durchmesser die Kiste durchstieß. Die
Schraube lockerte sich, und der große Teilkreis, der so perfekt gegos-
sen, so penibel genau geeicht worden und mit dem man immer so
sorgsam umgegangen war, wurde gestaucht wie die Felge eines Fahr-
rads nach einem Frontalzusammenstoß.

Lambton übernahm offenbar die volle Verantwortung. »Der Stolz
des verstorbenen Leiters [das heißt Lambton] ertrug es nicht, für diesen Unfall gerügt zu werden«, erinnerte sich Everest, und »die genaueren Umstände des Unfalls wurden, glaube ich, offiziell niemals der
Regierung vorgelegt.« Obwohl der Wert des Instruments auf 650
Pfund veranschlagt wurde (entsprechend einem heutigen Wert von etwa 65 000 Pfund), bestellte Lambton auf eigene Kosten ein Ersatzgerät
aus England und zog sich dann mit dem demolierten Original in das
nahe gelegene Trichy mit seinen militärischen Werkstätten zurück.

Jeder andere außer meinem Vorgänger [schreibt Everest] hätte die Sache als aus-
sichtslos aufgegeben; aber Colonel [zu jener Zeit Captain] Lambton war keiner,
der sich durch derartige Lappalien einschüchtern ließ oder kampflos und verzweifelt das Feld räumte. Er machte sich nach Trichy auf ... [und] dort verbarri-
kadierte er sich in einem Zelt, zu dem außer den obersten Kompaniehandwer-
kern niemand Zugang hatte.

Es war mitten im indischen Sommer, jenem Sommer, als weit oben
im Norden Robert Colebrooke im Fieberwahn lag und beim Beobachten der Monsunwolken, die sich über dem Ganges zusammenballten, von den kühlen Himalajagipfeln träumte und ihn der heilige
Fluss stromabwärts seinem Tod entgegentrug. Lambton setzte wie seinerzeit Achilles keinen Fuß vor das Zelt. Weit davon entfernt zu
schmollen, brütete er an jenen Hundstagen und in jenen schwülen
Nächten über seinem geliebten Instrument wie ein Arzt, der um das
Leben seines Patienten kämpft. Draußen warteten seine Männer, deren Vermessungstätigkeit ruhte und deren Weiterbeschäftigung
durchaus fraglich war. Everest weiter:

Er zerlegte das Gerät in seine Einzelteile, und nachdem er aus einem großen flachen Brett einen Kreis von der gewünschten exakten Größe herausgeschnitten

hatte, formte er mithilfe von Keilen, Schrauben und Flaschenzüge das demolierte Teil so lange, bis es genau in den Kreisumfang passte; innerhalb von sechs Wochen hatte er den Teilkreis wieder in seine ursprüngliche Form gebracht. Die verbeulten Speichen wurden mit kleinen Holzhämmern wieder gerade geschlagen.

Everest war von dieser ganzen Geschichte tief beeindruckt. Obwohl er sie nur vom Hörensagen kannte, erzählte er sie immer wieder, und an anderer Stelle schreibt er einmal, dass die Reparaturarbeiten sechs Monate und nicht sechs Wochen gedauert hätten. Er deutet auch an, dass der reparierte Theodolit zwar benutzbar war, aber nie wieder so zuverlässig arbeitete wie zuvor. Lambton scheint jedoch zufrieden gewesen zu sein und benutzte ihn noch, als neun Jahr später Everest zu ihm stieß. Aber Everest behauptete stets, dass die Haupttriangulierung des folgenden Abschnitts des Großen Bogens Richtung Norden nach Hyderabad durch die Mängel des Instruments beeinträchtigt wurde.

George Everest fand jedoch immer Mängel, bei Instrumenten wie bei Menschen. Es ist gut möglich, dass seine Kritik eine Art und Weise war, die höhere Qualität seiner eigenen Arbeit in den Vordergrund zu rücken, ohne sich den Vorwurf einzuhandeln, er setze seinen verdienstvollen Vorgänger persönlich herab. Lambton wiederum hatte für solche Spielchen keine Zeit. Die einzige von ihm erhaltene Kritik richtet sich gegen die Behörden, die den Fortgang seines Werkes zu behindern suchten. Kollegen und Untergebene unterstützte er uneingeschränkt, und er wurde von ihnen allen ausnahmslos verehrt.

Ausgerechnet Lambton hätte sich nie mit einem Instrument zufrieden gegeben, das an menschlichen Maßstäben gemessen nicht vollkommen war. Wenn sein späteres Werk niedrigeren Maßstäben genügte, dann liegt der Grund dafür in seiner zunehmenden Bereitschaft, die eigentliche Triangulierung seinen Assistenten zu übertragen, unter ihnen auch Everest. Dies geschah zum einen aus der Notwendigkeit heraus, einen Nachfolger auszubilden, zum anderen aber, um sich selbst auf die schwierigeren und grundlegenderen geodätischen Berechnungen und Beobachtungen konzentrieren zu können.

Etwa Ende vierzig und ausgesprochen ermutigt durch die jüngste Anerkennung seines Werkes seitens Sir Nevil Maskelyne, des Königlichen Astronomen in London, war Lambton nicht mehr der wortkarge Fremdling aus den abgelegenen Wäldern New Brunswicks. Er stand nach wie vor im Dienste der Wissenschaft, vertiefte sich in mathematische Abstraktionen und war noch immer größtenteils gleichgültig gegenüber der gesellschaftlichen Umtriebigkeit und den Ränken seiner Offizierskollegen. Nach zehn Jahren in Indien besaß er nunmehr das Selbstvertrauen eines Mannes, der endlich seinen Lebenszweck gefunden hat. Wie es gängige Praxis war, kaufte er sich den Majorsrang, und wenn er nicht im Gelände tätig war, baute er Haus und Heim an der Küste. Er gründete sogar eine Familie. Aber obgleich jetzt weniger zurückgezogen, blieb er doch nicht minder rätselhaft. Während es seine Kollegen gewiss vorgezogen hätten, unter den Briten in Madras zu leben, führte Lambton unter den Franzosen in Pondicherry ein Leben in Sünde.

DER WEITHIN BERÜHMTE GEODÄT

In Lambtons Berichten sucht man vergeblich nach persönlichen Details, die mit der spröden Syntax versöhnen könnten, und auch die Zeitangaben sind eher spärlich. Zahlen und Berechnungen, die für sein Werk von Bedeutung sind, finden sich zwar zuhauf, aber die einfachsten Datumsangaben fehlen. Wenn Everest später durcheinander kam, ob die Reparaturarbeiten am Großen Theodolit sechs Wochen oder sechs Monate gedauert hatten, dann womöglich deshalb, weil Lambton selbst sich nie die Mühe machte, den Zeitpunkt der Fertigstellung schriftlich festzuhalten.

Wir wissen aus einer Anmerkung, wie lange es dauerte, die einzelnen Grundlinien zu vermessen; wir wissen auch, in welchen Nächten Lambton astronomische Beobachtungen durchführte, da in diesem Fall die Datumsangaben ein wesentlicher Faktor der Berechnungen waren. Aber wie viele Tage er damit verbrachte, seine Beobachtungsstationen für die trigonometrische Vermessung einzurichten, bleibt im Dunkeln. Lambton scheint es Spaß gemacht zu haben, seine Berichte mit einem Schleier des Geheimnisses zu versehen. Geodätische Formeln nennt man auch »Konstanten«, und für einen Menschen, der geradezu besessen war, konstante, unverrückbare Orte mit höchster Präzision zu bestimmen, muss die heimtückisch verrinnende Zeit geradezu ein Horror gewesen sein. Oder vielleicht war das Verwischen der Spuren über die Jahre hin zu einer Taktik geworden, die als eine weitere Dimension dieser sich stets entziehenden und schwer fassbaren Persönlichkeit angesehen werden muss.

Im Jahr 1809, nach der Katastrophe von Tanjore, wurde Lambton bei der Triangulierung des äußersten Südens durch einen raffinierten Coup der Briten gegen den Raja von Travancore im heutigen Staat Kerala überrascht. Gegen diese, wie der britische Historiker Sir Penderel Moon schreibt, »am wenigsten zu rechtfertigende der zahlreichen fragwürdigen Maßnahmen, mit denen die britische Herrschaft in Indien aufgebaut« wurde, war die Anwesenheit des Vermessungstrupps nur eine unbedeutende Provokation. Für die wenigen Wochen, die dieser Militärschlag dauerte, vertauschte Lambton die geodätischen Instrumente mit der Waffe und arbeitete als Militäringenieur. Als er dann schließlich am südlichsten Ende des Großen Bogens seine Grundlinie vermessen hatte, zog er sich nach Pondicherry zurück, um seine Berechnungen fortzusetzen und auf deren Grundlage die Landkarte der indischen Halbinsel zu erstellen.

Pondicherry war damals wie heute ein anspruchsloser Ort. Die von Bäumen gesäumte Küstenstraße, die Stuckvillen und eine Atmosphäre der gesellschaftlichen und ethnischen Toleranz erinnerten an das goldene Zeitalter dieser Stadt im 18. Jahrhundert, als sie der Dreh- und Angelpunkt französischer Ambitionen auf ein Imperium im Osten war. Formell war Pondicherry noch immer die Hauptstadt Französisch-Indiens, aber die Briten hielten es seit 15 Jahren, und dies blieb so bis nach der Niederlage Napoleons. Mit seinen 25 000 Einwohnern war es, verglichen mit dem geschäftigen Madras hundert Meilen weiter nördlich, damals bereits ein heruntergekommenes Provinznest. Lambton wählte es deshalb als Standort aus, weil das kosmopolitische Klima seinen Assistenten zusagte, die zumeist gar nicht in Großbritannien geboren waren, und weil es auch seinem zurückhaltenden Wesen und seinen grundlegend veränderten familiären Lebensumständen eher entsprach.

Wann und wo er der rätselhaften »Kummerboo« begegnete, ist nicht bekannt. Ihr Name klingt wie Hindu, aber in seinem Testament bezeichnet sie Lambton als »Maurin« oder Muslimin. Über die Liebesabenteuer von Offizieren ist meistens sehr wenig bekannt, und Lambton stellte in diesem Punkt keine Ausnahme dar. John Warren zufolge schien Lambton »in gemischter Gesellschaft und insbesondere in der Gesellschaft von Frauen eher gehandicapt«. Andererseits nennt Everest, selbst kein Frauenheld (wenn auch für Überraschungen gut), Lambton »einen großen Bewunderer des schönen Geschlechts«. Vermutlich fühlte er sich in Gesellschaft der in Korsetts eingeschnürten und oberflächlichen britischen »memsahibs« unwohl, von denen laut Richard Wellesley keine »besonders hübsch war«. Ihre schüchterneren und dunkleren einheimischen Schwestern, darunter auch Kummerboo, waren wohl zu jener Zeit die Hübscheren und erregten Lambtons Bewunderung.

Es ist durchaus nicht unwahrscheinlich, dass er während seiner langen Aufenthalte im Gelände oder auf einem *droog*, zum Vermessen einer Grundlinie vielleicht, weitere solcher Liaisons hatte. Wir kennen lediglich die Frauen, die er in seinem Nachlass erwähnte. Kummerboo wurde bedacht, weil sie im Juli 1809 in Anwesenheit Lambtons in Pondicherry ihr erstes Kind zur Welt brachte, einen kleinen »William Lambton«. Wir kennen auch »Frances«, die ihm zehn Jahre später in Hyderabad eine Tochter und einen weiteren Sohn schenkte. Frances wird als »Halbblut« bezeichnet und war vielleicht britisch-indischer oder französisch-indischer Herkunft. Warren lässt durchblicken, dass Lambton auf dem Sterbebett erwog zu heiraten – vermutlich ebenjene Frances –, was möglich gewesen wäre, angesichts der althergebrachten Tradition aber nur unter Vorbehalt zu glauben ist.

Lambton erkannte alle drei Kinder als die seinen an und ließ sie taufen. Der kleinere Junge scheint noch im Kindesalter gestorben zu sein, aber William junior begleitete nach dem Besuch der Grundschule den Messtrupp, als dessen Hauptquartier 1815 nach Hyderabad vorrückte, und obwohl erst elf Jahre alt, wurde er auf der Gehaltsliste als »3. Unterassistent« geführt. Als 1818 der hochkorrekte Lieutenant Everest als Leiter des Vermessungsdienstes nach Hyderabad kam, könnte er dessen Hauptquartier leicht mit einem Kindergarten verwechselt haben. Neben dem jungen William und der schwangeren Frances zählte zu Lambtons Menage nämlich noch Joshua de Penning, sein dienstältester Unterassistent, mit seinem leiblichen Sohn Joe, einem Teenager, der bald ebenfalls 3. Unterassistent werden sollte. Und außerdem hatte Joshuas Ehefrau Marie, obschon erst 22 Jahre alt, neun ihrer insgesamt 14 kleinen de Pennings bereits geboren.

Lambton verblieben außerdem noch vier Unterassistenten, alle zwischen 20 und 30 Jahren, die sein Hauptquartier als ihr Zuhause betrachteten. Sie waren vor Ort angeworben worden und wurden von den voreingenommenen Briten gesellschaftlich herabgesetzt, weil sie in Indien geboren waren und mindestens ein nichtbritisches Elternteil hatten.

Lambton jedoch gefiel solche Gesellschaft. Joshua de Penning, der ranghöchste dieser jungen Unterassistenten, stammte aus einem Waisenhaus in Madras und war vielleicht gebürtiger Holländer. Von den anderen drei Assistenten blieben William Rossenrode und Joseph Olliver genau wie de Penning lange bei der Großen Trigonometrischen Vermessung und zeichneten sich dort aus. Beide hatten überdies bereits Söhne oder bekamen welche, die später in ihre Fußstapfen traten.

Lieutenant Everest betrachtete sich all diesen »Gentlemen«, wie er sie nannte, überlegen (diese Bezeichnung sollte deutlich machen, dass sie keine Heeresoffiziere waren wie er). Auch sollten sie sich Everests Vorstellungen von Autorität nicht so leicht fügen. Lambton verehrten sie, für Everest arbeiteten sie lediglich. Und wenn Everest sie und ihre zahlreichen Angehörigen später als seine Familie betrachtete, dann war dies eine Familie, die er ererbt hatte.

Lambton hatte nicht nur die jungen Männer selbst ausgesucht und ausgebildet, er brachte ihnen auch sein vollstes Vertrauen entgegen. Als die Vermessung die Richtung änderte und ihre Dreieckskette von Mysore aus nach Norden in das Territorium des Nizam von Hyderabad hinein weiterspannte, wurde Joshua de Penning immer öfter der Große Theodolit anvertraut, ja, er übernahm sogar die grundlegende Triangulierung des Großen Bogens. Lambton ging inzwischen hauptsächlich ins Gelände, um Grundlinien zu vermessen und die wichtigen astronomischen Beobachtungen zu leiten.

Das Betrachten der Sterne war beinahe ebenso wichtig und mit Sicherheit schwieriger als die Triangulierung. Durch die Triangulierung wurden lediglich die Beobachtungspunkte der Vermessung im Verhältnis zueinander und zu den Grundlinien festgelegt. Aber um Lambtons Dreiecke ausrichten, die Lage der trigonometrischen Punkte bezüglich der geografischen Längen- und Breitengrade bestimmen und die variable Erdkrümmung ermitteln zu können, musste die Vermessung durch astronomische Beobachtungen gestützt werden. Dabei wurden gewöhnlich die Winkel gemessen, in denen die Planeten und Sterne den Zenit passieren, und zwar von den wichtigeren trigonometrischen Messstationen aus gesehen.

Je mehr derartige Beobachtungen von einer Messstation aus vorgenommen wurden, desto besser. Zur Vermessung der Grundlinie in Tirunelveli im äußersten Süden hatte Lambton 27 Nächte am Stück gebraucht, eingeschlossen in einem Zelt mit seinem Zenitsektor (einem Instrument mit einem Fernrohr und einem riesigen, 1,5 Meter großen »Sektor« zur Messung dieser Höhenwinkel). Das Ergebnis waren mehr als 200 astronomische Einzelmessungen zur Bestimmung der geografischen Breite allein an diesem Ort, deren Mittelwert einen den Umständen entsprechend sehr präzisen Wert ergab.

Um die Entfernung zwischen zwei Punkten zu bestimmen, die mehrere hundert Kilometer auseinander liegen, beispielsweise an den aktuellen Endpunkten des Großen Bogens, mussten an jedem Ort dieselben Sterne am besten zur selben Zeit und mit denselben Instrumenten beobachtet werden. Dies erforderte besondere klimatische Verhältnisse, da die Monsunzeit im Norden der Halbinsel mit jener im Süden nicht zusammenfällt. Auch verlangte es eine besondere Geschicklichkeit der Vermesser, und selbst für Everest mit seinem großen Organisationstalent stellte dies eine Herausforderung dar. Dennoch gelang es Lambton, einige wichtige Korrekturen der vorhandenen Landkarten vorzunehmen. Die Position, die man der Großstadt Hyderabad gegeben hatte, von wo aus er seinen Großen Bogen quer durch das Territorium des Nizam weiterspannte, musste »um nicht weniger als elf Minuten* geografischer Breite und dreißig Minuten** geografischer Länge korrigiert werden.«

Das Observatorium von Madras, wo seit vielen Jahrzehnten Messungen durchgeführt und Aufzeichnungen angefertigt wurden und über das nunmehr Lambtons zuverlässiger Exassistent Warren präsidierte, bildete den Ausgangspunkt für sämtliche Vermessungen der Halbinsel. Seine Position bezüglich des Meridians von Greenwich (Nullgrad geografischer Länge) und des Äquators (Nullgrad geografischer Breite) war der Ausgangswert für alle Vermessungen. Madras war gewissermaßen das indische Greenwich. Und als später eine winzige Korrektur der Koordinaten des Observatoriums von Madras nötig wurde, musste Lambtons gesamtes Dreiecksnetz dem entsprechend angepasst werden.

Ähnliche Korrekturen machten Neuberechnungen von ungeheurer Komplexität erforderlich. Ein späterer Autor schätzte, dass an der trigonometrischen Vermessung Indiens 9 230 mathematische Unbekannte beteiligt waren und »sperrige Gleichungen in bis dahin nicht gekanntem Ausmaß« aufgestellt wurden. Empirische Verfahren, die zu immer größerer Präzision führten, spielten in der Wissenschaft der Geodäsie eine bedeutende Rolle. Lambtons Situation war der eines Bauern vergleichbar, der seine Ackerfurche mit einer unbekannten Menge Samenkörner gleichmäßig zu säen hatte. Wenn das Saatgut ausging, bevor er das Ende der Ackerfurche erreicht hatte, musste er wieder von vorn anfangen und die Saat neu verteilen; ebenso umgekehrt, wenn er am Ende angelangt war und noch Saatgut übrig hatte. Das Wiederholen und Revidieren früherer Arbeiten war ebenso wichtig wie die Weiterführung des Werkes.

So wurde beispielsweise das Maß für 1 Grad geografischer Länge, das 1802 anhand des von Madras aus nach Süden verlaufenden kurzen Bogens berechnet worden war, bald korrigiert, als der Große Bo-

---

* Dies entspricht ca. 20 Kilometern
** Dies entspricht ca. 55 Kilometern

gen einen genaueren Wert lieferte. Das wiederum bedeutete, dass die
ersten Dreiecke, die auf den Vermessungen von Madras basierten,
ebenfalls neu berechnet werden mussten. Und auch die Annahmen
über die Erdkrümmung wurden korrigiert, je länger der Große Bogen wurde, und das bedeutete ebenfalls neue Berechnungen. Lambton war zunächst von Sir Isaac Newtons Zahl $\frac{1}{230}$ für die Kompression
des Erdellipsoids an den Polen ausgegangen. Diese »Konstante« erwies sich jedoch bald als ganz und gar nicht konstant. Im Jahr 1812
wurde die Zahl auf $\frac{1}{304}$ und im Jahr 1818 von Lambton selbst auf $\frac{1}{310}$
korrigiert, als sein Großer Bogen fast zehn Grad geografischer Breite
umfasste. Auch Everest stellte eigene Konstanten auf; und mit jeder
neuen Konstante mussten alle bisherigen Berechnungen revidiert
werden.

Weitere Komplikationen ergaben sich aus den Bemühungen, ein
Einheitsmaß der Länge zu finden. Lambtons Sorge um den Verschleiß
von Dinwiddies Messkette wuchs mit der Vermessung jeder neuen
Grundlinie. Als die Kette gegenüber seiner Reservekette nicht mehr
expandierte, wurde er misstrauisch, ob diese Reservekette überhaupt
ein zuverlässiges Standardmaß darstellte. Wie schon einmal zuvor
wurde eine 30 Meter lange Backsteinmauer gebaut, über deren gesamte Länge ein Zeltdach errichtet und deren Oberfläche glatt ge-
schliffen und poliert, »bis sie blank war wie eine Glasscheibe«. Auf
dieser Mauer wurde ein Eichmaß ausgelegt, das durch in Blei gefasste
und in Beton gesetzte Messingstifte markiert wurde. Die Länge der
beiden Ketten wurde anschließend an diesem Eichmaß mikrometer-
genau gemessen.

Die Sache wurde nicht gerade einfacher, als im Jahr 1821 eine par-
lamentarische Kommission in England ein neues Einheitsmaß der
Länge festlegte. Lambton hatte lange auf ein solches Standardlängen-
maß gedrängt, auch wenn er das auf dem Dezimalsystem beruhende
Meter, mit dem die Franzosen bereits rechneten, bevorzugt hätte. Die
Briten ignorierten diesen Vorschlag. Henry Kater in London leitete
das neue Standardmaß von der Skala ab, die Cary bei der Eichung der
Gradeinteilung des Teilkreises von Lambtons Großem Theodolit ver-

wendet hatte. Daraufhin musste Lambton alle seine bisher gemessenen Winkel noch einmal berechnen und die Werte entsprechend korrigieren.

Es überrascht daher kaum, dass ihm für die Arbeit im Gelände wenig Zeit blieb. Geduldig erklärte er den Behörden in Kalkutta, dass er
nicht gleichzeitig die Vermessung weiterführen und deren Ergebnisse
auswerten könne. Die notwendigen Berechnungen seien so kompli-
ziert, dass sie niemandem anderen anvertraut werden könnten. Allein
eine saubere Abschrift eines seiner Berichte dauere fünf Monate, und
aufgrund der vielen technischen Feinheiten könne diese Aufgabe an
niemanden delegiert werden. Daher sei er gezwungen, die Arbeit im
Gelände zu delegieren. Wenn die Regierung mit dieser Regelung
nicht einverstanden sei, müsse man ihm einen erfahrenen Assistenten
zur Seite stellen; und im Übrigen benötige er auch dringend einen
Arzt und einen Geologen.

Der Arzt sollte Lambtons Vermessungspersonal betreuen, von dem
viele wegen Fiebererkrankungen immer wieder ausfielen, der Geologe Lambtons Probleme mit der Lotlinie lösen. Zwar lieferte der
Große Bogen einen zufrieden stellenden Beleg dafür, dass die Abstände zwischen den Graden entlang des Meridians nach Norden hin
größer wurden, aber sie wuchsen nicht um einen gleichmäßigen
Wert; in einem Fall nahm dieser Wert sogar ab. Ähnliche Anomalien
waren an den Bögen entdeckt worden, die in Frankreich und England gemessen wurden; zynische Beobachter wurden zu der Schluss-
folgerung verleitet, die Vermesser seien demnach also doch nicht so
unfehlbar, wie sie behaupteten.

Aber nach immer neuen Überprüfungen war Lambton zuversicht-
lich, dass seine Arbeitsmethoden und Berechnungen verlässlich waren
und er nach einer anderen Erklärung suchen musste. Der Fehler, so
vermutete er, lag in der Lotlinie, die für die Messungen mit dem Zenitsektor eine entscheidende Rolle spielte. Es war bekannt, dass nahe
gelegene Erhebungen die Lotlinie des Senkbleis durch ihre Anziehungskraft ablenkten – ein weiteres Problem, das Vermesser des Himalaja bisher nicht gesehen hatten. Aber jetzt fand Lambton heraus,

dass auch in einem Gelände ohne Erhebungen Unregelmäßigkeiten auftraten. Das krasseste Beispiel einer solchen Ablenkung hatte er in Bangalore kennen gelernt, und er schrieb sie einer unterirdischen »kompakten Erzader« zu. Und nicht ohne Triumph verkündete er, dass es diese Spekulation war, die »uns auf die Spur eines bis dahin unvorstellbaren Störfaktors brachte, einer Kraft, die durch ... Anomalien in der Dichte der Schichten unterhalb der [Erd-]Oberfläche bedingt ist«.

Deshalb benötigte Lambton einen Geologen, und deshalb kam es auch bald zur Entwicklung eines gänzlich neuen Bereichs des geodätischen Experimentierens, bei dem Pendel verwendet wurden, um Lotabweichungen aufgrund der ungleichmäßigen Dichte der Erdkruste aufzudecken. Dadurch wiederum entdeckte man, dass die Anziehungskraft der Berge durch die größere Dichte im Erdinnern unterhalb der Berge ausgeglichen, ja, oft mehr als ausgeglichen wurde. Wie Eisberge, so konnten sich auch diese unsichtbaren Schichten weit über den sichtbaren Teil des Berges hinaus ins Erdinnere erstrecken. Lotlinien wurden also nicht nur von der sichtbaren Bergmasse angezogen, sondern konnten gleichermaßen von ihr abgelenkt und von den dichteren, tiefer liegenden Subschichten angezogen werden – ein Widerspruch und Ausgleichseffekt, der als »Isostasie« bezeichnet wird. Auf die Vermesser des Himalaja warteten weitere Überraschungen.

Im Jahr 1818 erfuhr Lambton, dass er endlich einen Geologen und einen Arzt – und zwar in einer Person – bekommen sollte: einen Mann namens Henry Voysey. Im Jahr zuvor hatte Lambton seinen dritten Bericht vorgelegt, nachdem er 1815 den Großen Bogen bis nach Bidar etwa 130 Kilometer westlich von Hyderabad fertig gestellt hatte. Dort vermaß er seine sechzigste Grundlinie. Der Bogen, der mittlerweile fast 10 Grad oder mehr als 1 100 Kilometer umfasste, war »der längste, der jemals auf der Erdoberfläche vermessen wurde«. Er war sogar größer als jener in Europa, und wie der britisch-französische Bogen »übertraf er an Größe und Präzision alles bisher in der Geschichte der angewandten Wissenschaft da Gewesene«. Der Bogen war jetzt kein bloßes Kuriosum mehr, er hatte Berühmtheit erlangt und eine eigene Antriebskraft entwickelt.

Auch Lambton war zur Legende geworden. In später Anerkennung seiner Leistung erhielt die Vermessung von Mysore, bis dahin als »trigonometrische«, »astronomische« oder »mathematische« oder auch nur als »Lambtons Vermessung« bezeichnet, jetzt offiziell den Namen Große Trigonometrische Vermessung Indiens. Und in Anerkennung der Tatsache, dass sie die Grenzen der von Madras aus kontrollierten Territorien weit überschritten hatte, wurde sie von der Regierung von Madras an die übergeordnete Regierungsstelle in Kalkutta übertragen und der persönlichen Aufsicht des Generalgouverneurs unterstellt. Anfänglich auf Mysore begrenzt, hatte sich die Vermessung auf die gesamte Halbinsel ausgedehnt, und nunmehr, im Jahr 1818, bestand die Hoffnung, dass sie nach Norden, Osten und Westen mindestens so weit fortgeführt werden könnte, dass seitliche Arme Bombay und Kalkutta miteinander verbanden.

Der Große Bogen selbst musste damit also noch weiter gespannt werden. Lambtons anfänglicher »Vorstoß« in die widerspenstigeren Territorien des Nizam von Hyderabad war glatt verlaufen. Vorausgesetzt, dass Lambton den »Plündererbanden entkam, die in Abwesenheit der Armee diesen Landesteil heimsuchten«, wollte er dem 78. Meridian durch die nördlichen Distrikte Hyderabads weiter nach Nagpur in Zentralindien folgen. »Sollte ich so lange leben, um dieses Werk noch vollenden zu können«, schrieb er, »ist damit der Grundstein gelegt für die Fortführung der Vermessung über den ganzen Dekkan ... durch die Herrschaftsgebiete der Marathen ... bis zu den oberen Bezirken Hindustans [das heißt Nordindien].« Die Regierung unterstützte diesen Plan und schlug Agra am Rande der Gangesebene als geeigneten Endpunkt vor.

Aber Lambton, vermutlich schon über vierzig, als er mit der Vermessung begonnen hatte, war jetzt bereits 16 Jahre lang in dieser Mission unterwegs. Das Alter machte sich allmählich bemerkbar. Die wenigen Haare, die er noch auf dem Kopf trug, waren ergraut, und seine erstaunliche Energie ließ stark nach. Trotz seines großen Eifers, sein

Werk weiterzuführen, stellte er jetzt ernsthafte Überlegungen an, wer sein möglicher Nachfolger werden könnte.

Ich hoffe aufrichtig, dass nach meinem Ausscheiden [aus dem Vermessungsdienst] jemand gefunden wird, der Begeisterung, Ausdauer und Kenntnisse besitzt, um sie nach den bisherigen Grundprinzipien weiterzuführen – Es wäre für mich in der Tat eine große Befriedigung, könnte ich auch nur die schwache Hoffnung hegen, dass ein Werk, das ich begonnen habe und das zu so beachtlicher Größe gelangt ist, in der Zukunft auf *ganz* Britisch-Indien ausgedehnt werden kann.

Der Wink wurde verstanden. Im Jahr 1818 bekam Lambton neben Dr. Voysey auch noch einen erfahrenen Assistenten zur Seite gestellt; am zweiten Weihnachtsfeiertag jenes Jahres stieß zu Lambtons zweifellos ausgelassener Festgesellschaft in Hyderabad ein glatt rasierter, eifriger Lieutenant George Everest hinzu.

Seiner eigenen Schilderung zufolge trat Everest dem »großen Mann« mit Achtung und Ehrerbietung entgegen. Trotz seiner Schlichtheit und seines verschlossenes Wesens war Lambton durchaus empfänglich für Anerkennung, und er hatte nun – wenngleich mit Verspätung – endlich den verdienten Ruhm erlangt. Auf den Brief des Königlichen Astronomen im Jahr 1806 war 1813 ein maßgeblicher und überaus schmeichelhafter Artikel in der *Edinburgh Review* gefolgt. Er stammte aus der Feder von Professor Playfair und erörterte ausführlich Lambtons Werk, lobte dessen außerordentliches Engagement und verglich ihn mit William Roy, von dem Lambton angeregt worden war. Roy und Lambton wurden gemeinsam für ihre Verdienste gelobt; sie hätten, so hieß es, »mehr für den Fortschritt der Wissenschaft getan als je andere Männer in militärischen Diensten«.

Unerklärlicherweise reagierte das wissenschaftliche Establishment Londons nicht sofort darauf. Anders als Everest hatte Lambton kaum einflussreiche Verbindungen und kannte die Tricks geschickter Selbstdarstellung nicht. Aber 1815 war sein alter Freund und einstiger Assistent John Warren nach Frankreich zurückgekehrt. Nach der Niederlage Napoleons und der Wiedererrichtung der französischen Monarchie nahm Warren wieder Kontakt zu seiner Familie auf. Zufällig begegnete er in Paris auch seinem alten Colonel Arthur Wellesley, der soeben aus der Schlacht von Waterloo siegreich zurückgekehrt war. Wieder aufgenommen in die französische Armee und als 24. Comte de Warenne anerkannt, machte Warren die wissenschaftlichen Autoritäten in Paris auf Lambtons Werk aufmerksam.

Die Franzosen schätzten die geodätischen Forschungen ebenso hoch ein wie die Briten die geografischen Entdeckungen. Sie waren die Pioniere und die Sachverständigen; es war ihre Wissenschaft, und in Lambton erkannten sie neidlos einen verdienstvollen Kollegen an. 1817 zollten der führende Geodät Pierre Le Place, auf dessen Theorien über den sphärischen Exzess sich Lambton gestützt hatte, und der bedeutende Astronom Jean-Baptiste Delambre Lambton ihre Anerkennung und erwiesen ihm die höchste Ehre einer korrespondierenden Mitgliedschaft in der französischen Akademie der Wissenschaften.

Diese Anerkennung veranlasste schließlich die Royal Society in London dazu, Lambton zum Ehrenmitglied zu ernennen. Die Ostindische Kompanie zog mit einem für Lambton ganz besonders erfreulichen Glückwunschschreiben eines ihrer ältesten Direktoren nach. Der Verfasser hieß Samuel Davis, war ehemals selbst Vermesser gewesen und hatte 40 Jahre zuvor eine Handelsmission nach Tibet begleitet. Es waren seine Beobachtungen gewesen, die Sir William Jones auf die große Breite des Himalajagebirges hingewiesen und ihn zu der noch immer unbewiesenen Behauptung veranlasst hatten, der Himalaja sei das höchste Gebirge der Welt.

Für den jungen Everest war der »große glatzköpfige« Lambton eine eindrucksvolle Persönlichkeit. Er nennt ihn »den großen Mann« und gibt an, den Fortgang von dessen Arbeit schon seit Jahren zu verfolgen. Eine gewisse Exzentrik, die Everest bei anderen gewiss missbilligt hätte, verstärkte seine Hochachtung.

Ich werde nie vergessen, welchen Eindruck das Verhalten dieses Veteranen und weithin berühmten Geodäten auf mich machte, als ich ihm ... auf einer unserer

Stationen zum ersten Mal begegnete; denn obwohl wir einige Tage zuvor gemeinsam im Gelände gewesen waren, verhielt er sich ganz normal, wie ein ruhi-
ger und außerordentlich gut gelaunter Mensch, der über seine eigenen Witze
lachte, gern Glees und Duette sang und auch sonst alles schätzte, was Harmonie
erzeugte und das Leben angenehm machte; ... aber als er sich erhob, um den
Großen Theodolit aufzustellen, erschien er mir wie Odysseus, der seine Lumpen
abstreift und sich zu erkennen gibt; seine natürliche Energie schien alle Gebre-
chen zu überwinden, er bewegte seinen Körper mit der Kraft voller Männlich-
keit, und die hohe und breite Stirn verlieh seiner von Intellekt und Schönheit
erstrahlenden Miene Lebendigkeit und Würde.

Solch überschwängliches Lob floss Everest selten spontan aus der Feder. Sein Respekt für Lambton war zweifellos aufrichtig, aber durchaus auch berechnend. Indem er den Nimbus des Geheimnisvollen der
Großen Trigonometrischen Vermessung und ihres Begründers betonte, fielen auch auf ihn selbst als dessen Assistent und Nachfolger
Strahlen dieses Glanzes. Auch sollte niemand auf die Idee kommen zu
meinen, dass Everests spätere Leistungen auch nur irgendetwas damit
zu tun hätten, dass Lambton ihn eingearbeitet hatte. »Er ließ mich«,
schreibt Everest, »im Januar 1819 [also einen Monat nach seiner An-
kunft] im Lager zurück, für das ich jetzt die volle Verantwortung trug,
und kehrte nach Hyderabad zurück; dies war das letzte Mal, dass er
an der Triangulierung beteiligt war.« Lambton hatte sich zurückgezogen, weil die Fortführung des Großen Bogens so lange verschoben
wurde, bis die »Plündererbanden« zerschlagen worden waren. Everest
zufolge war der Grund jedoch Lambtons schlechter Gesundheitszustand.

Diese Augenblicke der Aktivität [das Witzeerzählen und Duettsingen] waren jedoch nur das letzte Aufflackern eines verlöschenden Lichts. Es war offensichtlich, dass er sich unter dem zerstörerischen Einfluss eines Lungenleidens ver-
zehrte, begleitet von einem überaus heftigen Husten, der bisweilen seinen
ganzen Körper schüttelte.

Kurzum, Everest erweckt den Eindruck, als käme er einem sterbens-
kranken Mann zu Hilfe. Wir sollen glauben, dass er die Vermessungs-
arbeiten von dem Augenblick an in die Hand nahm, in dem er zu

ABBILDUNG 15

William Lambton, das rätselhafte Genie hinter dem Großen Bogen, war über
sechzig, als ihn William Havell im Jahr 1822 porträtierte. Er hatte soeben zwei
weitere Kinder gezeugt und als ein Gigant unter den Geodäten internationalen
Ruhm erlangt.

Lambtons Trupp stieß. Doch es sollte noch vier Jahre dauern, bis
Lambton starb, und in dieser Zeit war er alles andere als entbehrlich.
Er erteilte seinen Vermessungstrupps draußen im Gelände Anweisungen, führte Berechnungen durch und überprüfte seine Kalkulatio-
nen; er reiste nach Kalkutta, um sich für seinen Mitarbeiterstab ein-
zusetzen, und er führte den Großen Bogen weitere 560 Kilometer
nach Norden fort. Er erwog, Frances zu heiraten, und gründete mit
ihr eine neue Familie.

Im Jahr 1822, vier Jahre nach Everests Eintreffen, malte der Künstler William Havell während eines Besuchs in Hyderabad ein Porträt von Lambton. Dieses Porträt zeigt keineswegs einen todkranken Schwindsüchtigen, sondern einen noch immer genialen, beinahe schelmischen Mann, den die Aufmerksamkeit des Künstlers zu amüsieren scheint. Weder wirkt er schwer krank noch besonders alt.

Zu der Zeit, da Lambton für das Porträt Modell saß, war Everests und nicht Lambtons Gesundheit angegriffen und Everests berufliche Karriere war in Gefahr. Er hatte sich bei seiner ersten, unglückseligen Vermessung im Kistna-Godavari-Dschungel 1819 und dann erneut 1820 das Yellapuram-Fieber geholt und war soeben von einem Genesungsaufenthalt am Kap der Guten Hoffnung zurückgekehrt. Drei Jahre später verschlimmerte sich sein Zustand so sehr, dass er als dienstuntauglich nach Hause geschickt wurde. Lambton dagegen hatte sich noch nie aus Krankheitsgründen beurlauben lassen. Und trotz seines Hustens machte er auch jetzt keine Anstalten, aus dem Dienst auszuscheiden. Im Gegenteil, die Sache mit Everest bestärkte ihn womöglich sogar in seinem Entschluss weiterzumachen. Für Lambton – wie für die meisten Europäer in Indien – kam der Tod rasch und unerwartet.

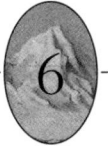

6

ÜBERALL NUR KETTEN

George Everests erste katastrophale Vermessung im Dschungel der
Kistna-Godavari-Region hatte schlimme Folgen. Zum einen waren
danach die meisten Mitarbeiter chronisch krank. Selbst wenn sie sich
erholten, besaßen sie oft nicht genügend Abwehrkräfte, insbesondere
gegen Malaria und Ruhr. Cholera, obwohl nicht so verbreitet, führte
häufiger zum Tod, egal ob der Betroffene von starker oder schwacher
Konstitution war. Und weitere Fiebererkrankungen mit tödlichem
Verlauf, in Lambtons Berichten nur selten erwähnt, sind laut Everests
Aufzeichnungen ebenfalls an der Tagesordnung.

Auch der Bericht eines anderen Vermessungstrupps in Hyderabad, dem Gegenstück von Everests Expedition im Dschungel des
Kistna-Godavari-Gebiets, der eine sekundäre Triangulierung westlich des Großen Bogens vornahm, ist nicht untypisch. Unter Lieutenant James Garling arbeitete dieser Trupp seit 1816 im Gelände
und hatte große Fortschritte erzielt. Doch »1819 starb einer von
Garlings Assistenten«, heißt es in einer amtlichen Zusammenfassung, »und im Jahr darauf starb auch Garling selbst. Daraufhin kam
Conner von Travancore, starb aber bereits, als er gerade einen Monat in Hyderabad war. Im Dezember 1821 übernahm Robert
Young das Projekt, doch nach der zweiten Saison im Gelände fiel
auch er einer Krankheit zum Opfer und starb im Juli 1823.« Unter
einem Mann namens Crisp schritt die Arbeit dann »stetig voran«,
aber 1827 übergab Crisp die Leitung an Webb, und die grässliche

Geschichte begann von vorn. »1829 brach Webb erkrankt nach
England auf ...«

Zusammen mit Everests düsterem Bericht über fünfzehn Todesfälle
in einer einzigen Saison ließen derartig hohe Todesraten Zweifel daran aufkommen, ob die Fortführung einer solch umfassenden Vermessung in andere Regionen überhaupt machbar war. Man ahnte,
dass der Verlust an Menschenleben, der Zeitaufwand sowie die benötigten Geldsummen für die Arbeit in Hyderabad immens sein würden. Lambton war der Meinung, der Aufwand für die Vermessung der
unter der Herrschaft des Nizam stehenden Territorien hätte für ein
viermal so großes Gebiet gereicht, das unter direkter britischer Kontrolle stand. Noch besorgniserregender war, dass die Regierung die
laufenden Kosten für die Große Trigonometrische Vermessung inzwischen auf über 6 000 Pfund pro Jahr schätzte und eine anhaltende
Kostensteigerung befürchtete, da ein Ende des Projekts nicht in Sicht
sei. Unter diesen Umständen war es unausweichlich, dass 1818, als die
Große Trigonometrische Vermessung der Aufsicht Madras' entzogen
und den Behörden Kalkuttas unterstellt wurde, Größe und Prioritä-
ten des Projekts neu überdacht wurden.

Bei dieser Revision wurde die Ausdehnung des Großen Bogens
nach Norden nicht ernsthaft infrage gestellt. Lambton hatte die geografische Bedeutung des Bogens wiederholt unter Beweis gestellt,
und die internationale Anerkennung hatte seine geodätische Genauigkeit bestätigt. Gefahr drohte dem Bogen in den kommenden Jahren
eher durch die geografischen Verhältnisse als von den Behörden. Das
Gebiet nördlich von Hyderabad, das Herz Zentralindiens, bestand
weitgehend aus Bergen und Dschungel, und ein Großteil davon befand sich unter indischer Herrschaft. Danach kam die große Ganges-
Jumna-Ebene, die sich von Agra aus fast 650 Kilometer Richtung
Norden bis nach Delhi und weiter zum Himalaja erstreckte.

Es sah so aus, als wäre in diesem Gebiet eine trigonometrische Ver-
messung nicht möglich. Anfang der 20er Jahre konnten sich weder
Lambton noch Everest vorstellen, dass der Bogen jemals über die
Ebene hinaus gelangen und gar bis zur Bergkette reichen würde.

Agra, wo der 78. Meridian längs durch den Jumna verlief und stattliche Bauwerke wie der Taj Mahal imponierende Ausblicke versprachen, galt als der wahrscheinliche Endpunkt des Bogens. Von dort in Richtung Norden gab es praktisch keine Berge mehr, von denen aus man hätte triangulieren können. Verschiedene große Bäume, darunter auch der schirmartige Banyan, der heilige Pipal und der wertvolle Mangobaum, die allesamt nicht einfach gefällt werden konnten, behinderten die Sicht auf das unendliche, aus Feldern und Dörfern bestehende Flickwerk der Ebene. Außerdem war sie gewöhnlich von einem Dunstschleier überzogen, der auf den Rauch mehrerer Millionen mit Dung beschickter Feuerstellen zum Kochen und auf den Staub zurückging, den der Welt größte Viehansammlung aufwirbelte. Hinzu kam, dass das Klima Komplikationen verhieß, von denen man im Süden nicht die geringste Ahnung hatte – zum Beispiel durch einen kalten, nebligen Winter. Und schließlich warf die recht konservative Bevölkerung verschiedene soziale Probleme auf. In physischer Hinsicht glich die Herausforderung der, der sich auch Lambton im Kaveri-Delta hatte stellen müssen, allerdings in viel größerem Maße, unter komplizierteren Bedingungen und ohne jene praktischen, hoch aufragenden indischen Tempeltürme und Tore.

In den 20er Jahren sah es so aus, als könnte die Vermessung in den nördlichen Ebenen nicht mit sicheren trigonometrischen Daten erfolgen, sondern nur mit Werten, die auf astronomischen Beobachtungen beruhten. Die Nachfolger der beiden Colebrookes bei der Bestimmung der Höhen im Himalaja experimentierten bereits mit Grundlinien, deren Länge allein durch Himmelsbeobachtungen an den Endpunkten berechnet wurde. Obwohl dies alles andere als befriedigend war, galt eine solche Methode der astronomisch abgesicherten Verortungen als die einzige Lösung, verlässliche Punkte in der Ebene zu finden.

Doch auch wenn die Große Trigonometrische Vermessung durch die nördlichen Ebenen gestoppt wurde, so war anderswo noch genügend Platz für sie. Der Große Bogen wurde nicht nur nach Agra fortgeführt, es galt auch als unabdingbar, Bombay im Westen und Kalkutta im Osten »einzubinden«. Dies sollte mittels seitlicher oder »longitudinaler« Triangulierungen geschehen, die entlang der parallelen Breitengrade in Richtung der beiden Küsten vorgenommen wurden. Auf diese Weise würde die Positionen dieser Städte in Bezug auf Madras festgelegt und die beiden als Elemente derselben Vermessung und Komponenten derselben Landkarte kartografisch miteinander verbunden.

Eine solche umfassende Karte beziehungsweise ein solcher Atlas galt inzwischen als äußerst wünschenswert. Die Briten meinten – etwa in der Art eines Katers, der seine Duftmarken setzt –, eine Landkarte würde das Gebiet deutlich machen, an dem sie ein besonderes Interesse hatten. Und sie nannten es »Indien«, ein Begriff, der den Völkern Südasiens damals fremd und der selbst in den europäischen Sprachen unpräzise war. Dieses »Indien« betrachteten die Briten als eine vom restlichen Asien abgetrennte Einheit und damit, ganz im Sinne der kolonialen Expansion, als ihr legitimes Herrschaftsgebiet. Die Karte würde diesen Gedanken bekräftigen, indem sie die Kenntnisse der Briten über die räumlichen Beziehungen zwischen den einzelnen Städten, Festungen und geografischen Gegebenheiten deutlich machte, mithin eine intimere und genauere Kenntnis, als die Einwohner des Landes sie jemals an den Tag gelegt hatten. Und indem man diese Beziehungen schwarz auf weiß – mit oder ohne die unsichtbaren Triangulierungsketten – festhielt, würde die Karte auf die realen Transport- und Kommunikationswege verweisen, die die Metall verarbeitende Industrie der Zeit zu bieten hatte: Straßen, Schienen und, schon bald, Kupferdrähte für die Telegrafie.

Weitere Eroberungen in den Jahren 1817 bis 1819 (im Pindari- und im dritten Marathen-Krieg), die anfänglich den Weg des Großen Bogens durch Zentralindien nicht von Banditen zu befreien vermochten, dehnten nun die politische Oberherrschaft der Briten auf den ganzen Subkontinent bis auf seine Ausläufer in Assam und im heutigen Pakistan aus. Solche unabhängigen Staaten, die innerhalb dieses »Indien« existierten, stellten keine Bedrohung mehr für die Waffen, die Vermessungen und die Fantasien der Briten dar. Die Große Trigonometrische Vermessung galt sogar als der deutlichste Ausdruck ihrer neu gewonnenen Macht.

Aus Kostengründen wie auch aufgrund einer neuen Ideologie wurde der Gedanke, dichte »Netze« aus Dreiecken über das Gesamtgebiet etwa von Mysore und Hyderabad zu spinnen, nach und nach zugunsten eines gesamtindischen Gitters aufgegeben, das aus einander überschneidenden Dreiecks»ketten« oder -»streifen« mit dem Großen Bogen in der Mitte bestanden. Die Zwischenräume konnten später durch billigere und weniger penible topografische Messungen gefüllt werden. Man hatte Lambton gedrängt, diesen Kompromiss in Teilen von Hyderabad zu akzeptieren, und Everest sollte bald das Gitterwerk systematisch über ganz Indien legen. Ob direkt oder indirekt angeordnet, die gesamte Fläche dessen, was die Briten jetzt unter »Indien« verstanden, sollte, wo immer möglich, rasch nach einheitlichen Kriterien vermessen werden.

Ohne große Rücksichten auf die traditionellen Besonderheiten von Umwelt und Kultur nahmen die Briten auf diese Weise einen Großteil Südasiens für sich in Anspruch, grenzten ihn ab und legten ihm »Ketten« an. Kritiker sollten zu Recht das Gitterwerk als ein Symbol für die Inhaftierung ganz Indiens betrachten, aber für die Bewunderer symbolisierte es Indiens Einheit. Es hielt die Menschen genauso zusammen, wie es sie unterdrückte. Und zu gegebener Zeit sollten indische Nationalisten das Werk der Großen Trigonometrischen Vermessung genauso bejubeln wie die britischen Imperialisten.

Von ihren britischen Verfechtern wurde der Fortschritt der Großen Vermessung daher als ein vernünftiges und vergleichsweise unblutiges Beispiel für den Fortschritt der imperialistischen Herrschaft betrachtet. Die Strapazen des Projekts wurden zu einer Quelle der Sorge, seine Triumphe zu einer Quelle der Genugtuung für das britische Empire. Die Terminologie der Großen Vermessung spiegelte dies wider. In Everests Berichten bildeten die Arbeiten einer Saison einen »Feldzug«, Winkel wurden »geschlagen« und Berge mussten »erobert« werden.

Der Seitenarm beziehungsweise die »Longitudinalmessungen«, die den Großen Bogen mit Bombay verbinden sollten, war die nächste Aufgabe, mit der George Everest betraut wurde, als er Ende 1822 von seinem einjährigen Genesungsurlaub am Kap zurückkehrte. Der Horror des Dschungels im Gebiet von Kistna und Godavari führte nicht nur dazu, dass Größe und Zweck der ganzen Vermessung neu überdacht wurden, er überzeugte Everest auch von der Notwendigkeit neuer Methoden. Auf dem Weg vom Großen Bogen Richtung Westen nach Poona (Pune) und Bombay (Mumbai) im Oktober 1822 erprobte er verschiedene Neuerungen, die den Fortgang der Großen Vermessung dramatisch optimieren sollten.

Verglichen mit seinen früheren Erfahrungen erwies sich der neue Auftrag als sehr angenehm. »Das Land ist ziemlich frei von Bäumen«, berichtet er, »hier gibt es keinen Dschungel, der Fieberkrankheiten fördern, keine Mücken, die einen plagen, keine Banditen, die den Weg unsicher machen, keine reißenden Ströme, die die Verbindungen abschneiden könnten; wohl aber fruchtbares und dicht besiedeltes Land. Es wird von den Marathen-Stämmen bewohnt, die von allen Eingeborenen Indiens den besten Charakter haben und die freundlichsten Menschen sind.« Es gab wenig Aufregung, und wenn, dann ging es um Belanglosigkeiten. Am Achola, einer Erhebung ähnlich einem *droog*, wo Everest seine erste Messstation errichtete, hatte ein gestreiftes Hyänenpaar, selbst damals eine relativ selten anzutreffende Spezies, sein Lager in einer Höhle aufgeschlagen, an der Everest jeden Tag auf dem Weg von seinem Lager zum Theodolit vorbeikam. Die Hyänen weigerten sich abzuziehen, dies war ihr Gebiet. Everest weigerte sich, seine Route zu ändern, dies war sein Gebiet. Somit war die Sache ausgemacht. »Dabei entdeckt, wie sie aus einem sehr hohen Kornfeld lugte«, wurde eine der beiden »unglücklichen Kreaturen« erschossen.

Vom Achola aus rückte Everest rasch nach Westen vor. Er musste sich beeilen. Lambton hatte voller Zuversicht einen Zeitpunkt für seine eigene Ankunft in Agra genannt, an dem Everest noch nicht in Bombay sein konnte. Everest sah darin eine Herausforderung. Wie er sich großspurig ausdrückte, konkurrierte er »gegen jemanden, dessen Name durch seinen Ruhm in jeden Winkel der gebildeten Welt vorgedrungen war«, und er war entschlossen, seinem Rivalen zuvorzukommen. Außerdem hatte er das nicht ganz abwegige Gefühl, eine Rechnung begleichen zu müssen.

Bei seiner Rückkehr aus Südafrika hatten »gewisse banale Umstände«, wie er sie nannte, seine Beziehungen zu Lambton getrübt. Vielleicht hatte er Lambton gegenüber etwas von der kaum bedeutenden Kritik an dessen jüngster Grundlinienmessung geäußert, die er später zu Protokoll gab; vielleicht hatte er außerdem über die »rücksichtslose Gefährdung« (durch das Klima? durch das Fieber?) gemurrt, für die Lambton verantwortlich sei. Wahrscheinlicher aber war, dass er heftige Einwände gegen die niederen Assistenten aus Madras, die »Mestizen« (wie Everest sie nennt) Joseph Olliver, William Rossenrode und insbesondere dessen »Stellvertreter« Joshua de Penning erhob, die Lambton seiner Ansicht nach bevorzugt behandelte. De Penning war mit der Aufgabe betraut worden, unter Lambtons Anleitung die primäre Triangulierung des Großen Bogens vorzunehmen; Everest hingegen, ein britischer Offizier und englischer Gentleman sowie Lambtons erster Assistent, war mit der Dreieckskette nach Bombay abgespeist worden. Er musste sich eingestehen, dass sein Rivale wohl eher der bescheidene de Penning als der berühmte Lambton war. Also war es de Penning, dessen Ankunft in Agra er zuvorkommen musste.

Zu seinem Leidwesen war in Maharashtra, dem Gebiet westlich des Achola, kein rasches Fortkommen wie in Mysore möglich, wo Lambton geradezu durchgerauscht war. Wegen der zahlreichen Hügelketten war der Blick auf weiter entfernte Ziele versperrt und die Schenkel von Everests Dreiecken waren selten länger als 30 Kilometer. Nördlich von Sholapur öffnete sich jedoch die Landschaft zu einem flacheren, düsteren Gelände, das typisch war für das Zentralplateau. Es lockten weite Horizonte und Dreiecke von 80 Kilometern Länge. Die einzige Schwierigkeit bestand darin, dass es aus Gründen der Genauigkeit ungünstig war, von einer 30 Kilometer langen

Grundlinie zu einem Punkt zu triangulieren, der dreimal so weit entfernt war. Die Dreiecke sollten einander so gleich sein wie irgend möglich. So stellte Everest auch später die Regel auf, dass kein Dreieck Winkel von weniger als 30 Grad oder mehr als 90 Grad aufweisen dürfe. Wenn die Dreiecke größer oder kleiner werden sollten, dann nur Schritt für Schritt. Um die Vorteile des vor ihm liegenden Plateaus zu nutzen, beschloss er daher, seine Dreieckskette bis zu einem Punkt hinter dem letzten Hügelkamm zu spannen.

Von seiner Station an einem Ort namens Dharoor schickte er seine Vermessungsgehilfen zu dem entferntesten Punkt, von dem aus man Dharoor noch sehen konnte. Die Männer wählten einen Berg namens Chorakullee, der knapp 50 Kilometer entfernt hinter einem Kamm lag. Everest konnte nur bis zu diesem Kamm sehen, doch die Vermessungsgehilfen bestanden darauf, dass sie Dharoor ganz deutlich erkennen könnten, »ein Umstand, den die ausufernde Fantasie meiner einheimischen Mitarbeiter wie üblich der Magie zuschrieb«. Ausnahmsweise sehr darauf bedacht, den Augen seiner Männer zu trauen, befahl Everest die Errichtung von Steinhügeln an beiden Messstationen. Wenn die Visierlinie den Kamm gerade eben streifte, konnte man sie vielleicht genügend anheben, indem man die beiden Hügel weiter erhöhte.

Man häufte Stein auf Stein, aus den Steinhaufen wurden Türme. Als beide am Ende über sechs Meter hoch waren, enthüllte ein klarer Morgen nicht nur den Turm auf dem Chorakullee, sondern auch den ganzen Berg. Sofort wurden Läufer losgeschickt, um die gute Nachricht zum Chorakullee zu bringen und die Errichtung »eines großen Mastes mit einer Fackel darauf« anzuordnen. An dem vereinbarten Tag hockte Everest bei Sonnenuntergang mit dem Großen Theodolit, der auf den Horizont gerichtet war, auf seinem Turm. Zuerst sah er nur den vor dem Chorakullee liegenden Kamm. Er befand sich siebeneinhalb Minuten unter der Horizontlinie. Dann, gegen 20 Uhr, entdeckte er, dass die Kammlinie durch das Feuer auf dem Mast durchbrochen wurde. »Ich beobachtete, wie es am vertikalen Faden [ein Fadenkreuz das sich im Okular des Theodolitfernrohrs befand und das so fein sein musste, dass es gewöhnlich aus dem Faden eines Spinnennetzes bestand] hochwanderte, bis es allmählich bei drei Minuten über Null lag.«

Die Türme waren also überflüssig gewesen, die Vermessungsgehilfen hatten Recht gehabt, und Everest war sich jetzt »ganz sicher, dass mir die Natur durch die erhöhte terrestrische Brechung in der Nacht mehr helfen würde als jeder Turm, der weniger als zweihundert Fuß[*] hoch war«. In diesem Moment hatte sich gezeigt, dass sich die Brechung, jene Ablenkung der Visierlinien durch die Erdatmosphäre, die Lambton unter Zuhilfenahme der Tribüne auf der Pferderennbahn in Madras hatte bestimmen wollen, im Laufe des Tages veränderte. Wie die Vermesser des Himalaja entdeckten, ergab sich hierdurch eine weitere Variable bei der vertikalen Triangulierung von Höhen. Es existierte kein allgemein gültiger Faktor für solche stündlichen Veränderungen der Brechung. Doch wie Everest jetzt rasch und dankbar erkannte, konnte ebendieses Phänomen ausgesprochen vorteilhaft für jemanden sein, der sich in erster Linie Sorgen wegen der horizontalen Winkel machte. Denn Punkte auf der Erdoberfläche, die man scheinbar nicht sah, konnten zu günstigen Tages- oder Nachtzeiten durchaus sichtbar werden.

Die Möglichkeit in der Nacht zu arbeiten, die sich aus dieser Entdeckung ergab, freute Everest am meisten. Während seines Erholungsaufenthalts am Kap der Guten Hoffnung hatte er sich auf Anraten Lambtons mit dem 1751 von Abbé De La Caille durchgeführten Versuch befasst, einen kurzen Meridionalbogen zu messen. Der Abbé, ein französischer Gelehrter und Astronom, hatte das Kap gewählt, weil es südlich des Äquators lag und somit die Bestätigung dafür liefern würde, dass die südliche Halbkugel dieselbe abgeplattete Form wie die nördliche Halbkugel aufwies. Mit anderen Worten, die Messung würde zeigen, dass die beiden Hälften der »Grapefruit« identisch waren. Doch leider blieb der Abbé diesen Beweis schuldig. Seine Berechnungen legten vielmehr nahe, dass der Südpol spitz zulief wie ein

---

[*] 200 Fuß = ca. 61 Meter

Ei. Diese Abweichung schrieb Everest, darin Lambton folgend, rich-
tigerweise unterirdischen Ablenkungen der Lotlinie des Abbé zu.
Aber Everest stellte darüber hinaus auch fest, dass De La Caille
Nachtlichter für die Messung benutzt hatte. Everest hatte nämlich an
einer Stelle, wo sich seiner Ansicht nach eine der Messstationen des
Franzosen befunden haben musste, halb verbrannte Holzscheite in einem Steinhaufen gefunden.

Offene Feuer waren als Visierziel viel zu diffus und unberechenbar,
jedoch durchaus nützlich, um das Visierziel ungefähr zu lokalisieren.
Lichtsignale, mit denen Everest bereits experimentiert hatte, waren
besser, brannten aber zu schnell ab, um ausreichend Zeit für die Messung zu haben. Außerdem waren sie ziemlich teuer. Also suchte er
nach einer billigeren Kompromisslösung, nach etwas, das vor Ort hergestellt werden konnte. Dabei kam er auf den ausgesprochen nahe
liegenden Gedanken, Terrakottalampen zu verwenden. Die »Birne«
bestand im Wesentlichen aus einer großen Schale, die mit in Öl ge-
tränkten und entzündeten Baumwollsamen gefüllt war. Als Schirm
diente eine große irdene Urne mit einem Durchmesser von etwa 70
Zentimetern, die an einer Seite ein Loch hatte, damit das Licht
durchscheinen konnte, und die über die Schale gestülpt wurde. Jeder
Dorftöpfer war in der Lage, solche Gefäße zu drehen, sie kosteten fast
nichts, und das Licht konnte man bis zu 60 Kilometer weit sehen. Somit »waren sie außer bei windigem Wetter ausgesprochen gut geeignet«.

»Ich gehe deshalb so ausführlich auf diesen Umstand ein«, erklärte
der jubelnde Everest in seinem späteren Bericht über das Experiment, »weil sie die ganze Operation in Indien verändert hat.« So wie
die Lichtbrechung in den Stunden vor der Morgendämmerung am
hilfreichsten war, so wenig störte jetzt noch – mit diesen Nachtlich-
tern – der Dunst, der tagsüber so große Schwierigkeiten bereitete.
»Selbst bei Entfernungen von vierzig oder fünfundvierzig Meilen*
können wir [den Dunst] durchdringen, auch wenn er so dicht ist, dass

---

* 40 Meilen = ca. 64 Kilometer, 45 Meilen = ca. 72 Kilometer

die Sonne in einem Meer flüssigen Bleis unterzugehen scheint.« Sicher, der Kartograf musste seinen Arbeitsablauf ändern, doch genauso wie sich die Uhrzeiten änderten, kamen jetzt auch andere Kalenderdaten infrage. Die Messungen waren jetzt nicht mehr auf jene feuchten, fieberträchtigen Monate während und nach der Regenzeit beschränkt, in denen tagsüber die Sicht am klarsten war. Die kühle Trockenzeit von November bis Februar und selbst die heiße Trockenzeit von Februar bis Juni eigneten sich, ja, waren sogar ideal für die nächtliche Arbeit.

Da Everest jedoch feststellte, dass das Erspähen seiner Lampen viel leichter war, wenn zu beiden Seiten große offene Feuer brannten, und da trockenes Holz für solche offenen Feuer in der Monsunzeit nicht zur Verfügung stand, war klar, dass die nächtlichen Messungen nur in der Trockenzeit stattfinden konnten. Von nun an war die Monsunzeit nicht mehr die Jagdzeit für den Vermesser, sondern die Schonzeit. Womit die Gefahr, noch einmal in eine fieberträchtige Hölle wie die in Yellapuram zu stolpern, gebannt war.

Alles schien so wunderbar einfach. Vielleicht konnte man sogar den Nebel aus Rauch und Staub in den Ebenen nördlich von Agra durchdringen. Vor und nach Weihnachten 1822 rückte Everest weiter Richtung Bombay vor. Lambton und de Penning mussten inzwischen ihre Saison beendet haben und waren womöglich schon wieder in Hyderabad bei ihrer bunten Kinderschar. Es bestand kein Zweifel daran, dass Everest Bombay erreicht haben würde, bevor die anderen Agra erblickten. Er hatte bereits über die Hälfte der Strecke hinter sich. Die knapp 50 Kilometer langen Schenkel des Dharoor-Chorakullee-Dreiecks ermöglichten die 70 Kilometer langen Schenkel des nächsten Dreiecks, und von einem der trigonometrischen Punkte dieses Dreiecks war bereits ein gut 100 Kilometer entferntes Leuchtfeuer deutlich zu sehen.

Es gab nichts, was mein Vorankommen mehr hätte begünstigen können: alles war ermutigend und *couleur de rose*. Und ich war eifrig damit beschäftigt, nach meinen blauen Lichtern auf jener entfernten Station Ausschau zu halten, als mich ein Brief von Sir Charles Metcalfe [dem britischen Residenten in Hyderabad]

erreichte, in dem er mir den Tod meines verehrungswürdigen Vorgängers mitteilte.

Nachdenklich gestimmt ließ Everest sofort alles liegen und stehen
und trat die Rückreise an. Obwohl er posthum von dem schlechten
Gesundheitszustand seines Lehrmeisters sprach, scheint der Tod des
»großen Mannes« ihn völlig überrascht zu haben.

Auch andere hatten nicht damit gerechnet. Dr. Voysey, dem die Gesundheit des Leiters besonders am Herzen lag, war nach Kalkutta und
dann weiter nach Agra geschickt worden, von wo er nun Richtung
Süden marschierte, um das Gelände für die Fortsetzung des Großen
Bogens zu erkunden. In der Zwischenzeit hatten sich Lambton und
de Penning unter Verzicht auf die Feiertage in Hyderabad darange-
macht, die Hauptquartiere des Vermessungstrupps in das nördliche
Nagpur zu verlegen, damit man eine bessere Ausgangsposition für
den nächsten Abschnitt des Großen Bogens hatte.

An Stelle von Voysey begleitete sie ein Dr. Morton. Wie häufig in
einer Zeit medizinischer Torheiten war es neben Lambtons tuberku-
lösem Husten auch die Sorge dieses Mannes um seinen Schützling,
was der ausgezeichneten Konstitution des Forschers den Garaus
machte. Lambton pflegte gut zu essen und reichlich zu trinken, aber
Morton verordnete ihm, nachdem er ihn zwei Mal zur Ader gelassen
hatte, »die entzündungshemmende Methode der Enthaltung von
Fleisch und Wein«. An ihrer statt verschrieb er ihm eine Diät, die
weitgehend aus Orangen bestand, ein Obst, für das die Nagpur-Re-
gion zu Recht berühmt ist. Und Lambton verschlang gehorsam Unmengen davon.

Mit dem Wein hingegen war es etwas anderes. Morton hatte große
Schwierigkeiten, ihn von dessen Genuss abzuhalten, und beim ersten
Anzeichen einer Besserung feierte Lambton seine Genesung, indem
er wieder zur Flasche griff. Am 7. Januar kippte er einen halben Liter
Madeira hinunter und legte sich unmittelbar darauf schlafen. Am
nächsten Tag ging es ihm alles andere als gut, er hustete furchtbar und
sprach wenig. Morton befürchtete das Schlimmste. In der Hoffnung,
bis Nagpur zu kommen, schlich die ganze Mannschaft voran, musste

aber am 19. Januar in Hinganghat die Zelte aufschlagen. Am nächsten Morgen wartete man vergeblich, dass Lambton endlich aufstand. Sein Diener ging, ihn zu wecken, erhielt aber keine Antwort. »So still und ruhig hatte er seinen letzten Atem ausgehaucht«, schrieb Everest, »dass niemand seinen Tod bemerkte.« Der weithin berühmte Geodät war so unauffällig gestorben, wie er gelebt hatte – und wie er nun zwischen den illegalen Lehmbehausungen der Fabrikarbeiter von Hinganghat begraben liegt.

»Es ist nun über zwanzig Jahre her, seit ich [die Vermessung] in diesem großen Maßstab begonnen habe«, schrieb Lambton kurz vor seinem Tod. »Diese Jahre habe ich mit unermüdlichem Eifer der Sache der Wissenschaft gewidmet, und wenn die gelehrte Welt anerkennen sollte, dass ich erfolgreich ihren Interessen gedient habe, wird DIES mein größter Lohn sein. In dieser langen Zeit habe ich nur selten eine schwere Stunde erlebt … Wenn ein Mensch so vertieft in seine Arbeit ist, verstreicht die Zeit unmerklich. Und wenn seine Bemühungen erfolgreich sind, erntet er großen Lohn … Wenn das auch mein Geschick sein sollte, werde ich meine Laufbahn mit tiefster Genugtuung abschließen und mit nicht endender Freude auf die Jahre zurückblicken, die ich in Indien verbracht habe.«

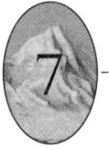

DAS ÜBERSCHREITEN DES RUBIKON

Nach Lambtons Tod im Januar 1823 übernahm Everest als sein einziger Assistent von Rang interimistisch die Verantwortung für die Große Trigonometrische Vermessung und damit für den Großen Bogen. Endlich lag die Leitung der längsten meridionalen Messung der Welt in seinen Händen – Greenwich würde stolz auf ihn sein. Für die nächsten 20 Jahre sollte George Everest den Großen Bogen zu seinem persönlichen Anliegen machen.

Mit 32 Jahren war er jünger als Lambton zu Beginn der Vermessung, und dass er ein Diener der Wissenschaft war, konnte man zumindest auf Anhieb nicht erkennen. Zwar gibt es aus dieser Zeit kein Porträt von Everest, doch eine Tuschezeichnung von 1843 erweckt den Eindruck, dass er das olympische Profil ambitionierter Jugend behalten hatte. Schwarzes, kurz geschorenes Haar über scharf umrissenen Augenbrauen, ein kalter Blick, der gut zu der langen auffälligen Nase passt. Bei Lampenlicht über dem Kreis des Großen Theodolit aufragend mag er eine beeindruckende Figur abgegeben haben. Doch er war von bescheidener Statur, und ein schmaler Mund und ein ausdrucksloses Kinn straften die gebieterisch wirkende Stirn Lügen. Koteletten verstärkten diese Mängel nur noch, und in hohem Alter gingen sie in einen wirren Bart über, unter dem ein Teil seines Gesichts völlig verschwand. Außerdem sollte er sich, inzwischen gefeiert vom wissenschaftlichen Establishment, eine Mähne wachsen lassen und in den 60er Jahren mit einem entsprechend löwenartigen

ABBILDUNG 16

Eine Bleistiftskizze von George Everest aus dem Jahr 1843 vermittelt eine Vorstellung von dem strengen Vorgesetzten, der seine Untergebenen so tyrannisierte.

Aussehen ein lohnendes Objekt für einen Fotografen abgeben. Das Gebrüll eines Löwen hatte er bereits jetzt.

Nachdem er im Februar 1823 zum Stützpunkt in Hyderabad zurückgeeilt war, nahm er sich, inzwischen in Nagpur, sofort all jene vor, die zum Zeitpunkt seines Todes bei Lambton gewesen waren, und hielt ihnen eine Strafpredigt. Ein Besuch am Grab in Hinganghat und die aktive Unterstützung des Vorhabens, dem großen Mann ein Denkmal zu setzen, wäre bei Lambtons trauernden Begleitern sicher gut angekommen. Aber Everest dachte nur an die Instrumente und Unterlagen, die der Großen Trigonometrischen Vermessung durch

ABBILDUNG 17
Wenig Ähnlichkeit mit der Bleistiftzeichnung besitzen die berühmten Porträts,
die später von ihm angefertigt wurden.

den übereilten Verkauf der Hinterlassenschaften des Colonels womöglich verloren gegangen waren.

Doch im März gab es eine angenehmere Neuigkeit: Everest wurde offiziell als Oberster Leiter der Großen Trigonometrischen Vermessung bestätigt. Ungewiss war jetzt nur noch, ob es überhaupt noch jemanden geben würde, den er leiten sollte. Denn seine Beförderung hatte bei den Mitarbeitern eine Krise heraufbeschworen, die die Zukunft des Großen Bogens genauso infrage stellte wie einst das Fieber in Yellapuram oder gegenwärtig der Dunst Hindustans.

Dr. Voysey, sein Begleiter in der Not bei dem Abenteuer im Kistna-Godavari-Dschungel, war der Erste, der darauf bestand, seinen Abschied zu nehmen. Lambton hatte erst vor kurzem auf Voyseys Beförderung zum Assistenten gedrängt, wohl in der Hoffnung, nicht Everest, sondern der Arzt werde sein Nachfolger. Doch dem Beförderungsgesuch war nicht stattgegeben worden, und Ende 1823 zog der desillusionierte Voysey eine unsichere Laufbahn in England einer untergeordneten Position bei Everest vor. Bei seinen Erkundungen südlich von Agra hatte der Arzt etliche Schwierigkeiten mit Tigern gehabt. Einmal tötete »eine wilde Bestie, die fünf Menschen davongeschleppt hatte«, vor seinen Augen seinen Stallburschen in einem Blitzangriff. Wie bei Tigern so war offenbar auch bei Everest eine intensive persönliche Begegnung ein gewichtiges Argument für einen raschen Rückzug. Hinzu kam, dass Voysey immer noch unter den Nachwirkungen des Yellapuram-Fiebers litt. Tatsächlich sollte er sterben, noch bevor er Kalkutta erreichte. England sah er nie wieder.

William Rossenrode, einer von Lambtons Unterassistenten halb britischer Abstammung, bot ebenfalls seinen Rücktritt an. Dass er sich später überreden ließ zu bleiben, sollte er oft bereuen. Aus Angst vor Fieberkrankheiten, Tigern und dem strengen und fordernden Everest baten auch die meisten Mitglieder der Madras-Mannschaft, die Lambton 20 Jahre lang so hingebungsvoll gedient hatten, um ihre Entlassung. Everest führte dies auf die Tatsache zurück, dass der Große Bogen sie immer weiter von ihrem Heimatort wegführte und sie, an Lambtons Nachsicht und »kindliche« Schlichtheit gewöhnt, »ihre Zuneigung nicht sofort auf seinen Nachfolger übertragen konnten«.

Für diese deplatzierte Loyalität gegenüber Lambton machte er Joshua de Penning verantwortlich. Aber nicht nur dafür. De Penning, der sich noch in dem 480 Kilometer entfernten Nagpur aufhielt, warf er vor, nicht den Verkauf von Lambtons persönlicher Habe verhindert, dann aber Anstoß an dem darauf folgenden Schwall von Rügen genommen und danach seinen Rücktritt angeboten zu haben. Nun kam hinzu, dass de Penning bei den indischen Vermessungsgehilfen so hohes Ansehen genoss, dass alle mit ihm den Abschied nehmen wollten. Kurz gesagt, de Penning war nutzlos und undankbar, ein Verräter an der Sache und vom wissenschaftlichen Standpunkt eine Belastung. »Diese Person«, zischte Everest, »besaß abgesehen von den Dezimalzahlen, dem Umgang mit den Taylorschen Logarithmen und der ersten und zweiten Wurzel nicht einen Funken mathematischer Kenntnisse.« In Wirklichkeit habe er sich die »absolute Herrschaft über die Arbeit und alle organisatorischen Dinge der Großen Trigonometrischen Vermessung« nur erschlichen, indem er all den »kleinen Eigenheiten« Lambtons Vorschub geleistet habe.

Ausbrüche wie diese erklären die Unbeliebtheit des neuen Obersten Leiters. In den schwierigen Zeiten, die vor ihnen lag, wurde aber der Ton noch demütigender und unmäßiger. Seinen Berichten und Briefen nach zu urteilen war George Everest der streitsüchtigste *sahib*, der jemals die Bühne Indiens betreten hatte. Sein Federhalter spie Gift. Jeder seiner zahlreichen Nebensätze war durchtränkt von Sarkasmus und mit Widerhaken versehen, um die schlimmsten Verletzungen hervorzurufen. Doch die Wirkung war ambivalent, und sein Zorn stand häufig in einem krassen Missverhältnis zu dem unterstellten Vergehen, sodass er lächerlich wirkte. Wie ein Terrier, der nach Möbeln schnappt, konnten solche Angriffe dem Beißenden mehr Schaden zufügen als dem Gebissenen. Mit der Zeit betrachteten ein paar mutige Geister, die merkten, dass die Boshaftigkeit weder dauerhaft noch widerspruchsfrei war, diese Angriffe sogar mit einer gewissen Zuneigung.

Während Everest den friedfertigen de Penning in dem einen Satz niedermachte, gelang es ihm im nächsten, ihn als »höchst fähig und nützlich« zu loben und tiefes Bedauern darüber zum Ausdruck zu bringen, dass er ihn verlieren würde. Keineswegs froh, ihn loszuwerden, überredete er ihn, noch ein Jahr zu bleiben, und kam damit der Massenkündigung der Madras-Mannschaft zuvor. Dann half er ihm, eine andere Stelle zu finden. Und später bewegte er ihn sogar dazu, wieder in das Büro des Vermessungsamtes in Kalkutta einzutreten, wo er, begleitet von einer inzwischen riesigen Familie, Everests Stellvertreter werden und – trotz seiner über Schulkenntnisse nicht hinausreichenden mathematischen Fähigkeiten – beim Lösen kompliziertester Gleichungen Everests ganzes Vertrauen genießen sollte.

Zunächst aber brauchte Everest de Pennings Hilfe, um sich im Hinblick auf den Großen Bogen auf den neuesten Stand zu bringen. Daher befahl er ihm und seinen Männern, das Ende des Monsuns in Nagpur abzuwarten und sich dann mit ihm an der Grundlinie in Ellichpur (Achalpur) zu treffen, da jetzt die Trockenzeit als Hauptsaison galt. Ellichpur lag westlich von Nagpur im Staat Berar und war von Lambton im Jahr 1822 vermessen worden. Doch die astronomischen Messungen des damals schon kränkelnden Colonel bedurften einiger Korrekturen, und außerdem musste die Grundlinie noch mit der Triangulierung von Bidar im Staat Hyderabad verbunden werden.

Everest hatte vor, diese fehlenden Dreiecke auf dem Weg nach Nagpur zu ergänzen. Doch wie das Pech es wollte, wurde er kurz vor der Grenze von Hyderabad von einem heftigen Regen überrascht, und seltsamerweise »überfiel mich ein unangenehmes Gefühl in den Lenden«. Am nächsten Tag hatte er hohes Fieber und Schmerzen im ganzen Körper. Nach einer Woche bekam er Fieberfantasien, war an allen Gliedern gelähmt, seine Haut schälte sich und sein Schlaf wurde durch »die entsetzlichsten und abscheulichsten Träume« gestört. Die Yellapuram-Malaria war mit Macht zurückgekehrt.

Die Ärzte drängten ihn, wegen der Seeluft nach Madras abzureisen. Die Urwälder Zentralindiens, warnten sie ihn, würden das sichere Todesurteil bedeuten. Doch Everest war eisern. »Ich hatte den Entschluss gefasst, all diesen Protesten zu widerstehen, denn ich war voll und ganz davon überzeugt, dass die Frage, ob der Große Bogen durch Hindustan weitergespannt oder im Tal von Berar ein unrühmliches Ende nehmen würde, jetzt oder nie entschieden werden musste.«

Das war keine müßige Spekulation. De Penning und seine verärgerte Mannschaft, die schon neun Monate lang in Nagpur festgesessen hatten, hätten jede weitere Verzögerung zum Anlass genommen, sich in alle Winde zu zerstreuen. Die Massendesertion, die schon einmal nur knapp verhindert worden war, wäre jetzt unvermeidlich gewesen, und ohne die erfahrenen Madrasis, deren Leistungen Everest im Kistna-Godavari-Dschungel so beeindruckt hatten, wäre die Ver-

messung zum Stillstand kommen. Der Große Bogen hätte seinen
Schwung verloren, und die Schwierigkeiten, neue Männer zu rekru-
tieren und auszubilden, hätte die Behörden womöglich veranlasst, das
ganze Unternehmen erneut zu überdenken. Daher hatte Everest keine Wahl. Vor Fieber schnatternd brach er im Oktober nach Norden
Richtung Nagpur und zur Grundlinie von Ellichpur auf.

Aber es war eine verzweifelte Lösung, denn da meine Glieder in hohem Maße
gelähmt waren, bestand die unangenehme Notwendigkeit, mich auf meinen
Platz am Zenitsektor setzen und mich während der gesamten Arbeit mit dem
Instrument von zwei Männern wieder hochheben zu lassen. Damit ich am Großen Theodolit die Schraube des Vertikalkreises erreichen konnte, mussten zwei
meiner Gefolgsleute mir häufig den linken Arm stützen. Und manchmal war ich
so schwach und erschöpft, dass ich ohne gestützt zu werden nicht an dem Instrument stehen konnte.

Ein halbes Jahr lang war er fast invalid, musste auf einer Sänfte getragen werden und konnte nicht mehr als drei Stunden schlafen, ohne
von »krampfartigen Anfällen«, wie er es nannte, geweckt zu werden.
In Anbetracht dessen, dass Messungen in der Nacht die Hauptarbeit
in Ellichpur ausmachten, war dies vielleicht nicht unbedingt ein
Handicap. Everest betont, er habe an jedem Ende der Grundlinie
über dreihundert Breiten- und Längenmessungen vorgenommen,
anschließend jede einzelne der zwanzig Messstationen nördlich von
Ellichpur in Richtung Sironj besucht und dort provisorische Winkel
gemessen.

Dieser neue Abschnitt des Großen Bogens, über 300 Kilometer
lang, verlief mitten durch das Herz des Subkontinents. Die zwei Jahre, die seine Vermessung in Anspruch nahm, waren in geografischer
Hinsicht genauso entscheidend wie in administrativer. Doch die geografischen Verhältnisse Zentralindiens sind gelinde gesagt entmuti-
gend. In diesem Gebiet fehlt es an Konturen, und ohne vertraute
Küstenlinie oder mächtige Flusssysteme wie im Norden widersetzt es
sich einer einfachen Darstellung. Die Berge scheinen keiner geografischen Logik zu folgen, ebenso wenig die Gewässer. Die Nebenflüsse
des Godavari, der in den Golf von Bengalen mündet, sind mit denen

des ins Arabische Meer fließenden Tapti so eng verflochten, dass schon bei der Bestimmung der Ost-West-Wasserscheide ein ganzer Katalog von Widersprüchen auftaucht.

Nördlich des Tapti schneidet der Narmada mit seinem tiefen Flussbett den Subkontinent fast ab und hat daher in der Geschichte Indiens häufig die Rolle eines Rubikon gespielt. Einst überschritten die muslimischen Sultane von Delhi den Fluss, um blutige Raubzüge in Maharashtra und weiter südlich zu unternehmen. Davor hatten die Hindu-Dynastien der Halbinsel ihre Ambitionen auf ein panindisches Reich signalisiert, indem sie durch den Fluss marschierten, um das Land bis vor die Tore Delhis zu überfallen und die Herrschaft an sich zu reißen. Nun folgte der Vermessungstrupp seinem Lauf und spannte die Seitenarme des Großen Bogens über das Narmada-Tal bis kurz vor die Stadt Hoshangabad. Hier hatten die Briten eine Garnison errichtet, und in deren Quartieren suchte die Mannschaft während des Monsuns im Jahre 1824 Zuflucht.

Voysey und de Penning hatten inzwischen ihren Abschied genommen. Doch selbst sie räumten vor ihrer Abreise ein, dass es viel leichter war, des Nachts Everests Terrakottalampen und Leuchtfeuer anzuvisieren als den Horizont nach Fluchtstäben abzusuchen; dass man Zeit sparte, weil man nicht mehr tagelang auf klare Luftverhältnisse warten musste und dass der Wechsel von der Monsun- zur Trockenzeit geradezu ein Meisterstück war. Everest selbst fühlte sich durch die Fortschritte ausgesprochen ermutigt und plante, kaum dass es ihm besser ging, den nächsten Schritt.

Von Hoshangabad sollte der Große Bogen weiter entlang des 78. Meridians verlaufen, vorbei an der Stadt Bhopal und den großen buddhistischen Stupas von Sanchi (Vidisha) und von dort auf die Ebene von Sironj oberhalb des Betwa südlich von Jhansi. Der Betwa fließt nach Nordosten in den Jumna, kurz bevor sich dieser mit dem Ganges vereinigt. Daher gehört er zu demselben Flusssystem wie jenes, das aus dem Himalaja abfließt. Also läge dann nur noch das große Gangesbecken mit seinen wenigen Bergen und den dichten Nebeln zwischen George Everest und dem großen Gebirge. Wie hoch der persönliche Einsatz auch sein mochte, Everest würde sich bald dazu gratulieren können, dem unsicheren Zentralindien den Bogen entwunden und auf den hoch gelegenen Weg nach Agra und Delhi gebracht zu haben.

Dr. Voysey hatte das nur 300 Kilometer südlich von Agra gelegene Sironj im Lauf seiner früheren Erkundungen als idealen Ort für die nächste Grundlinie ausgemacht. Auch hatte er über die ganze Strecke sehr positiv berichtet. Die Bergspitzen seien zumeist frei von jeder Vegetation – was die Hilfstrupps sehr erleichtert haben muss –, und die Kamele fressenden Aligatoren, auf die man am Narmada gestoßen war, hielten hier entweder ihren Winterschlaf oder seien ausgerottet. Und so berichtete auch Everest, er habe seine Pferde und Elefanten »in vollstem Vertrauen« durch den Fluss schwimmen lassen können. Aus persönlicher Erfahrung wusste Voysey, dass Tiger ein sehr viel ernsteres Problem darstellten. Everest musste ihm bald Recht geben: Nach ihren Spuren im Lehmboden zu urteilen waren sie »sehr groß und sehr wild«. Um sie fern zu halten, war es gelegentlich notwendig, die Männer, die die ganze Nacht bei den Lampen Wache hielten, durch »laute Rufe, Lärm und lodernde Flammen und Musketenschüsse« zu schützen. Unglücklicherweise erwiesen sich dann allerdings die Messungen, »die in Ruhe und Stille vorgenommen werden sollten«, als unbrauchbar.

In den 30 Jahren, die Everest in Indien verbrachte, ist er selbst nie einem Tiger begegnet. Dies beeindruckte seine indischen Mitarbeiter so sehr, dass sie ihm übernatürliche Kräfte zugeschrieben haben sollen. Vielleicht wussten die Tiger aber auch, von wem sie sich fern zu halten hatten. Besser bekannt waren ihm hingegen Skorpione. In Ranipur, seinem ersten Aussichtspunkt nach Hoshangabad, ließ er ein kleines Zelt auf dem schmalen Gipfel eines niedrigen Berges aufschlagen, während sein Hauptzelt unten errichtet wurde. Nachdem er die Nacht auf dem Gipfel verbracht hatte, präsentierte man ihm am nächsten Morgen ein großes Blatt, das zu einem Korb vernäht war. Dies war nicht das Frühstück, sondern eine Ansammlung von Krabbeltieren, nur eine Kostprobe der Plage, der er in der Nacht entronnen war. Es handelte sich ausschließlich um Skorpione, die seine Diener in seinem unteren Zelt gefangen hatten. »Als ich sie zählte, waren es wohl, junge und alte zusammen genommen, sechsundzwanzig an der Zahl – eine alte feine Dame vielleicht mit ihren Töchtern und Nichten, die man so an ihrem ehrgeizigen Plan, sich ein geeignetes Lager zu suchen, gehindert hatte.«

Everest suchte die besten Berge aus, strich aber viele der geplanten Triangulierungen, die auch seine Untergebenen bei Gelegenheit vornehmen konnten, denn er hatte es eilig, nach Sironj zu kommen. Bei einem erneuten Fieberschub im September hatte er ständig Schmerzen, die auch in der Sänfte nicht gelindert wurden. Wieder war er versucht, Krankenurlaub zu nehmen. Doch ohne die Grundlinie von Sironj vermessen und den Großen Bogen bis zur Grenze nach Hindustan vervollständigt zu haben, wagte er nicht abzureisen.

In den Wintermonaten 1824/25 wurden in Sironj Bäume gefällt, die Messketten verglichen, Höhen gemessen und die Kisten mit den dreibeinigen Stativen aufgestellt, um die neue Grundlinie zu vermessen. Es war Everests erste. In ständiger Angst, zudem dauernd von Schmerzen geplagt, wurde er von einem Ende zum anderen getragen. Er bestand darauf, jedes Detail zu überwachen und bei jeder Messung die Anweisungen zu geben. Der Druck war so groß, dass er möglicherweise einen Nervenzusammenbruch erlitt. Noch weniger nachsichtig geworden, trieb er sich und seine Mitarbeiter zur Verzweiflung. Jetzt, wo Voysey und de Penning nicht mehr da waren, dienten ihm Rossenrode und Olliver als Zielscheibe, die letzten der eifrigen jungen Unterassistenten, die Lambton in den ersten Jahren nach 1800 in Madras angeheuert hatte. Beide waren ungefähr in demselben Alter wie Everest und inzwischen sehr erfahren. William Rossenrode hatte beim Großen Bogen eng mit de Penning und Lambton zusammengearbeitet, während Joseph Olliver sowohl bei den Vermessungen im Kistna-Godavari-Gebiet als auch bei der abgebrochenen Serie von Längenmessungen bei Bombay an Everests Seite gestanden hatte. Obwohl ihm Komplimente nicht leicht über die Lippen kamen, hatte Everest Ollivers Arbeit außergewöhnlich gelobt. Doch in seiner übergroßen Paranoia sah er in beiden jetzt nur noch böswillige Unruhestifter.

Der friedfertige Olliver war der Erste, der in Everests Schusslinie geriet. Ihm warf er vor, sein Pferd zu nah am Zelt seines Chefs angepflockt zu haben, weshalb er die ganze Nacht nicht habe schlafen können. Damit habe er seiner Anordnung zuwider gehandelt, dafür zu sorgen, dass »weder Menschen noch Tiere in meiner Hörweite störenden Lärm verursachen«. Ob sich Olliver denn nicht bewusst sei, dass er, Everest, in seinem gegenwärtigen Gesundheitszustand jede Minute Schlaf dringend benötige? Olliver, der die Vorwürfe zurückwies, wusste das sehr wohl. Aber das Wiehern hörte nicht auf. Es ging noch drei aufeinander folgende Nächte so weiter. Offenbar erlaubte sich hier jemand einen Scherz. Mit seiner Weisheit am Ende, befahl Everest einem der Wachleute, in den Stunden der Dunkelheit leise durch das Lager zu gehen und jeden Vierbeiner, der sich regte, loszubinden oder zu erschießen. Danach herrschte Ruhe, obwohl das Rätsel ungelöst blieb.

Sechs Wochen später, im November, geriet der unglückliche Olliver erneut in Schwierigkeiten. Bei der Beaufsichtigung von Bauarbeiten am anderen Ende der Grundlinie widersetzte er sich der Aufforderung Everests, ihm beim Zenitsektor zu helfen. Everest sah darin Gehorsamsverweigerung gegenüber einem Ranghöheren. Sein erster Unterassistent, der Mann, den er einst als »meine rechte Hand« bezeichnet hatte, wurde im Schnellverfahren festgenommen, unter Bewachung gestellt und nach Kalkutta zitiert. Zum Glück wussten Everests Vorgesetzte von seinen Launen. Man drängte auf Versöhnung, und Olliver wurde, nachdem er sich entschuldigt hatte, wieder in sein Amt eingesetzt.

Geholfen hat ihm vermutlich, dass herauskam, wer für das Phantompferd verantwortlich war, das die ganze Nacht gewiehert hatte: Rossenrode. »Sie waren es. Und es war eins von Ihren Pferden, das mich belästigt hat«, bellte Everest, als die Wahrheit herauskam. Rossenrode war gerade eifrig damit beschäftigt, den Durchschnitt verschiedener astronomischer Werte zu errechnen. Er ärgerte sich furchtbar über die Störung und zahlte es Everest mit gleicher Münze heim. Sein Ausbruch hätte, so dieser, »eher zu einem dieser zänkischen Weiber in den Elendsvierteln von Billingsgate oder Wapping gepasst als zu einem Menschen, der Bildung und Anstand besaß«. Und er fand diese Reaktion noch abscheulicher als das eigentliche Vergehen. Wieder drohte Everest mit Arrest und unehrenhafter Entlassung.

Allem Anschein nach aber wurde die ganze Sache buchstäblich beiseite gekehrt, als am 10. Februar 1825 ein kleiner Taifun das Lager heimsuchte. Als Vorgeschmack auf die Winter im Norden riss ein von Regen und Hagel begleiteter Sturm alle Zelte nieder, darunter auch das, welches den Großen Theodolit beherbergte. Weder die doppelten Spannseile noch die zehn Männer, die sich daran hängten, konnten es verhindern. Als das Zelt einstürzte, stürzte auch das Instrument und begrub »eins der schönen Troughton-Barometer«, das zufällig daneben stand, unter sich, sodass es hoffnungslos zerstört wurde. »Glücklicherweise«, berichtet Everest, »ist [dem Großen Theodolit] abgesehen von einer der unteren Schrauben, die gebrochen ist und die zu reparieren ich die Mittel habe, nichts zugestoßen«. Aber das war wohl eine irreführende Darstellung des Schadens. In einem anderen Zusammenhang schildert Everest, dass der Teakholzrahmen des Theodoliten zerborsten war und das ganze Ding »äußerst klapprig« sei. Fast sofort nach dem Unfall wurde das Instrument weggepackt und niemand durfte es mehr benutzen. Mit Ausnahme der Messung eines einzigen Winkels im Jahre 1826 wurde es bis 1835 nicht mehr verwendet. Zu diesem Zeitpunkt aber hatte ein Feinmechaniker aus England das Gerät vollkommen wiederhergestellt.

1825 aber hatte Everest selbst keine Verwendung mehr dafür. Da die Grundlinie von Sironj vermessen und sein Gesundheitszustand heikler denn je war, beantragte er im März Krankenurlaub in England. Noch im selben Jahr reiste er von Kalkutta aus ab, und nachdem er sich versichert hatte, dass ihm sein Posten trotz seiner Abwesenheit erhalten blieb, kehrte er erst fünf Jahre später nach Indien zurück.

Auch wenn man ein ganzes Jahr für Hin- und Rückreise rechnet, sind fünf Jahre eine lange Zeit. Um seinen Posten zu behalten und zumindest einen Teil seines Gehalts weiter zu bekommen, musste er nachweisen, dass er nicht nur zur Erholung in Europa weilte, sondern sich weiterhin eifrig mit der Großen Vermessung befasste. Deshalb nahm er genügend Dokumentationsmaterial mit, um die Ergebnisse der letzten zwei Jahre aufzuarbeiten und in einem Bericht zusammenzufassen. Nach seiner Ankunft in London suchte er außerdem Feinmechaniker auf und verlangte modernste Vermessungsgeräte. Außer Theodoliten und Zenitsektoren erkundigte er sich auch nach Lampen für die nächtliche Arbeit und sah sich einen die Sonne reflektierenden Spiegel, Heliostat oder auch Heliotrop genannt, für das Visieren bei Tag an. Seine Arbeitgeber, die Direktoren der Ostindischen Kompanie, waren nicht gerade beeindruckt von diesem Einkaufsbummel. Aber Everest besaß mächtige Fürsprecher und konnte, nachdem ihn sowohl die Royal Society als auch die Royal Astronomical Society zum Mitglied gewählt hatte, die Hilfe des wissenschaftlichen Establishments mobilisieren. Schließlich wurden die neuen Instrumente genehmigt, und bald trieb Everest die Hersteller mit einer langen Liste von Änderungswünschen zur Verzweiflung.

Während seiner Abwesenheit wurde der Posten des Chefs der Vermessungsbehörde vakant, in dessen Verantwortung neben der Großen Trigonometrischen Vermessung sämtliche Messungen in Indien lagen. Zum richtigen Zeitpunkt, um seine Leistungen ins rechte Licht zu rücken, sicherte sich Everest 1829 diese hochrangige Stellung und sollte somit als Leiter der Großen Trigonometrischen Vermessung und als Chef der Vermessungsbehörde, der für alle topografischen Messungen und die Finanzen zuständig war, nach Indien zurückkehren. Diese neuen Aufgabenbereiche hätten Everest durchaus von seinen Triangulierungen und insbesondere vom Großen Bogen ablenken können. Doch wie sich herausstellte, wirkten sie vielmehr stimulierend, da Mittel, die eigentlich für andere Messungen gedacht waren, zunehmend der Großen Trigonometrischen Vermessung zugeschoben wurden.

Auch in anderer Hinsicht erwies sich der Zeitpunkt für den Heimaturlaub als günstig. Auf Drängen Richard Wellesleys, inzwischen

Marquis von Mornington und Lord-Lieutenant in Dublin, war der British Ordnance Survey kurz zuvor mit einer detaillierten Vermessung Irlands betraut worden. Der Generalfeldzeugmeister war Richards Bruder Arthur, jetzt Duke of Wellington und Premierminister. Angesichts solcher Schirmherren überrascht es nicht, dass die irische Vermessung in einer nie da gewesenen Größenordnung durchgeführt wurde, was Everest bezeugen konnte, bekam er doch Gelegenheit, sie drei Monate lang zu begleiten. Insbesondere fielen ihm die institutionellen Strukturen und die Gerätschaften auf, aber auch die dreißig Offiziere, dreihundert Unteroffiziere und Zivilisten und noch einmal die gleiche Zahl von Arbeitern, die man für die ehrgeizige, aber im Grunde einfache trigonometrische Vermessung einer Insel zu brauchen meinte, welche noch kleiner war als der Staat Hyderabad.

Im Licht dieser Beobachtungen war es für Everest ohne Zweifel gerechtfertigt, mehr Personal für seine Arbeit in Indien zu verlangen und eine bessere finanzielle Ausstattung zu erwarten. Auch stellte er fest, dass in Irland die trigonometrische Vermessung als Vorbedingung für alle anderen Vermessungen galt, was in Indien zwar auch behauptet wurde, wegen verschiedener anderer Forderungen und der gleichzeitigen Durchführung anderer Messungen aber nicht tatsächlich geschah. Dies war für ihn als Chef der Vermessungsbehörde Grund genug, um der Großen Trigonometrischen Vermessung und seinem geliebten Großen Bogen absoluten Vorrang einzuräumen und alle Mittel und Anstrengungen darauf zu konzentrieren. Außerdem fiel ihm auf, wie leicht es für die irischen Vermesser war, ihre Geräte reparieren und warten zu lassen. Also forderte er für Indien einen Feinmechaniker an, der auch pflichtschuldig zur Verfügung gestellt wurde. Und schließlich erhielt Everest, abgesehen von all den anderen Instrumenten, die er geordert hatte, zwei Sätze »Messstangen«, die man fortan statt der Ketten für die Messung der Grundlinie verwenden konnte.

Die Messstangen waren von Thomas Colby entwickelt worden, dem Chef der Vermessungsbehörde des Ordnance Survey, der jetzt die Vermessungen in Irland leitete. Wegen der bekannten Probleme

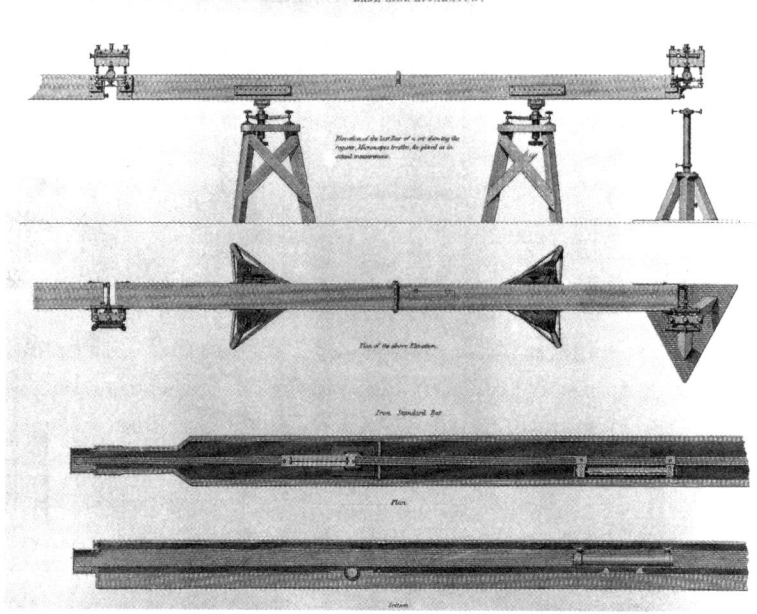

ABBILDUNG 18

Everest führte zur Vermessung der Grundlinien spezielle Messstangen ein. Die
Zeichnung zeigt solche Geräte und die dazugehörigen dreibeinigen Stative,
außerdem die Mikroskope zum Ablesen der Striche an den Enden der Stangen.

mit den Ketten, die sich in der Hitze ausdehnten und durch den Gebrauch abnutzten, hatte Colby mit Doppelstangen experimentiert,
die jeweils drei Meter lang waren und aus verschiedenen Metallen
mit unterschiedlicher Ausdehnung bestanden, sodass sich die tempe-
raturbedingten Längenänderungen gegenseitig neutralisierten. Es
handelte sich bei den Messschienen um je zwei nebeneinander liegende Stangen, eine aus Messing, die andere aus Eisen, die in der Mitte verschraubt waren und mit einem kleinen Zusatzteil ähnlich einem
an der Seite angeschraubten Hebel versehen waren, der die Stangen
an beiden Enden miteinander verband. Wenn sich die Eisenstange
ausdehnte, drehte sich der Hebel um seine Achse auf der Messing-
stange, sodass ein Punkt, der auf dem hervorstehenden »Griff« des

Hebels markiert war, am selben Platz blieb. Die Stangen lagen auf Messingrollen und befanden sich in einem Holzkasten, aus dem die Hebel mit den Punkten herausragten. Normalerweise wurden sechs solcher Stangensätze verwendet, die insgesamt, aufgestellt und durch die dazugehörigen Mikroskope miteinander verbunden, 19 Meter lang waren.

Everest war hoch erfreut darüber. Bevor er 1830 nach Indien aufbrach, erprobte er das neue Gerät in London, wo er mit dem Lord's Cricket Ground die erforderliche ebene Fläche fand. Kurz nach seiner Ankunft in Kalkutta im Jahr 1831 wiederholte er das Experiment, und noch im selben Jahr begann er mit der Messung einer knapp zehn Kilometer langen Grundlinie in Kalkutta.

Natürlich lag Kalkutta nicht am Großen Bogen. Doch als Regierungssitz war es der ideale Ort, um Britisch-Indien mit den Anforderungen der Großen Trigonometrischen Vermessung und der überragenden wissenschaftlichen Anstrengungen, die in den Großen Bogen gesteckt wurden, zu beeindrucken. Außerdem war die Grundlinie ein notwendiges Mittel, um die Genauigkeit der Arbeiten zu überprüfen, die in Everests Abwesenheit stattgefunden hatten.

Während seines Urlaubs hatte Joseph Olliver, assistiert von dem aufmüpfigen Rossenrode, die Aufgabe übernommen, eine Triangulierung ostwärts von Sironj durchzuführen, wo der Bogen gegenwärtig endete. Everest hatte sich geweigert, Lambtons »Mestizen« mit dem Bogen selbst zu betrauen, ja, diesen Gedanken auch nur in Betracht zu ziehen. Aber in dieser nach Osten gerichteten Dreieckskette sah er eine zweckmäßige Methode, seine Leute zusammenzuhalten und Kalkutta in sein Gitter von Triangulierungen einzubeziehen. Bekannt als die Longitudinal-Messreihe von Kalkutta war es tatsächlich das Gegenstück zur Longitudinal-Messreihe von Bombay, an der er selbst im Jahre 1823 gearbeitet hatte, als Lambton starb. Die Entfernung war jedoch größer – gut 1 100 Kilometer – und das Gelände problematischer. Ursprünglich hatte es aus einem gewaltigen Dschungel bestanden, in dem Rossenrodes Sohn gestorben war und aus dem der ganze Trupp mehrmals befreit werden musste, weil alle an Malaria erkrankt waren. Danach waren die Vermessungen unten im Gangesdelta von Westbengalen fortgesetzt worden und dann weiter bis etwa 110 Kilometer vor Kalkutta vorangeschritten, als Everest wieder auftauchte. Die neue Grundlinie würde sein Werk vervollständigen und dessen Präzision beweisen, sobald sie mit jenem verbunden war.

Doch es gab gute Gründe für die Vermutung, dass das Ergebnis enttäuschend sein würde. Erstens war Olliver die Verwendung des Großen Theodoliten verweigert worden. Stattdessen musste er sich mit einem weniger guten Instrument begnügen, dessen Messkreis einen Durchmesser von lediglich 45 Zentimeter besaß. Beim Vergleich der beiden Fernrohre stellte Olliver fest, dass sein kleineres Instrument für Entfernungen ab etwa 40 Kilometern unbrauchbar war. Folglich wurden seine Dreiecke recht klein, und er benötigte zahllose trigonometrische Punkte. Angesichts der Gesamtdistanz von 1 100 Kilometern war diese Strecke die längste, die ohne eine eingeschobene Grundlinienmessung vermessen wurde. Everest konnte kaum höchste Präzision erwarten. Paradoxerweise verwendete er anschließend Ollivers Dreiecksreihe als Grundlage einer Folge von Meridionalbögen: für die »Stäbe« seines Gitters, die bis zum Himalaja verliefen.

Ollivers Trupp hatte sich außerdem mit der Frage herumschlagen müssen, wie man trigonometrische Messungen in einer flachen Landschaft vornehmen sollte, die mit Bäumen bewachsen und mit dichtem Nebel überzogen war. Bengalen gehörte zur Gangesebene, jenem lange gefürchteten Hindernis, das unüberwindlich schien, weil man hier trigonometrische Messungen für nicht durchführbar hielt. Olliver wurde – womöglich unbewusst – als Versuchskaninchen missbraucht. Indem Everest nachts Lichter anvisierte, hatte er zwar gezeigt, dass man Nebel durchdringen konnte, doch es war trotzdem immer noch notwendig, hoch liegende Punkte zu finden, von denen man über das Laubdach blicken konnte. Mit übereinander an Ästen fest gebundenen Leitern waren Rossenrode und seine Männer, die die Vorhut bildeten, 18 bis 24 Meter in die Bäume hinaufgeklettert. Doch auch dort hatten sie noch keine klare Sicht. Hinzu kam, dass

»die Angst vor Tigern so groß war, dass die bengalischen Mitarbeiter bei jedem Rascheln der trockenen Blätter die Leitern umwarfen und sich in alle Richtungen davonmachten«.

Gerüsttürme schienen deshalb geeigneter, aber dazu benötigte man viel Holz, man musste reichlich Arbeit investieren, und es war fast unmöglich, sie so stabil zu bauen, dass man auf ihnen Messungen vornehmen konnte. Beim leichtesten Wind gerieten sie ins Schwanken, und weil es schwierig war, auf einer wackligen kleinen Plattform 27 Meter über dem Boden Lampen und Instrumente gleichzeitig zu handhaben, war die Arbeit bei Nacht unmöglich. Viel besser waren gemauerte Türme, und hierbei hatte Olliver mehr Glück. Eine ganze Reihe solcher Türme säumte nämlich das nördliche Ende seiner Messstrecke durch Westbengalen, womit die Hälfte seines Bedarfs abgedeckt war. Die Türme waren Anfang des Jahrhunderts als Teil eines primitiven optischen Telegrafensystems gebaut worden, das die Möglichkeit bot, kurze Nachrichten von Turm zu Turm weiterzugeben. Everest hatte selbst auf den Telegrafentürmen gearbeitet, bevor er 1818 zur Großen Trigonometrischen Vermessung abkommandiert wurde, und zweifellos erinnerte er sich an sie, als er jene riesigen Steinhaufen für seine Messungen bei Bombay errichtete.

Die Telegrafentürme erforderten zwar ein paar Umbauten, um sie für die Messungen verwenden zu können, aber dies war nichts im Vergleich zum Bau neuer Türme. Trotzdem stellte Everest nach seiner Rückkehr fest, dass zur Vervollständigung seiner Messungen in Kalkutta elf weitere Türme errichtet werden mussten. Verschiedene Entwürfe wurden erprobt, und die Kosten waren beträchtlich. Doch gerade dieses Experiment überzeugte ihn davon, dass die Fortsetzung des Großen Bogens nördlich von Agra (einmal dort angekommen) durch die Ebenen von Delhi und weiter zum Himalaja möglich war. Anstelle von *droogs*, Tempeln oder überwucherten Bergen würde sich der Große Bogen dem Himalaja über eine Kette von eigens gebauten Steintürmen nähern. Und so würde es, vorausgesetzt, das Geld dafür stand zur Verfügung, möglich sein, das letzte große Hindernis zu überwinden und den Großen Bogen über ganz Indien zu spannen.

Welche Gelder bewilligt wurden, hing einerseits von der Direktion der Ostindischen Kompanie in London ab, die Everest erst kurz zuvor so beeindruckt hatte, und andererseits von den Behörden in Kalkutta. Dies unterstreicht die Bedeutung der Grundlinie von Kalkutta. Es lag in der Natur der Sache, dass die Vermessung ihre Triumphe bisher vorwiegend in der Wildnis gefeiert hatte, an Orten, von denen noch nie jemand etwas gehört hatte. Orte wie Sironj oder Ellichpur sind selbst auf heutigen Karten nur selten zu finden. Kalkutta aber war die Hauptstadt, sie hatte die »Präsidentschaft«. Hier bot sich endlich die Gelegenheit, vor einem großen und einflussreichen Publikum im Herzen Britisch-Indiens aufzutreten.

Es wurden akribische Vorbereitungen getroffen. Ursprünglich hatte Everest ein knapp 13 Kilometer langes Stück Land in einiger Entfernung von der Stadt ausgewählt, das sich zwischen zwei Telegrafentürmen erstreckte. Aber dann stellte man fest, dass noch 300 Bäume gefällt werden, zahllose Lehmhäuser abgerissen und eine Reihe kleiner Teiche aufgeschüttet werden mussten. Um solche ausufernden Maßnahmen zu vermeiden, ließ Everest sich überreden, stattdessen eine knapp zehn Kilometer lange Strecke entlang der Straße nach Barrackpur zu nehmen, einer geraden und flachen Hauptverkehrsader, die heute wie damals neben dem Fluss Hughli verläuft und aus der Stadt genau nach Norden führt. Neue, 23 Meter hohe Türme mussten an den beiden Enden der neuen Grundlinie gebaut werden, und da die Straße stark frequentiert war, waren Verkehrsbeschränkungen notwendig. Die linke Spur wurde gesperrt. Rinder, Schafe, Schweine, Hunde und Pferde waren ganz verboten. Und um das Staubaufkommen gering zu halten, durften Kutschen und Karren nur im Schritttempo fahren, wenn sie weniger als 130 Meter von den Messgeräten entfernt waren.

Die Arbeiten begannen am 23. November 1831 und wurden zwei Monate später beendet, nachdem die aus sechs Teilen bestehenden Messstangen 539 Mal ausgelegt worden waren. Das heißt, dass die Stangen im Durchschnitt etwa zwölf Mal pro Tag ausgelegt beziehungsweise 230 Meter pro Arbeitstag zurückgelegt wurden. Doch gelegentlich schaffte man auch 380 Meter:»das Doppelte dessen, was bei der Vermessung in Irland geleistet wurde«, kommentierte James Prinsep, der vornehme Präsident der Asiatic Society. Zahlreiche Würdenträger kamen, um den Arbeiten zuzusehen, die zur Demonstration mit einer zweiten Messung des ersten Abschnitts abgeschlossen wurden. Prinsep gehörte zu jenen, die eingeladen worden waren, dem Ereignis beizuwohnen.

Nachdem die morgendlichen Riten stattgefunden hatten, wurde in Zelten ein vornehmes Frühstück serviert. Während wir voller Bewunderung über die Ordnung und Präzision des ganzen Vorgangs nachsannen, ergriffen wir die Gelegenheit, das Gerät zu zeichnen ...

Prinseps Skizze zeigt die Stangen, die unter einer Zeltplane zum Schutz vor der Sonne nebeneinander auf dreibeinigen Stativen liegen, im Hintergrund einen der Türme. Verschiedene Teile des Geräts liegen gefällig im Vordergrund verstreut, darunter eine Kiste mit Messstangen und daneben das mit einem Mikroskop versehene Teil, das die Stangen miteinander verband.

Ziel der Vorführung war zu zeigen, um wie viel diese neuerliche Messung des ersten Grundlinienabschnitts von derjenigen abwich, die zwei Monate zuvor zu Beginn der Arbeiten vorgenommen worden war. Es ist fast überflüssig zu sagen, dass die Ergebnisse äußerst befriedigend ausfielen. Auf den ersten 200 Metern ergab die zweite Messung eine Differenz von nur 0,7 Millimetern, viel weniger als bei dem Test auf dem Lord's Cricket Ground. »Das wären etwa zwölf Fuß* zwischen Kalkutta und Delhi«, errechnete Prinsep, »oder 125 Fuß** im Durchmesser der ganzen Erdkugel«.

Neben der Vermessung der Grundlinie von Kalkutta und der Zusammenstellung und Erprobung seiner neuen Instrumente widmete Everest die ersten beiden Jahre nach seiner Rückkehr nach Indien der Neustrukturierung der Großen Trigonometrischen Vermessung. Wie von ihm selbst angeregt und jetzt von der Regierung genehmigt, soll-

---

* 12 Fuß = ca. 3,66 Meter
** 125 Fuß = ca. 38,1 Meter

ABBILDUNG 19
Die Vermessung einer Grundlinie in Kalkutta im Jahr 1831 zog prominente
Zuschauer an, zu deren Ehren »in Zelten ein vornehmes Frühstück serviert«
wurde. Auf James Prinseps Zeichnung sind, von Zelten geschützt, die ersten
Messstangen zu sehen. Im Hintergrund einer der ersten Beobachtungstürme,
die jemals gebaut wurden.

te die Vervollständigung des Großen Bogens und die Ausweitung des
Gitternetzes aus triangulierten »Stangen« auf ganz »Bengalen« – womit das gesamte Nordindien von Kalkutta bis Delhi gemeint war –
Vorrang haben. Für dieses ehrgeizige Programm war eine Frist von
fünf Jahren angesetzt. Deshalb war es erforderlich, an allen Fronten
mit einer Logistik von geradezu militärischen Ausmaßen vorzugehen.

Unter der Aufsicht des neuen Feinmechanikers aus England mussten in Kalkutta Werkstätten eingerichtet und der Große Theodolit
zur Überholung herbeigeschafft werden. Ein weiterer fähiger »Kom-
paniehandwerker« stieß zu den Arbeiten im Gelände. Auch Ingenieure waren wichtig. Etwa 77 000 Pfund waren für die Errichtung
von Türmen notwendig. Und außerdem sollte die Summe für Gehäl-
ter und andere Ausgaben erhöht werden. Statt der bisher ein bis zwei

Trupps, die ständig im Gelände arbeiteten, schlug Everest sechs vor: zwei für die Arbeit am Großen Bogen und vier für die Arbeit an den Nord-Süd-»Stangen« des Gitternetzes zu beiden Seiten von Ollivers Kalkutta-Dreieckskette. Ende 1832 wurden bereits Hilfskräfte angeworben und angelernt, wobei Olliver und Rossenrode wie Ärzte bei ihren Visiten mit einer Schar stummer Lehrlinge im Schlepptau von Berg zu Berg zogen. Um die Flut von Daten zu verarbeiten und das Zahlengewirr in den Griff zu bekommen, waren auch zusätzliche »Rechner« notwendig. Und so wurde Joshua de Penning von Madras zurückbeordert, um in Kalkutta eine Firma aufzusuchen, die auf Berechnungen spezialisiert war.

Nach dieser Neustrukturierung bekam die Große Trigonometrische Vermessung eher den Charakter einer Institution, obwohl ein strenger Vorgesetzter wie Everest natürlich dafür sorgte, dass sie ihren persönlichen Charakter behielt. Für die Historiker der Großen Vermessung wurde die Zeit zwischen 1833 und 1843 zum »Everest-Jahrzehnt«. Seine kometenhafte Karriere stand jedoch erst an ihrem Anfang. Auf jeden Fall stärkte die Ausweitung der Großen Vermessung sein Selbstbewusstsein und begünstigte sein autoritäres Gebaren. Im Winter 1833/34, als er endlich Richtung Westen zog, um die Arbeiten am Großen Bogen wieder aufzunehmen, befahl er seinem mittlerweile umfangreichen Geländetrupp, sich in Richtung Berge zu begeben. Die Reise dauerte fünf Monate. In einer Flotille von Booten, von denen einige so präpariert werden mussten, dass sie nicht unter dem Gewicht der Geräte sanken, fuhr der Kern der Mannschaft mitsamt Instrumenten und Pferden den Ganges flussaufwärts, zog dann auf Straßen und Bergpfaden weiter nach Mussoorie, das 2134 Meter über dem Meeresspiegel auf einem Bergkamm im Himalaja lag.

Dort hatte Everest ein Grundstück für sein neues Hauptquartier erworben, von dem aus während seiner restlichen Jahre in Indien sämtliche Operationen ausgehen sollten. Er hatte den Ort noch nie zuvor gesehen noch war er je in dieser Gegend gewesen. Dennoch war der Platz sorgfältig ausgewählt. Von dem Bergkamm aus erstreckte sich nach Norden und Osten das atemberaubende Panorama einer erhabenen wilden Natur – die schneebedeckten Gipfel des Großen Himalaja. Endlich hatte Everest das Hochgebirge im Visier.

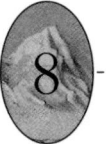

SO WEIT UNSER WISSEN REICHT

Ich versuchte, mich nicht von dem schneebedeckten Wunder im Norden ablenken zu lassen, und wanderte auf dem Kamm von Mussoorie die Wiese hinauf, auf den Spuren Everests. Es war ein Sommermorgen. Das Gras war noch feucht, und die verkrüppelten Bäume trugen Blätter. Was ich für die Logarithm Lodge hielt, erwies sich als eine dachlose Ruine mit einem Dickicht aus dornigen Akazien, die im Windschatten der verfallenen Mauern Schutz suchten. Von Bachelors' Hall, einem flachen Anbau, war überhaupt nichts mehr zu sehen. Vielleicht war er durch ein Erdbeben in Schutt und Asche gelegt worden, vielleicht hatte er aber auch einfach vor dem Klima kapituliert. Diese nach Süden weisenden Kämme, den mächtigsten Bergen Asiens vorgelagert, sind als Einzige gleichzeitig der ungeheuren Kraft des indischen Monsuns und den eisigen Stürmen des Himalaja-Winters ausgesetzt. Bauwerke halten ihnen meist nicht lange Stand.

Und so war es für mich ein Grund zum Feiern, als ich in östlicher Richtung am Kamm entlanggehend auf einer grasbewachsenen Terrasse entdeckte, dass die Gemäuer Hathipaons selbst, das am Rand des Nichts stand, den Elementen getrotzt hatten. Frost und Tauwetter hatten den Verputz von den Steinmauern abbröckeln lassen, Wind und Regen hatten das Gebäude seiner runden Erker und Dachgiebel beraubt. Scheiben sowie die hölzernen Fensterrahmen und Türen waren längst verschwunden. Doch ohne Zweifel war dies das Gebäude, in dem Everest einst zu Hause gewesen war. In Hathipaon

ABBILDUNG 20

Im Hathipaon House unweit von Mussoorie am Rand des Himalaja bezog
George Everest in den letzten Jahren der Arbeit am Großen Bogen Quartier
und wohnte dort auch. 1843 verließ er das Haus, das bald darauf verfiel; in
diesem Zustand befindet es sich heute noch.

widmete er sich ausschließlich der Großen Trigonometrischen Vermessung, »meiner liebsten Beschäftigung«, wie er es nannte. Und von
diesem Podium im Himalaja aus spannte er den Großen Bogen bis zu
dessen Höhepunkt in jenen Bergen, die er für »das Vollkommenste
hielt, was die Menschheit je gesehen hat«.

Es war schwierig, das Haus mit einem solchen Triumphalismus in
Verbindung zu bringen. Mit einem Bart aus Heistern, zerfurcht von
Rissen und zusammengesackt in seiner Höhle auf dem Kamm, er-
weckte es den Eindruck völliger Selbstversunkenheit – wie ein alter
Mann, der in seinem Lehnstuhl sitzt und den Blick über Indien
schweifen lässt. Ich empfand mich als Eindringling – mich und die
Büffelhüter. Ein bärtiger Alter mit einem massiven Stock und ein
Junge mit einem Wassertopf hockten vor einem qualmenden Haufen

aus Zweigen in der Mitte des Wohnzimmerbodens, während ihre
schwerfälligen Tiere Kot im Flur verspritzten und ihre langen reptili-
enartigen Hälse am Türrahmen des Esszimmers rieben. Was wussten
die Büffelhüter über die glücklichen Tage von Hathipaon? Was wusste man überhaupt? Das Haus stand noch da. Seine Lage war einmalig.
Vielleicht wird es eines Tages wieder aufgebaut. 1990 hieß es, die Regierung plane, es zu kaufen und zu einem Touristen- und Ausflugsziel
zu machen. Wenn es je dazu kommen sollte, bietet man vielleicht
auch ein »Abenteuer Großer Bogen« an mit Attrappen in Original-
größe und Geräuschen aus Bombay im Hintergrund. In seiner momentanen Leere aber ist das Haus nichtssagend.

Hathipaon heißt »Elefantenfuß«. Allerdings ist nicht klar, ob sich
dies auf die stumpfförmigen Konturen eines der benachbarten Berge
oder auf die Einbuchtung zwischen ihnen bezieht. Das Haus wurde
1829/30, als Everest in England weilte, von einem britischen Colonel
erbaut, der Gefallen an der faszinierenden Bergkette am Rande des
Himalaja gefunden hatte. Offenbar hatte er erkannt, dass dieser Ort
die Kühle bot, in die man sich von den siedenden Temperaturen in
der Ebene 1800 Meter weiter unten zurückziehen konnte. Damals
entstand aus dem kleinen Dorf Masuri am östlichen Teil des Kamms
die arrogante Stadt »Mussoorie«, einer der ersten Erholungsorte der
Briten in den Bergen. Die Investition des Colonel erwies sich als
ebenso solide wie sein Haus. Als er 1832 nach Großbritannien zurückkehrte, soll der inzwischen zum Captain beförderte George Everest Hathipaon und den dazu gehörigen 250 Hektar großen Park »zu
einem sehr hohen Preis« erworben haben.

Dabei hatte der neue Besitzer bereits Pläne im Kopf. Im Haupt-
haus wurde aus dem 46 Quadratmeter großen Wohnzimmer mit Die-
lenboden und dekorativen Stuckarbeiten ein Zeichenbüro. Auf dem
Gelände ließ er Werkstätten, ein kleines Observatorium und ausgedehnte Lagerräume erbauen. Für die Unterbringung seiner Assistenten wurden die Logarithm Lodge und die Bachelors' Hall errichtet,
das übrige Personal sollte sich seine eigenen zeitweiligen Unterkünfte
auf dem Gelände errichten. Der steile Pfad zum Haus wurde zu ei-

nem Transportweg. Schwere und äußerst zerbrechliche Lasten wurden bald mit Karren oder von Trägern behutsam den 1 200 Meter hohen Steilhang hinaufbefördert. In den Wäldern sangen die Sägen, und
aus den Werkstätten stiegen dicke Rauchwolken auf.

Solche Szenen der Emsigkeit konnte ich mir jetzt kaum vorstellen.
Ich schlich mich vom Haus weg und setzte mich in der sommerli-
chen Stille ins Gras, um den Ausblick zu genießen. Ein Ziegenhirt
mit seiner Herde tauchte am Abgrund auf und trippelte mit anmuti-
gen Schritten zum Tee mit den Büffelhütern. Aus dem Nichts folgten
träge Wolkenschwaden, die verweilten, bis der Wind sie packte, tau-
melten und zerrissen, während sie über den Kamm jagten und dann
wirbelnd zu den Schneefeldern im Norden trieben. Über den grasbewachsenen Bergsattel gleitend oder an die Koniferenstämme pral-
lend verbreiteten diese Wolkengeister eine feuchte Kälte, die mich zu
Fantasiebildern verleitete. Als mich plötzlich der Wolkennebel um-
hüllte, meinte ich zu spüren, wie die ungerufenen Seelen an mir vo-
rüberglitten, begierig darauf, nach Tibet zu gelangen, ins Land der
Wiedergeburt.

Wolken waren die größten Feinde des Kartografen in den Bergen.
Sie hielten ihn oft tagelang an den denkbar unwirtlichsten Stellen
fest. Etwa nordwestlich vom Kamm, von Hathipaon aus nicht zu sehen, ragt ein stattlicher Gipfel namens The Chur oder Chaur auf. Mit
seiner Höhe von 3 600 Metern zählt er nicht zu den Riesen des Himalaja. Aber er steht allein, ist leicht zu erkennen und gut zu beste-
gen. Vermesser, die unbedingt die viel höheren Gipfel im Norden und
Osten anvisieren wollten, erkoren den Chur ausnahmslos zu einer ihrer Beobachtungsstationen.

Everest selbst verbrachte dort manche eisige Stunde und wartete
ungeduldig darauf, dass sich die Wolken verzogen. Wenn es einen
Himalajagipfel gab, mit dem der Name Everest während seines Arbeitslebens gemeinhin in Verbindung gebracht wurde, dann war es
dieser bescheidene Berg. Godfrey Thomas Vigne, ein Reisender,
Künstler und Sportler, traf ihn dort im Oktober 1834. Everests Zelt
stand so nah wie möglich am Gipfel, und trotz eines Ofens und ei-

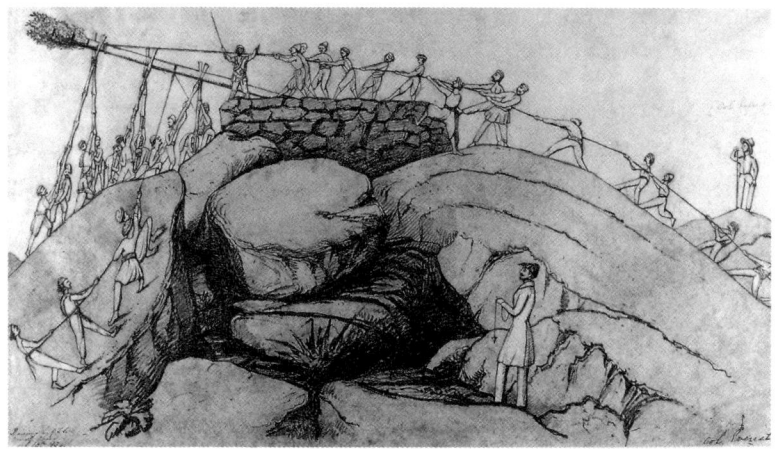

ABBILDUNG 21
Der in mühevoller Arbeit auf dem 3 600 Meter hohen Berg Chur errichtete
Vermessungsmast markierte den Endpunkt des Großen Bogens im Himalaja.
Auf G.T.Vignes Zeichnung ist George Everest der Mann im Hintergrund
(rechts). Einer seiner Assistenten im Vordergrund wartet mit dem Senkblei, um
die vertikale Ausrichtung des Mastes zu kontrollieren.

nes ordentliches Vorrats an Rotwein »waren wir hauptsächlich damit beschäftigt, uns warm zu halten«, berichtet Vigne. Er blieb über
Nacht und erklomm am nächsten Morgen, der besonders klar war,
den Gipfel, wo sich eine Steinplattform mit einem Mast befand und
den momentanen Beobachtungspunkt markierte. Das Panorama, für
Everest zu dieser Zeit bereits etwas Alltägliches, verschlug Vigne den
Atem.

Den herrlichen Anblick des an die sechzig oder siebzig Meilen* von uns entfernten, schneebedeckten Kamms, der sich mir bot, als der Morgen über den
heiligen Gipfeln des Jamnutri und des Gangutri anbrach, werde ich nie vergessen ... Die gesamte Kette des Himalaja – über dessen höchsten Spitzen das rosa-
farbene Licht anzuhalten schien, bevor es sich in die noch düstere Atmosphäre
im Süden wagte – breitete sich von Westen nach Osten aus, so weit das Auge

---

* 60 Meilen = 97 Kilometer, 70 Meilen = 113 Kilometer

reichte, und ragte hoch und prächtig über den großen Tälern zu ihren Füßen empor wie die stürmischen Schwaden über einem See.

Vigne schätzte die Höhe jener prächtigen Gipfel auf 6 100 bis 7 600 Meter. Doch wie hoch die Berge des Himalaja wirklich waren, war in den 30er Jahren immer noch Gegenstand hitziger Debatten. Anfang des Jahrhunderts hatten Vermesser in Indien lediglich zu beweisen versucht, dass der Himalaja höher als die Anden und damit das höchste Gebirge war, das man jemals entdeckt hatte. Jedenfalls behauptete dies Henry Colebrooke in seinem Bericht über die Beobachtungen im Himalaja, den die *Quarterly Review* so verächtlich abgetan hatte. Aber jetzt, als dieser Bericht allmählich akzeptiert wurde, stieß die Frage, wie viel höher der Himalaja war – und noch genauer, welcher Gipfel der höchste war – auf sehr viel breiteres Interesse.

Durch einen seltsamen Zufall wurde ein Exemplar der *Quarterly Review,* in der Henry Colebrookes Behauptungen so unverblümt als irrig hingestellt worden waren, zum stummen Zeugen ihrer Verteidigung. Die Zeitschrift war an William Webb, Robert Colebrookes einstigen Assistenten, geschickt worden, der 1819 in die Berge zurückgekehrt war, um das Quellgebiet des Ganges bis in seine tiefsten Schlupfwinkel zu verfolgen. Die mit vielen Poststempeln versehene *Review* folgte ihm die Felswände hinauf, an den Geländern eines der gefährlichsten Pfade der Welt entlang, und holte ihn schließlich zusammen mit dringend benötigten Versorgungsgütern ein, als er in Kedarnath kampierte, einem kalten Ort, der 3 600 Meter über dem Meeresniveau lag. Hier machte ein kleiner Steintempel die Quelle eines der Hauptzuläufe des heiligen Flusses zu einem heiligen Ort.

Der Fluss, ein eisiges Bächlein, wurde hier aus einem Gewirr von Gletschern und Geröll gespeist. Dass Gletscher im Himalaja keine Seltenheit waren, obwohl die Berge nur 30 Grad vom Äquator entfernt liegen, hätte den Kritiker aus der *Review* vielleicht nachdenklich machen sollen. Desgleichen die Silhouette. Während Webb auf einem Findling hockend in der Zeitschrift las, es fehle ein überzeugender Beweis dafür, dass irgendein Himalajagipfel höher sei als die

Anden, blickten ihm sechs schneebedeckte Riesen, jeder höher als der Chimborazo in Ecuador, gleichgültig über die Schulter.

Darüber hinaus war sich Webb einigermaßen sicher, dass die Höhe, die er erst kurz zuvor diesen Riesen zugeschrieben hatte, stimmte. 1820 befassten sich die Vermesser endlich ernsthaft mit den Bergen. Anstatt lange Strecken von der Ebene aus zu vermessen, waren Webb und andere ins Quellgebiet von Ganges und Jumna vorgedrungen, um die Flanken wichtiger Gipfel des Himalaja zu umgehen und sogar an ihnen vorbei auf die tibetische Hochebene zu gelangen. Sie verfügten über neue Methoden der Höhenbestimmung, über neue Instrumente zur Messung der tatsächlichen Höhen und über neue Ideen, wie man diese Informationen möglichst sinnvoll nutzen konnte.

Der Durchbruch war dem britisch-nepalesischen oder Gurkha-Kieg von 1814/15 zu verdanken. Militärisch gesehen war dies eine der weniger erfolgreichen Offensiven Britisch-Indiens. Wie sich herausstellte, lag Katmandu außerhalb der Reichweite britischer Waffen, und die Gurkhas hatten sich so sehr von ihrer guten Seite gezeigt, dass es lohnender schien, sie als Söldner einzustellen, als sie zu unterwerfen und zu Vasallen zu machen. Doch die Briten warben nicht nur Gurkhas als Rekruten an, sondern entrissen ihnen auch bestimmte Gebiete, die die Gurkhas, relative Neulinge im Geschäft der Machtausübung, erst kurz zuvor erobert hatten. Hierzu gehörten auch die beiden benachbarten Distrikte Garhwal und Kumaon im einstigen Westnepal. Hier lagen nicht nur die Quellgebiete von Ganges und Jumna, beide Distrikte lieferten auch einen vollständigen Querschnitt des Himalaja – von den trockenen Ausläufern der Siwaliks über die Hochgebirgshänge zukünftiger Bergstationen wie Mussoorie bis zu den von Felsen übersäten Schluchten und schneebedeckten Gipfeln des Hauptkamms und weiter zu den hohen trockenen Pässen nach Tibet.

Wie gewöhnlich erforderten diese neuen Territorien auch neue Vermessungen. Und wie die Quellen der größten Flüsse Indiens »sind jetzt die Höhen und Entfernungen der schneebedeckten Gipfel britischen Forschern und britischem Unternehmungsgeist zugänglich«,

ABBILDUNG 22
Ein begrenzter Zugang zum Himalaja wurde möglich, nachdem Nepal 1815 die
Distrikte Garhwal und Kumaon abgetreten hatte. Mithilfe einer Seilbrücke
folgten die Vermesser in Srinagar, Garhwal, den Quellen des Ganges bis zu den
Gletschern und den Schneegipfeln. Ölgemälde von Thomas Daniell.

hieß es in einer Direktive aus dem Amt des Generalgouverneurs.
»Dies sind Ziele, die die Aufmerksamkeit einer aufgeklärten Regierung auf sich ziehen.« Die Bestimmung der Berghöhen war jetzt
nicht mehr nur eine Sache wissenschaftlicher Neugier, sondern Be-
standteil der offiziellen Politik. Webb wurde die Aufgabe übertragen,
Kumaon zu vermessen, während Captain John Hodgson, ebenfalls
Offizier mit Erfahrung in der Region, Garhwal übernahm. Beide waren Anfang 1816 aufgebrochen.

Hodgson, der Lambtons Arbeit in Teilen kannte, wusste, wie wichtig es war, mit einer vermessenen Grundlinie zu beginnen. Als im Süden der äußersten Siwalik-Berge kein geeigneter Ort dafür zu finden
war, brach er zur Dun-Ebene auf, einem breiten Tal zu Füßen jenes
Bergkamms, auf dem sich jetzt Mussoorie und Hathipaon befinden.

Auch dort suchte er einen ebenen Streifen Land, wurde jedoch aber-
mals enttäuscht, denn hier wuchs überall hohes Elefantengras, das in
dieser frühen Jahreszeit nicht brennen würde, und ausgedehnte Wälder, in die Schneisen zu schlagen er nicht die Mittel besaß. Webb
stand vor ähnlichen Problemen. Am Ende nahmen beide nicht die
Bodenmessung vor, die als entscheidende Voraussetzung für die trigonometrische Vermessung galt.

Hodgson redete sich jedoch ein, es reiche völlig, die Entfernung
zwischen zwei weit auseinander liegenden Punkten, die jeweils vom
anderen Punkt aus sichtbar waren, von ihren durch Zenitmessungen
festgelegten Breiten abzuleiten. Auf diese Weise hatte zum Beispiel
Lambton Meridionalbögen vermessen, als er seine Messungen von
Madras aus begann. Die knapp 100 Kilometer lange, beinahe exakt in
Süd-Nord-Richtung verlaufende Linie zwischen einem Punkt bei
Saharanpur und dem Berg Chur jenseits der Dun-Ebene hielt
Hudgson für ideal. Beide Orte gewährten einen guten Blick auf die
schneebedeckten Gipfel, und so hatte er sich bald auf dem Chur eingerichtet, um die notwendigen Zenitmessungen für die Bestimmung
des Breitengrads vorzunehmen und, mit noch größerer Begeisterung,
seinen Theodolit auf die Gipfel zu richten.

Zu dieser Zeit machte der Große Bogen im Gebiet von Hyderabad nur langsam Fortschritte. Everest war zu dem Vermessungstrupp
noch nicht hinzugestoßen, und Lambton konnte sich die Ausweitung
des Bogens über Agra hinaus beim besten Willen nicht vorstellen.
Doch während es als unmöglich galt, dass sich der Bogen jemals bis
zum Himalaja spannen würde, meinten Hodgson und Webb, dass ihre
Arbeit auch für andere Gebiete von Bedeutung war. Als unverbesser-
liche Optimisten glaubten beide nicht nur, sie könnten die Koordinaten der gut sichtbaren Gipfel bestimmen, sondern auch, diese Gipfel würden dann »Fixpunkte« liefern, die so sicher seien wie der
Polarstern. Damit wiederum könne man im gesamten nördlichen Teil
der Gangesebene präzise Verortungen vornehmen. Denn »unleug-
bar«, schrieb Hodgson, »kann, wenn die Breiten- und Längengrade
[der Schneegipfel] bekannt sind, die geografische Lage jedes Ortes,

von wo aus einer oder mehrere von ihnen zu sehen sind, leicht und sehr genau bestimmt werden.« Webb schilderte in allen Einzelheiten eine Reihe von Fallstudien, um zu zeigen, wie dies möglich sei. Und beide Männer glaubten fest, diese einfache Methode sei der Schlüssel zu dem Problem der Vermessung in den Ebenen »Hindustans«. Wenn sich der Himalaja 1 600 Kilometer von Westen nach Osten erstreckte, und wenn man die Gipfel von mindestens 240 Kilometer entfernten Punkten im Süden aus unterscheiden konnte, würde man in einem breiten Gebiet, das wegen des Dunstes für trigonometrische Vermessungen nicht geeignet war, mit dieser einfachen Methode ebenso genaue Verortungen vornehmen können wie mit einer trigonometrischen Vermessung.

Mit anderen Worten, Hodgson und Webb stellten das Problem auf den Kopf. Anstatt Höhe und Lage der Gipfel durch Messungen von den Ebenen aus zu bestimmen, wollten sie Höhe und Lage von Orten in den Ebenen durch die Messung der Gipfel bestimmen. Und Letzteres versprach jetzt, da sie einigen von diesen Gipfeln so nah auf den Leib gerückt waren, noch viel leichter zu sein. Denn die Nähe würde größere und somit günstigere Horizontal- und Vertikalwinkel liefern und zugleich eine genauere Bestimmung des zu messenden Gipfels (womit sie auch von anderen Messpunkten aus leichter identifiziert werden konnten) möglich machen. Außerdem würde die Brechung die Messwerte in geringerem Umfang beeinflussen.

Darüber hinaus fühlten sie sich ermutigt, weil ihnen bessere Theodolite und Zenitsektoren zur Verfügung standen als ihren Vorgängern bei der Arbeit in den Bergen, sowie Barometer. Lambton hatte Letztere zwar gelegentlich ausprobiert, jedoch nie in den Bergen verwendet. Ein Barometer zeigt den atmosphärischen Druck an. Wenn man zwei Barometer an verschiedenen Orten zugleich abliest, erhält man die Differenz zwischen den Luftdruckwerten der beiden Orte. Indem man die Temperatur zur Zeit und am Ort der Ablesung mit einbezieht, kann auch die Höhendifferenz der beiden Orte abgeleitet werden, da der Druck mit der Höhe abnimmt. Offenbar taugte dieses Verfahren kaum zur Messung der Schneeberge, denn man musste ein

Barometer ja zunächst auf den Gipfel bringen, und kein vernünftiger Mensch hätte auch nur daran gedacht, Berge zu erklimmen, die doppelt so hoch waren wie der Chur. Um hingegen die Höhe des Ortes zu bestimmen, von dem aus man solche Gipfel anvisierte, eignete sich diese Methode sehr wohl. Wenn Hodgson zum Beispiel Barometermessungen auf dem Gipfel des Chur und gleichzeitig auf Meeresniveau, etwa in Kalkutta, vornahm, konnte er die Höhe seines Beobachtungspostens auf dem Chur errechnen, was er auch tat.

Bei solchen Vergleichen gab es noch andere Variablen, die berücksichtigt werden mussten, doch die größten Schwierigkeiten boten die Barometer selbst. Vor der Erfindung des Aneroidbarometers (welches den Luftdruck über die Verformung einer luftleeren Dose misst) im Jahr 1843 maß man den Luftdruck mit Quecksilberbarometern. Die Geräte glichen einem riesigen Thermometer. Ein Stativ war nötig, um den Apparat aufrecht zu halten, und die 90 Zentimeter lange Glasröhre, die das Quecksilber enthielt, brachte nahezu unlösbare Transportprobleme mit sich. Daher empfahl man das Mitführen von Ersatzröhren, doch wie Hodgson feststellte, fielen diejenigen, die unbeschadet die Berge erreichten, den Stößen und Schüben beim Transport im Himalaja selbst zum Opfer. Die einzige Röhre, die Hodgson noch verblieben war, zerbrach genau in dem Moment, als er seine Messungen beginnen wollte. Und obwohl doch noch einige Ersatzröhren heil bei ihm eintrafen, erwies es sich als nahezu unmöglich, sie zu füllen. Das Quecksilber musste erhitzt werden, um Luftblasen auszuschließen, und durch die Hitze barst das Glas ebenso sicher wie durch Stöße.

»Nur wer praktische Erfahrung mit solch heiklen und teuren Instrumenten wie Quecksilberbarometern für Messungen im Gebirge besitzt«, heißt es in einem Handbuch zur Vermessung Indiens, »weiß um die Enttäuschungen, die man in einem Land wie diesem erlebt.« Barometer waren so anfällig, dass fast jede andere Methode einen Versuch wert zu sein schien.

Das genannte Handbuch empfahl daher eine einfachere »thermometrische« Lösung, zu der auch Hodgson und Webb Zuflucht nahmen.

Hierzu benötigte man im Prinzip lediglich ein kleines Thermometer und einen Wasserkessel. Dieses Instrument nannte man Hypsometer. In dem Kessel wurde Wasser erhitzt, und wenn es »sprudelnd kochte«, wie Hodgson es ausdrückte, maß man dessen Temperatur. Da der Siedepunkt mit zunehmender Höhe sinkt, konnte man mithilfe einer einfachen Umrechnungstabelle die Höhe bestimmen. Die Genauigkeit dieser Messung hing davon ab, dass man ein gut geeichtes und in $\frac{1}{100}$ Grad geteiltes Thermometer genau ablas, und sie konnte erst ab einer Höhe von einigen hundert Fuß erzielt werden. Auch bereitete es bisweilen Schwierigkeiten, das Wasser überhaupt zum Kochen zu bringen. In großen Höhen war es häufig nur in Form von Schnee oder Eis vorhanden, und es dauerte lange, bis die Kristalle schmolzen, geschweige denn das geschmolzene Wasser sprudelnd kochte. Kräftige Winde, in exponierten Lagen nichts Außergewöhnliches, spielten mit dem Feuer, bliesen die Flammen zur Seite oder löschten sie ganz.

Im Sommer 1816 arbeitete sich Hodgson weiter nach Norden vor, triangulierte, wo es möglich war, nahm dort, wo dies nicht möglich war, Messungen mit dem Messrad vor, und pflanzte unterwegs Kartoffeln an. (Der damalige Generalgouverneur hatte richtig erkannt, dass die Kartoffel sehr zur Ernährung und Wirtschaft im Himalaja beitragen konnte.) Doch wegen »der erheblichen Zweifel an der Genauigkeit des Breitengrades meiner Hauptstation auf dem Chur, von der alles abhängt«, kehrte Hudgson im Oktober und dann noch einmal 1818 nach einem abenteuerlichen Ausflug zu den entferntesten Gangesquellen dorthin zurück. In der Nähe des Chur-Gipfels hatte er eine neun Meter hohe Pyramide errichtet. Von hier wie von Saharanpur in der Ebene und von Surkananda östlich von Mussoorie aus ermittelte er die Winkel von etwa vierzehn hohen und etlichen kleinen Gipfeln. Für Hodgson – wie später für Everest – wurde der Chur zu einer zweiten Heimat. Er schrieb sehr gefühlvoll über ihn – wenn auch nicht *in situ*, da die Tinte unweigerlich am Füllfederhalter gefror.

Jemand, der nie in einer solch stürmischen Gegend gehaust hat, kann sich gar nicht vorstellen, was für ein heftiger Wind hier, auf dem Gipfel dieses mächtigen Berges, weht und wie sehr ein Vermesser nachts unter der Kälte leidet ... Am

10. Oktober gefror das Wasser, das ich um 9 Uhr morgens ausgoss, sofort, obwohl die Sonne hervorkam und das Thermometer zu dieser Zeit 31° [Fahrenheit; minus 0,7° Celsius] anzeigte. Man kann sich daher vorstellen, wie erst die Nächte sind, dazu ein Wind, der einem die Haut vom Gesicht schält und mit einer Gewalt bläst, dass der Boden zu beben scheint. Ich hatte ein Zelt zum Schutz des Instruments [des Theodoliten], aber bei der Messung stürmt es, und der Wind schüttelt das Instrument, löscht die Lichter und stiftet Verwirrung, und die Leute, die das Zelt fest halten, damit es nicht davongeweht wird, stoßen schnell einmal an den Ständer [des Geräts]. Daher war es mir unmöglich, von einer Nacht zur anderen die Justierungen beizubehalten.

Aber dies war keineswegs Hodgsons größte Sorge. Die durch Zenitmessungen errechneten Breitengrade seiner Grundlinie von Saharanpur zum Chur konnte einfach nicht mit den durch Triangulierung von einem dritten Punkt aus ermittelten Werten in Übereinstimmung gebracht werden. Auch weitere Punkte zur Vervollständigung des Dreiecks brachten kein anderes Ergebnis. Und die Diskrepanz blieb auch dann bestehen, als sein Kollege und Freund James Herbert die Messungen und Berechnungen überprüfte. Wie es hieß, standen erfahrene Landvermesser, wenn sie eine Abweichung feststellten, für die sie keine Erklärung finden konnten, meist »vor einer wichtigen Entdeckung«. Hodgson zitierte gern diese Weisheit und berichtete völlig offen von dieser Diskrepanz, weil er hoffte, andere wären vielleicht eines Tages in der Lage herauszufinden, was er da entdeckt hatte.

Natürlich war das bereits der Fall. Aber Webb, Hodgson und Herbert scheinen nicht einmal geahnt zu haben, dass Bergmassen die Lotlinie beeinträchtigen (die bei Zenitmessungen ganz entscheidend ist). Darüber hinaus befanden sie sich an dem denkbar ungünstigsten Ort für derartige Störungen. Eine geodätische Abhandlung zu diesem Thema sollte später bestätigen, dass die Ablenkung der Lotlinie in Saharanpur bis zu 15 Gradsekunden und auf dem Chur mindestens 36 Gradsekunden betrug. Die daraus folgende Diskrepanz belief sich auf 500 Meter der 100 Kilometer langen Grundlinie Hodgsons, ein ziemlich unakzeptabler Fehlerquotient, der laut dem Historiker der

Großen Vermessung »die Nutzlosigkeit sämtlicher Bemühungen und Arbeiten Hudgsons widerspiegelte«.

Um das Problem zu lösen, kehrte Hudgson am Ende zu seinem ursprünglichen Vorhaben zurück, eine Grundlinie am Boden zu messen. Doch nach dem langen Aufenthalt auf den Gipfeln der Berge war er dieser Aufgabe gesundheitlich nicht mehr gewachsen, sodass sie nun seinem Assistenten und Nachfolger zufiel. Die Ehre, die erste Grundlinie im Himalaja vermessen zu haben, gebührt James Herbert, dem dies im Jahr 1819 gelang.

Herbert war zweifelsohne ein einfallsreicher Mensch. Obwohl er im Hinblick auf Grundlinienmessungen keinerlei Erfahrung besaß, und da ihm zudem die notwendige Ausrüstung dafür fehlte, ging er die Sache vor allem mit Begeisterung an. Das Einzige, worüber er sich beklagte, war, dass ihm kein Assistent zur Seite stand. Lambton schätzte, dass zur Überwachung einer solchen Arbeit mindestens drei Vermessungsoffiziere notwendig waren, und Everest ließ für seine Grundlinie von Kalkutta gleich zehn Offiziere antreten. Herbert hingegen war bis auf seine indischen Helfer allein, und von diesen wusste keiner über das Vorgehen besser Bescheid als er selbst. Außerdem traute er keinem von ihnen zu, die Werte richtig abzulesen. Wie oft er von einem Messpunkt zum anderen hastete, wissen wir nicht, aber es muss oft gewesen sein.

Ein geeigneter Ort fand sich in der Dun-Ebene, die, obwohl auf einem Abhang gelegen, fast so eben war wie Garhwal und Kumaon, und es dauerte nicht lange, bis die notwendigen Arbeiten zur Rodung von Bäumen begannen. Inzwischen mühte sich Herbert mit den Messinstrumenten ab. Er verfügte zwar über eine Messkette, nicht jedoch über Kisten, Stative und Richtschrauben, mit denen er die Stative auf gleiche Höhen hätte bringen können. Diese Dinge zu besorgen oder anzufertigen hätte Monate gedauert. Aus diesem Grund legte er die Messketten für Vergleichszwecke zurück und verwendete stattdessen Stangen. Dafür wurde ein gut abgelagerter Dachbalken aus Zedernholz, der aus einem verfallenen Haus stammte, in vier Stücke von jeweils 7,5 Metern Länge zersägt. William Roy hatte

ABBILDUNG 23
Eine zeitgenössische Ansicht der »Mussoorie Hills« zeigt das offene Tal des Dun
und dahinter die Siwalik-Berge sowie die Ebenen. George Everests Haus
in Hathipaon stand auf dem rechts verlaufenden Bergkamm. Stich von
J. B. Allen (1845).

bei seiner Hounslow-Grundlinie mit solchen Balken gearbeitet,
mehrere davon zusammengebunden, damit sie sich möglichst wenig
bogen, und die Enden mit Elfenbeinmarkierungen versehen. Herbert
verwendete Messingknöpfe für die entscheidenden Kontaktpunkte,
doch da seine Stangen nur 45 Millimeter Durchmesser hatten und ein
Zusammenbinden nicht infrage kam, bestand das Hauptproblem darin zu verhindern, dass sie sich bogen. Am Ende ersann er einen aus-
ziehbaren Ständer, auf dem die Stangen ruhen sollten, und ließ davon
37 Stück anfertigen, da alle zwei Meter ein solcher Ständer erforderlich war. Zur optischen Überprüfung der Biegung spannte er außerdem einen dünnen Messingdraht, der in einer eigens dafür ausgesäg-
ten Rille versenkt war, über die gesamte Länge der insgesamt 30,5
Meter messenden Stangen.
Zur täglichen Überprüfung der Ausdehnung oder Schrumpfung
der einzelnen Stangen wurde eine Bank mit einem Messingmaß ent-

worfen sowie behelfsmäßig Markierungen, Pflöcke und Flaggenstö-
cke hergestellt. Alles in allem war Herbert nicht unzufrieden, insbesondere angesichts der Tatsache, dass alles bis auf die Stangen selbst aus
nicht abgelagertem Kiefernholz gefertigt werden musste. Bei der letzten, ungefähr sechs Kilometer langen Messung schätzte er den Feh-
lerquotienten auf nicht mehr als 60 Zentimeter, »eine Ungenauigkeit,
die bei den entferntesten Gipfeln eine Distanzabweichung von nur
etwa sechzig oder siebzig Fuß* ausmacht«.

Nachdem die Tischler ihre Aufgabe erledigt hatten, dauerte die
ganze Operation noch über einen Monat. Die Grundlinie musste
noch durch Triangulierung mit Hodgsons problematischem Dreieck
Saharanpur-Chur-Surkananda verbunden werden. Als dies geschehen
und die zweifelhaften Zenitmessungen des Dreiecks korrigiert waren, konnten die vorherigen Messungen aller Schneeberge angepasst
und in eine Tabelle mit dem Titel »Breiten, Längen und Höhen der
wichtigsten Gipfel und Vermessungsstationen« eingetragen werden.
Diese wurde 1822 veröffentlicht, gerade zu dem Zeitpunkt, als der
jähzornige Everest die Grundlinie von Sironj auf dem Großen Bogen
vermaß.

Von den 46 Himalajagipfeln in der Region Garhwal-Kumaon, die
Hodgson und Herbert verortet und aufgelistet hatten, waren nur 14
weniger als 6 100 Meter über Meeresniveau hoch. Fünf waren über
7 000 Meter hoch, und drei dieser Riesen, die Hodgson »A1«, »A2«
und »A3« nannte, lagen so weit im Osten, dass sie auch unter Webbs
Vermessung in Garhwal fielen und somit ein nützliches Verbindungs-
glied darstellten. Auch Webb hatte die Höhe dieser Dreiergruppe ermittelt und war zu sehr ähnlichen Ergebnissen gekommen. Mit
Hodgsons 7 848 Metern war »A2« der größte von den dreien. Und
damit war, wie Herbert in einer Schrift, die so klein gedruckt war,
dass man sie kaum lesen konnte, diskret vermerkte, der »A2, so weit
unser Wissen reicht, der höchste Berg der Welt«.

Andrew Waugh, Everests Nachfolger als Chef der Vermessungsbe-

---

* 60 Fuß = ca. 18 Meter, 70 Fuß = ca. 21 Meter

ABBILDUNG 24

Nachdem 1820 schließlich anerkannt war, dass der Himalaja höher ist als die
Anden, hielt man den Nanda Devi, später bekannt unter dem Namen »A2«, mit
einer Höhe von 7848 Metern für den höchsten Berg der Welt. Diese Vorrangstellung behielt er 25 Jahre lang.

hörde, fand bei einer Durchsicht der Berichte, dass die Daten von Garhwal und Kumaon »dem wissenschaftlichen Können der damit befassten Offiziere alle Ehre machen«, obwohl er den »unkünstlerischen«
Charakter der Karten sehr bedauerte. Everest selbst lobte Herberts Bemühungen, eine Grundlinie zu bestimmen, und schätzte die Garhwal-
Vermessung als »präzise genug für geografische Zwecke« ein. Wo er
nicht zusätzlich eigene Triangulierungen vornahm, sollten die von
Webb ermittelten Werte in die Große Trigonometrische Vermessung

aufgenommen werden. Weniger zufrieden äußerte er sich über Webbs Ergebnisse in Kumaon. Da eine Grundlinie fehlte, hielt er dessen Arbeit für »kaum besser als eine Vermessung mit Kompass und Messrad«. Immerhin waren Webbs Messungen so gut, dass die *Quarterly Review* einen versteckten Widerruf ihrer Kritik an Colebrooke brachte. Verborgen in einer 1820 veröffentlichten Rezension über einen kurz zuvor unter der Überschrift »Über die Höhe der Berge Indiens« in französischer Sprache erschienenen Artikel zitierte der Autor der *Review* Erkenntnisse, die er kurz zuvor von Webb mitgeteilt bekommen hatte. Offenbar hatte dieser, erbost über den Artikel in der *Review*, den er in Kedarnath gelesen hatte, sofort sein Barometer aufgestellt. Und die Messwerte, die er nach London geschickt hatte, überzeugten den Kritiker wohl, dass Kedarnath 3657 Meter über dem Meeresniveau lag und ein Pass nach Tibet, der sich in der Nähe befand, über 4877 Meter hoch war. Beide Orte waren zur Zeit der Messung schneefrei. Laut Alexander von Humboldt, dem Autor des besprochenen Artikels, der umfassende Messungen in Südamerika und Europa vorgenommen hatte, lagen Orte in solchen Höhen aber unter ewigem Schnee. Daher waren die Angaben in seinen Augen übertrieben. Jetzt konzedierte die *Review*, die zuvor diese Argumentation übernommen hatte, dass die Schneegrenzen nicht unbedingt überall in gleicher Höhe lagen und daher ihre Schlussfolgerungen »genauso falsch waren wie die des Baron de Humboldt«. Und wenn die Höhenangaben solcher Messstationen stimmten, dann waren vermutlich auch die Höhenangaben der von dort aus vermessenen Gipfel korrekt.

Die Vermessung des Dhaulagiri jedoch, die Webb 1808 von Stationen südlich der nepalesischen Grenze aus vorgenommen hatte, weckte nach wie vor Zweifel. Die Entfernung war zu groß, der Winkel zu flach, die Brechung zu ungewiss und sein Instrument zu primitiv gewesen. Selbst Webb musste das zugeben. Entscheidend war vor allem, dass die Entfernung zwischen den Orten, von denen aus er den Berg vermessen und dessen Lage er berechnet hatte, ebenfalls fragwürdig war, weil sie wie die Entfernung zwischen Saharanpur und dem Chur, die Hodgson angegeben hatte, von Zenitmessungen abgeleitet worden war. Solange man sich dem Zentralmassiv des Himalaja in Nepal ebenso weit nähern konnte wie dem Himalaja bei Kumaon und Garwhal und solange man ihn von Orten in der Ebene aus vermessen konnte, deren Lage man genauer bestimmen konnte, galten solche Messungen aus großen Entfernungen als Zeitverschwendung.

Doch die Höhenangaben in Herberts Tabelle für Garhwal aus dem Jahre 1822 machten einen guten Eindruck. Sie beruhten auf seiner Grundlinie, wie grob deren Daten auch sein mochten, und sie waren in nächster Nähe von triangulierten Messpunkten gemessen worden, deren Höhen teilweise durch Barometermessungen verifiziert waren. Der »A2« galt daher unhinterfragt als der höchste Gipfel der Welt. Seltsamerweise blieb er ohne Namen. Zu Herberts Aufzählung gehörte ein Mount Moira (benannt nach dem Generalgouverneur Lord Moira), ein Mount St. Patrick und ein Mount St. George, die alle um Gangotri gruppiert waren. Hodgson hatte sie so getauft, entweder in einem Anfall patriotischer Begeisterung oder in einem angelsächsisch-christlichen Triumphgefühl. Doch schon seine Zeitgenossen waren damit nicht einverstanden, und so sind diese Namen inzwischen von den Landkarten getilgt.

Doch für den »A2« hatten weder Herbert noch Webb einen Namen vorgeschlagen. Da sie ihn aus einer Entfernung von etwa 80 Kilometern vermessen hatten, konnten sie nicht in Erfahrung bringen, ob es bereits eine einheimische Bezeichnung für ihn gab. Darüber hinaus waren sie vermutlich auch gar nicht geneigt, einen Namen vorzuschlagen. Denn sollte er tatsächlich der höchste Berg der Welt bleiben, würde ihnen diese Ehre mit ziemlicher Gewissheit von ihren Vorgesetzten streitig gemacht werden.

Solche Befürchtungen erwiesen sich jedoch als unbegründet. Denn wie sich später herausstellte, besaß der Berg tatsächlich bereits einen einheimischen Namen – Nanda Devi – und war gar nicht der höchste Gipfel der Welt. Doch der Nanda Devi ist immer noch der höchste Berg Indiens (nicht jedoch Nepals, Tibets und Kaschmirs, das von Pakistan kontrolliert wird). Und seine gegenwärtig offizielle Höhe von 7816 Metern liegt nur 30,5 Meter unter der von Herbert angegebenen.

Durch den Dunst Hindustans

Die äußerste Grenze des Himalaja in Garhwal bilden die Siwaliks, eine braune Bergkette von bescheidener Höhe zwischen dem Hochgebirge von Mussoorie und der brütend heißen indischen Ebene. Hier hätte man am Morgen des 12. November 1833 beobachten können, wie sich eine kleine Armee – den Morgentau noch auf den Stiefeln – über den Höhenkamm kämpfte, durch ausgetrocknete steinige Flussbetten hinabstolperte, dann an Saharanpur vorbei, von wo Hodgson zur Vermessung Garhwals aufgebrochen war, und schließlich hinein in den Staub der weiten Ganges-Ebene. Nach einer Pause von acht Jahren nahm Everest die Arbeit im Gelände wieder auf; und nachdem ihr oberster Leiter nun wieder selbst die Führung übernommen hatte, schickte sich die Große Trigonometrische Vermessung an, in den gefürchteten Dunst Hindustans vorzustoßen. Von Hathipaon aus machte sich Everest auf den Weg, begleitet – in dieser Reihenfolge – von zwei Assistenten, drei Unterassistenten, vier Elefanten, 42 Kamelen, 30 Pferden und »an die 700 Eingeborenen«, um das, wie er meinte, schwierigste Gelände zu erkunden, das je trianguliert und nach den anspruchsvollen Maßstäben des Großen Bogens trigonometrisch vermessen wurde.

Während der vorausgegangenen Saison hatte er sich fast ausschließlich auf diese schwere Aufgabe vorbereitet. Nach seiner Grundlinienmessung in Kalkutta vor den Augen der Öffentlichkeit war er in den Westen nach Sironj gereist, wo der Große Bogen sieben

Jahre zuvor abgebrochen worden war, um daraufhin via Gwalior, Agra und Delhi das Gebiet nördlich davon zu erkunden, entlang der Linie, der der Bogen nun zu folgen hatte. Unterwegs hatte er sich mit Olliver, Rossenrode und einigen der neu eingestellten Assistenten getroffen. Sie alle waren bereits auf der intensiven Suche nach Bergen, Anhöhen, Gebäuden und sonstigen Erhebungen, die sich als Messstationen eignen könnten. Aber das Wetter war außergewöhnlich trocken, die Luft glich einer »Erbsensuppe«, und die Hitze war größer, als Everest es je erlebt hatte. Einer seiner Trupps wurde beschossen, ein anderer ausgeraubt. Und es gab zahllose Fälle von Fiebererkrankungen.

Rossenrode, der gegenwärtig als der verlässlichste unter den Altgedienten galt, hatte in dem eher hügeligen Gebiet südlich von Agra gute Arbeit geleistet; Olliver jedoch hatte Everest auf dem daran anschließenden Abschnitt nach Mathura (Muttra) im Stich gelassen; und ein Mann namens Boileau, der erst kürzlich von der topografischen Vermessung zu ihnen geschickt worden war, erwies sich als eine Katastrophe durch und durch, wo immer man ihn auch einsetzte. Everest hatte gehofft, die Auswahl der Beobachtungsstationen bis Mai 1833 abzuschließen. Aber eigentlich hatte die Suche noch kaum begonnen.

Auf dem Weg nach Norden hatte Everest festgestellt, dass er im Unterschied zu der Strecke bis Delhi, auf der er nur an einer Seite des Bogens Türme bauen müsste, von Delhi an für jede Messstation einen Turm benötigen würde. Entsprechend der Koordinaten, die von Herbert und Webb für Orte in den Ebenen festgelegt worden waren, wobei sie deren höchste Erhebungen als »Fixpunkte« benutzt hatten, verlief der 78. Meridian geradewegs durch das Gebiet der »zwei Flüsse« zwischen Jumna und Ganges. Dieses in Hindi als »Doab« bezeichnete Gebiet war selbst nach den Maßstäben der schier unendlichen Ebene von Hindustan ein übervölkertes Flachland. Bis nach Delhi konnte man den Bogen mit einem »Bein« auf dem ansteigenden Gelände westlich des Jumna spannen. Von dort an müsste er auf das Ostufer wechseln und beide »Beine« des Bogens in eine dunstverhangene Landschaft mit zahllosen Dörfern und dichtem Baumbestand setzen.

Everest, der geradezu vor Wut darüber kochte, dass die Saison ein so kläglicher Misserfolg gewesen war, hatte sich bis zum Monsun auf sein neues Anwesen in den Bergen zurückgezogen. Es war sein erster Besuch in Hathipaon. Undichte Stellen mussten geflickt, Werkstätten eingerichtet und Unterkünfte vorbereitet werden. Als der Monsunregen auf die Bergkette niederprasselte, erwachten Everests Lebensgeister wieder. Mit der Geste des zu allem Entschlossenen schwor er, sobald der Regen vorüber war, persönlich an der Spitze seiner gesamten Mannschaft die Arbeit im Gelände aufzunehmen. So kam es, dass im November 1833 der ganze Tross die Siwaliks überquerte.

Das erste Ziel war Mathura, das zwischen Delhi und Agra liegt. Dort hatte Everest wie anderswo auch Anweisungen gegeben, Baumstämme, Bambusstangen, Seile und Flaschenzüge bereitzuhalten. All dies wurde nun auf Karren, Kamele und Elefanten verteilt und zu Depots entlang des Bogenverlaufs transportiert.

Die Triangulierung eines solch schwierigen Geländes erforderte ein anderes Vorgehen als in Mysore, wo Lambton von *droog* zu *droog* gesprungen war, oder in Zentralindien, wo Everest selbst ähnlich verfahren konnte. Sich einfach schnurstracks voranzuarbeiten, indem eine Vorhut die besten Erhebungen aussuchte, während hinter ihr der oberste Leiter mit dem Großen Theodolit die Winkel maß, war hier völlig undenkbar. »Ich stand vor meinem ersten Schritt in eine neue Karriere«, schrieb Everest, »in welcher mir meine bisherige Erfahrung nur wenig nützen würde«.

Wo nicht bereits Erhebungen vorhanden waren, konnte man in der Ebene praktisch an jedem beliebigen Ort eine Beobachtungsstation errichten. Die Kunst bestand darin, die günstigste Stelle zu finden, die von anderen Beobachtungsstationen ausreichend entfernt und in einem passenden Winkel zu diesen lag und von wo aus man die Signallichter trotz des Dunstes erkennen konnte, ohne dabei allzu viele Bäume fällen, Gebäude abreißen und den Boden nivellieren zu müssen. Letztlich hing es vom Verlauf der Visierlinie ab, wie viel man

aus dem Weg räumen musste. Genügte es, einen einzelnen Ast abzu-
sägen, um freie Sicht zu haben? Oder musste man ein ganzes Dorf
niederreißen? Bei Visierlinien von bis zu 50 Kilometern Luftlinie war
so etwas schwer vorherzusagen.

Entscheidend war es daher, die Richtung jeder Linie mathematisch
exakt vorauszuberechnen. Hierfür konnte man zwischen den beiden
Positionen eine Reihe kleiner Dreiecke vermessen, aber diese Prozedur war zeitaufwändig und oft fruchtlos. Besser geeignet war die von
Everest entwickelte Methode, die er als »Lichtstrahlenplan« bezeichnete. Dabei zog ein Trupp, ausgestattet mit Messrädern und Kompass,
entlang der gedachten Linie voraus und umging etwaige Hindernisse
in Winkeln von exakt 90 Grad nach links oder rechts und ebenso zurück, um wieder auf die gedachte Linie und zum Endpunkt zu gelangen. Aus den Winkeln, Schnittpunkten und Entfernungen ließ sich
die genaue Lage des anvisierten Zieles ermitteln. Dementsprechend
wurden die Fernrohre und Heliotrope (Spiegel, die das Sonnenlicht
vom Signal aus zum Beobachter reflektieren) ausgerichtet, und der
»Lichtstrahl« war von allen Hindernissen »freigeräumt«. Es war eine
äußerst mühsame Angelegenheit. Doch der Preis für einen Fehler,
zum Beispiel für einen Turm, der dann vielleicht doch nicht seinen
Zweck erfüllte, war einfach zu hoch.

Um eine solche Katastrophe zu verhindern, versuchte man auch,
durch »annähernde« Triangulierungen, die von provisorischen Messpunkten aus erfolgten, vorläufige Beobachtungsstationen zu bestimmen. Diese Tätigkeit konnte gleichzeitig auf verschiedenen Abschnitten des Bogens vorangetrieben werden. Außerdem ließen sich, sobald
die vorbereitende Triangulierung abgeschlossen war, Grundlinien
und astronomische Berechnungen durchführen, während die gemauerten Türme für die abschließende Triangulierung errichtet wurden.
Auf dem gesamten 650 Kilometer langen Abschnitt nördlich von Sironj verfuhr man so, und der Fortschritt wurde nicht in Kilometern
gemessen, sondern in abgeschlossenen Arbeitsschritten.

Doch die Auswahl der Beobachtungsstationen und deren vorläufige Triangulierung scheiterte zunächst weitgehend und wurde des-

halb in der folgenden Trockenzeit, 1833/34, zur Hauptaufgabe. Everest überließ es anderen, die Arbeit von Rossenrode bei Sironj abzuschließen, und begann mit Operationen bei Fatehpur Sikri, 50 Kilometer von Agra entfernt. Das war auf dem leichteren Abschnitt
südlich von Delhi, und Fatehpur Sikri lag auf einem niedrigen Berg.
Hier hatte in den 70er Jahren des 16. Jahrhunderts der Mogul-Kaiser
Akbar seine neue Hauptstadt errichtet. Mehr eine Palastanlage als eine Stadt, hatten die Hallen und Höfe von Fatehpur Sikri – die alle im
gleichen stumpfen roten Sandstein gehalten waren – den Herrscher
bald gelangweilt. Bereits nach zehn Jahren gab er den Ort wieder auf,
und nachdem er den größten Teil Indiens unterworfen hatte, wurde
er schließlich unter einem stattlichen Sandsteinmonument am Rande der nahe gelegenen Stadt Agra begraben.

Everest beorderte einen seiner Messtrupps auf das flache, kuppel-
lose Dach dieses Mausoleums, um von dort aus eine Visierlinie zwischen dem ausgestorbenen Fatehpur Sikri und Agra vorzubereiten.
Das Grab war 1803 durch britische Militäroperationen beschädigt
worden und galt vermutlich weniger unantastbar als das von Akbars
Enkel Shah Jehan, dessen Taj Mahal im Herzen Agras ebenfalls in
Everest Sichtbereich lag. Wie bei anderen auffälligen Orientierungs-
punkten wurde die Lage des Taj Mahal exakt gemessen und erstmals
präzise aufgezeichnet. Obwohl es gewiss nicht ohne Reiz für ihn gewesen wäre, verzichtete Everest darauf, die große weiße Kuppel aus-
zumessen. So blieb es zum Glück dieser »Träne im Gesicht der Ewig-
keit«, wie Rabindranath Tagore das Taj Mahal nannte, erspart, von
einer Vermessungsstange verunziert zu werden.

Die Aufgabe, auf Akbars Grab die 6,7 Meter lange Signalstange
aufzustellen und festzubinden, fiel dem viel geschmähten Captain
Alexander Boileau zu. Boileau nutzte seinen Aufenthalt in Agra nach
besten Kräften. Der Chefingenieur der Stadt war zufällig sein Bruder.
So war es nicht schwer, von den Behörden die Erlaubnis für die Entfernung einer Säule auf einer der Grabkuppeln zu erhalten, die in der
Visierlinie stand. Zwischen solchen gelegentlichen Akten von Vanda-
lismus hatte er Gelegenheit gefunden, Charlotte, der Schwägerin sei-

nes Bruders, einen Heiratsantrag zu machen. Als Everest weiterzog, heiratete das Paar noch rasch, bevor Boileau Richtung Norden zum Großen Bogen abkommandiert wurde.

Inzwischen war in Fatehpur Sikri eine Plattform gebaut worden, und man hatte tief in den Boden einen Markierungsstein eingelassen, um den Beobachtungspunkt sichtbar zu machen. Everest wurde jeden Tag erwartet. »Am Abend meiner Ankunft werde ich zwei große [Lager-]Feuer entzünden, nach denen Sie bitte Ausschau halten wollen«, schrieb er an Boileau. »Ich wünsche, dass Sie im Abstand von einer Viertelstunde ein Dutzend blauer Leuchtsignale entzünden ... Wenn Sie meine beiden Feuer sehen, lassen Sie eine halbe Stunde verstreichen, bevor Sie Ihr erstes blaues Licht abbrennen ... Wenn Sie die annähernde Lage von [Akbars Grab] bestimmen können, wird mir dies helfen ... Ich verbleibe als Ihr ergebenster Diener, George Everest.«

Die Schlussformel war allein der Konvention geschuldet; Everest war niemandes ergebenster Diener, schon gar nicht der von Boileau. Die Methode, Lagerfeuer und Leuchtsignale anstelle von Terrakottalampen zu verwenden, war inzwischen Standard. Befolgte man Everests Instruktionen sorgfältig, konnte das Pulver für die Leuchtsignale – die einem großen Feuerwerkskörper ähnelten, nur dass sie in einer Schafsblase steckten – vor Ort hergestellt werden. Die Mixtur hierzu bestand aus 739 Teilen (»136 Teile Schwefel, 544 Teile Salpeter, 32 Teile Arsen, 20 Teile Indigo« und so weiter) und jede Improvisation konnte fatale Folgen haben. Die geringste Abweichung von dieser Rezeptur genügte, und das Leuchtsignal brannte nicht oder explodierte vielleicht sogar; so sehr Everest auch den Sternenregen eines Feuerwerks genoss, so war ein solcher doch »für eine Messung äußerst unpassend«. Am Ende wog jedes der Leuchtsignale drei Pfund, sodass »ein Kamel 160 Stück tragen kann«.

Es erübrigt sich fast zu erwähnen, dass Boileaus Leuchtsignale kläglich versagten, seine Männer mit Schlacke bombardierten und Funken sprühten, die von keinerlei Nutzen waren. Einen Monat danach entfernte sich der unglückselige Boileau unerlaubt vom Dienst.

Womöglich war er in die Flitterwochen entschwunden. So etwas war, wie Everest mit unfreiwilliger Ironie schrieb,»nicht zum ersten Mal vorgekommen«. Boileau wurde entlassen.

Everest arbeitete sich weiter Richtung Norden vor. Da das Land nun flacher wurde, erprobte man neue Visiervorrichtungen. Die Signalstangen wurden allmählich von Peilungsmasten abgelöst, und Beobachtungsplattformen anstelle von Gerüsten verwendet. Ein Mast war gewöhnlich 20 Meter hoch und bestand im Kern aus einem möglichst langen Pfahl, der tief im Boden verankert wurde und um dessen Spitze lange Bambusstäbe festgebunden waren. Die oberen Enden dieser Stäbe wiederum, die weit über den Pfahl hinausragten, wurden so zusammengebunden, dass sie einen Stamm bildeten. An diesem wurde einen weitere Reihe von Stäben befestigt – und so weiter, bis eine Art riesige Angelrute entstand, wobei jedoch das ganze Gebilde mit Streben und Halteseilen gesichert war wie ein Fernmeldemast.

Ganz oben wurde ein Flaschenzug befestigt, mit dem man einen Bambusstab von etwa zwölf Metern Länge hochziehen und horizontal ausrichten konnte. Seiner Funktion nach war dieser Stab ein Ausleger, an dessen einem Ende das Leuchtsignal befestigt wurde und am anderen Ende ein langes Seil. Wenn das Leuchtsignal entzündet war, zog man den Ausleger mit dem Flaschenzug vorsichtig zur Spitze des Mastes hoch und straffte das Seil so weit, dass der Stab schließlich senkrecht stand. Damit hatte man, so Everest triumphierend,»ein strahlend blaues Licht in 90 Fuß* Höhe über dem Erdboden«.

In der Zwischenzeit spähte der Beobachter – in der Regel Everest selbst – in vielen Kilometern Entfernung von der Plattform eines stabileren Gebildes gespannt durch das Fernrohr seines Theodoliten. Der Theodolit stand auf seinem Stativ, das auf einem runden Tisch montiert war. Dieser wiederum war auf einem 10,5 Meter hohen, gut abgelagerten Rundholz befestigt. Dieser massive Baumstamm war mindestens 1,5 Meter tief im Erdreich verankert; in einer Höhe von

---

* 90 Fuß = ca. 27,4 Meter

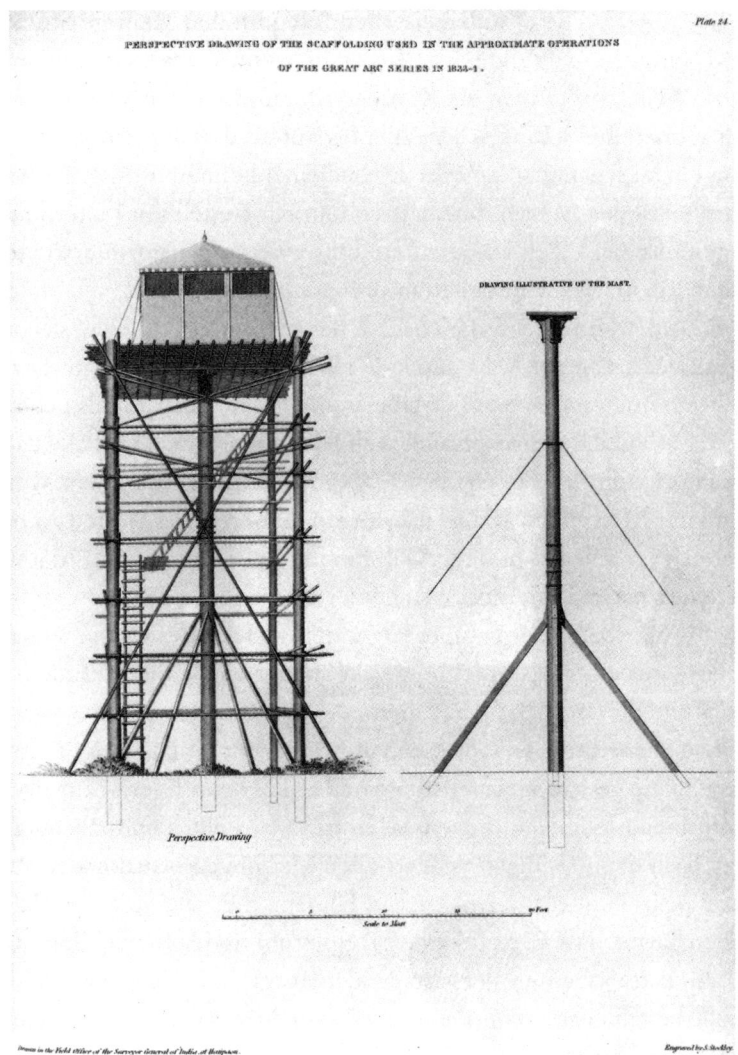

ABBILDUNG 25
Als Beobachtungsposten für die Triangulierung des Großen Bogens quer durch
die von Dunstschleiern durchzogenen Ebenen Nordindiens wurden zwölf
Meter hohe Gerüsttürme errichtet. Der Theodolit wurde auf einem dicken
Mast (rechts) montiert, der innerhalb des Turmaufbaus mit seiner überdachten
Plattform, aber unabhängig von diesem stand.

sechs Metern trug er einen eisernen Ring, an dem kräftige Stützen und »entgegenwirkende Streben« angebracht werden konnten. Auf diese Weise wollte man die Konstruktion und somit das Instrument vor Vibrationen schützen. Das aber bedeutete, dass der Beobachter es von einem separaten Standort aus bedienen können musste. Deshalb wurde um den Mast mit dem Theodolit ein Gestell mit Leitern und eine mit einem Zelt ausgestattete Observationsplattform errichtet, die mit dem Mast selbst nicht in Verbindung stand.

So lautete zumindest die Theorie, denn in der Praxis stellte sich oft heraus, dass sich der Mast durch den Wind sehr wohl bewegte. Dann wurden noch mehr Bambusstäbe an die Pfähle des Gestells gebunden, was jedoch der ursprünglichen Idee widersprach und alle dazu zwang, mit bloßen Füßen vorsichtig die Leitern zu erklimmen. Während der Messungen war es jedermann verboten, das Gestell zu betreten. Nur Everest und ein Gehilfe mit einer Lampe zum Ablesen der Messwerte durften oben stehen. Die Übrigen – der Assistent mit dem Winkelbuch, der Lampenträger mit dem Öl, der Instrumentengehilfe mit dem Staubtuch –, sie alle mussten sich auf die Erde hocken und durften sich nicht rühren.

Die Szene muss an eine Nachtaufnahme für einen Film erinnert haben. Die gespannte erwartungsvolle Stille, wenn Everest zur Plattform hinaufstieg, sich »neben das Instrument stellte« und »Licht an!« rief, dazu die unzähligen wiederholten Messungen – analog den Retakes beim Film – sind wohl jedem Filmemacher sehr vertraut. Abgesehen davon, dass Everest keinen Regiestuhl und keine Schildmütze besaß, hätte er einen hervorragenden Regisseur abgegeben. Seine Rolle bestand darin, ein Mammutwerk zu dirigieren, dessen verschiedene »Crews« nach seinen Anweisungen handelten, ohne dass sie unbedingt verstehen mussten, worauf er insgesamt hinauswollte. Für jemanden, dem jeder geometrische Winkel als etwas Ästhetisches und jede Berechnung als ein Ausdruck von Wahrheit erschien, war wissenschaftliche Redlichkeit gleichbedeutend mit künstlerischer Integrität. Als führender Kopf des ganzen Unternehmens erwartete Everest eine Ehrerbietung, die über Respekt gegenüber seinem Rang hinausging und an Verehrung grenzte. Ein kreatives Genie war hier am Werk; enorme Ausgaben mussten gerechtfertigt, die Reputation eines Perfektionisten gewahrt und ein starkes Ego gepflegt werden.

So wie der Große Bogen der Star seiner Produktion war, so war ganz Indien Everests Drehort. Außerhalb der Vermessungsbehörde besaß er nur wenige Freunde und er hatte auch keine anderweitigen Interessen. Jede Unterbrechung der Geländearbeit sah er nur als Gelegenheit, den Rückstand an Berechnungen und Korrespondenz aufzuholen. Seine Hingabe an die Arbeit war wirklich so absolut und unzweifelhaft, wie er es selbst immer wieder gern verkündete. Doch seine überzogenen Forderungen, seine theatralischen Ausbrüche und seine äußerst beleidigende Ausdrucksweise mussten dazu führen, dass es in der Mannschaft gärte.

»Sie haben erbärmlich versagt«, meinte er zu Henry Keelan, einem seiner neuen Unterassistenten. »Als Sie Ihr Heliotrop auf Bahin richten sollten, haben Sie es auf Pahera gerichtet ... genauso gut hätten Sie es auf den Mond richten können.« Keelan, der immer unsicherer wurde, erwies sich auch bei den nächtlichen Leuchtsignalen als unbrauchbar. Erneut wurde er zusammengestaucht, doch diesmal versuchte er sich damit zu entschuldigen, dass er keine Uhr besaß. »Kein anständiger Mensch läuft ohne Uhr herum«, donnerte Everest. »Sie sollten sich schämen ... Genauso gut könnten Sie sagen, Sie besäßen keine Jacke oder keine Schuhe oder keinen Hut.« Immer noch ohne Uhr, verpasste Keelan weiterhin die verabredeten Zeiten und trieb Everest zur Verzweiflung. »Sie gehören offenbar zu diesen unzuverlässigen Subjekten, denen man keinerlei Vertrauen schenken kann. Fragen Sie sich selbst, welchen Nutzen ein Mensch hat, der so oft grobe Schnitzer begeht ... Manchmal sind Sie zu faul, um morgens aufzustehen. Ein anderes Mal legen Sie Abstände von 32 Minuten [zwischen den Leuchtsignalen] anstatt 16. Dann wieder zerbrechen Sie den Mast. Kurz gesagt, Ihnen gelingt überhaupt nichts, außer mit Glück.«

Keelan und ein weiterer neu angeworbener Mitarbeiter, Charles Dove, mussten sich manche Rüge gefallen lassen. Beide wurden entlassen – Keelan unehrenhaft,»der hasenherzige Dove«, nachdem er von einem umstürzenden Mast getroffen worden war. Zwei junge Lieutenants, die 1832 zu dem Vermessungsprojekt stießen, entsprachen schon eher Everests Vorstellungen. Andrew Scott Waugh und Thomas Renny-Tailyour hatten bereits bei der irischen Vermessung Erfahrungen gesammelt. Sie waren vielversprechende Mathematiker und »bewiesen beim Zeichnen guten Geschmack«. Das Beste aber war, dass sie Offiziere und Gentlemen waren, Abkömmlinge des schottischen Landadels mit guter Ausbildung. Everest hatte von Lambtons »Mestizen« nie viel gehalten, und nach einer verkrampften Einführung durch – aber nicht unter – William Rossenrode, erhielten beide Lieutenants den Rang eines Vollassistenten, womit sie über Rossenrode standen. Daraufhin übernahmen sie das Kommando über eine der meridionalen Messserien, die nördlich an Ollivers Longitudinalmessungen von Kalkutta anschlossen. Als Keelan und Dove ausschieden, wurden Waugh und Renny immer häufiger zum Großen Bogen beordert und führten einen Großteil der endgültigen Triangulierung durch.

Als sich die vorbereitende Triangulierung der alten Hauptstadt Delhi näherte, fiel Rossenrode erneut in Ungnade. Die augenfälligste topografische Besonderheit der Stadt ist »The Ridge«: der Bergkamm, der Alt-Delhi im Nordwesten begrenzt. 23 Jahre später wurde der Ridge für die Briten zum heiligen Ort, als sie dort während der »Indian Mutiny« eine mit äußerster Entschlossenheit geführte Schlacht gegen aufständische indische Truppen ausfochten.

Rossenrode war losgeschickt worden, auf dem Ridge eine passende Stelle für die nächste Messstation auszuwählen. Dabei stellte er bald fest, dass die Luftverschmutzung in Delhi enorm hoch war – wie auch heute noch. In 45 Kilometern Entfernung wartete Everest, der zwar selbst nur wenig erkennen konnte, darauf, dass Rossenrode inmitten des Dunstes seine Signalstangen nahm und irgendwo einen Visierpunkt festlegte. Warum nur brauchte er dazu so lange? Wenn er die Signale nicht sehen konnte, musste er sich doch nur einen anderen Standort suchen. »Sie haben mich bei dieser Messung in Delhi bis

ABBILDUNG 26
Das so genannte »Observatorium« auf dem Ridge in Delhi war eine der Vermessungsstationen des Großen Bogens. Die schlechte Sicht veranlasste George
Everests zu einem seiner übelsten Wutausbrüche; der Schleier auf diesem beinahe zeitgenössischen Foto ist auf Ausbleichung zurückzuführen.

aufs Äußerste auf die Folter gespannt ... Wenn Sie sich keine Mühe
geben, wird Ihnen nie etwas gelingen, und ich sitze hier die nächsten
sechs Jahre lang fest. Das mag Ihnen ja passen, hier in der Nähe einer
großen gemütlichen Stadt, aber für mich und meine Leute ist es ein
gehöriges Ärgernis, das sage ich Ihnen.«
    Wie Keelen und Dove wurde auch Rossenrode entlassen. Unmit-
telbar darauf – und wie bestellt – lichtete sich der Dunst so weit, dass
die Signalstangen zu erkennen waren. Voller Schadenfreude über das
Unvermögen eines seiner altgedienten Unterassistenten eilte Everest
in die Stadt. Dort entdeckte er schnell, dass die Peilungen wertlos und
die Gebäude auf dem Ridge größtenteils zu instabil waren, als dass sie
als Messstation hätten dienen können. Er fasste eine alte Moschee ins
Auge, entschied sich aber dann für ein kuppelüberwölbtes Gebäude,

das vermutlich zuvor schon Rossenrode ausgewählt hatte. Ursprünglich bekannt als der Schrein von »Pir Ghalib« oder »Pir Ghyb«, sollte es später in Reiseführern als »altes Observatorium« bezeichnet werden. Im 20. Jahrhundert glaubten Touristen, die vom Großen Bogen und allem, was dazu gehörte, noch nie etwas gehört hatten, dass sowohl das Loch in der Kuppel, das zum Zweck der Vermessung gebohrt worden war, als auch das entsprechende Loch und der Markierungsstein direkt darunter im Boden des Gebäudes aus vorbritischer Zeit stammen. Das war die Standardmethode, mit der man sicherstellen wollte, dass das Instrument auf dem Dach exakt über der Markierung angebracht war. Diese Methode wurde auch auf den eigens dafür gebauten Türmen angewandt, deren Entwurf Everest bereits auf dem Reißbrett ausgearbeitet hatte.

Einen Monat später und nun mit Sicht auf die Berge richtete sich Everests Zorn gegen Joseph Olliver, den Unterassistenten, der am längsten an dem Projekt mitgearbeitet hatte. Olliver, einer von Lambtons Protegés in Madras, war seit fast 30 Jahren an der Vermessung beteiligt. Er hatte Everest in die Dschungel von Hyderabad begleitet, die Kalkutta-Vermessung geleitet und war zu Everests erfolgreichstem Triangulator geworden. Wie Rossenrode hatte auch er drei Söhne, die ebenfalls in den Dienst der Vermessungsbehörde traten. Olliver, dessen Art als »zurückhaltend« beschrieben wird und über den man sich gewiss nicht beschweren konnte, hatte nun Everest eineinhalb Jahrzehnte als Gefolgsmann gedient. Er hatte also Besseres verdient als den Ausbruch, der folgte, als eines Nachts die Sache mit den Leuchtsignalen nicht funktionierte:

Ich wage nicht, auch nur einem von Ihnen ein blaues Licht anzuvertrauen. Sie glauben wohl, diese Leuchten wachsen wie Gras und Sie hätten nichts anderes zu tun, als sie auf eine Pfahlspitze zu setzen und anzuzünden wie ein Büschel Heu. Mir bleibt nichts anderes übrig ... als Ihnen Gelegenheit zu geben, wieder zu Verstand zu kommen, denn wie es scheint, halten Sie sich nicht an meine Befehle, sondern glauben wohl, dass Sie – blindlings, holterdipolter, auf Gedeih und Verderb – allein mit Pfusch und Zerstörung die Arbeit hinbekommen. Sie machen mir alle den Eindruck, völlig den Verstand verloren zu haben. Nie hat es einen schlimmeren Abend gegeben … Ich konnte in keine Richtung fünf Meilen* weit sehen. Die Sonne verschwand um vier Uhr, und um fünf war von ihr keine Spur mehr zu sehen, und genau in dieser Situation beschließen Sie, blaue Lichter anzuzünden. Ich habe Mr. Dove seines Amtes enthoben … ich habe Mr. Keelan fortgeschickt … und solange ich nicht sicher bin, dass Sie nicht wieder Narreteien dieser Art begehen, werde ich auch gegenüber Ihnen ebenso einschneidende Maßnahmen ergreifen.

Zweifellos war Olliver in seiner zurückhaltenden Art darüber wenig erfreut.

Als die heißen Aprilwinde das trocken-kühle Wetter ablösten, erreichte die vorbereitende Triangulierung die staubigen Siwalik-Berge. Um den Bogen über diese am Rand des Himalaja gelegene Bergkette und hinunter zum Dun zu führen, benötigte man auf dem Kamm der Siwaliks zwei Messstationen, die wechselseitig sichtbar waren. Eigentlich eine einfache Sache. Aber nachdem man wochenlang keine Berge gesehen hatte, gab es jetzt zu viele. In den Berichten, in denen zu lesen ist, dass Everests Männer vor Tigern flüchten mussten und von bösartigen Elefanten verfolgt wurden, heißt es auch, dass nacheinander sechs Standorte ausgesucht und wieder verworfen wurden. Auch der siebte und achte waren nicht ideal. Was dann geschah, war ein Beispiel dafür, auf welch eklatante Weise Landvermesser die geografischen Verhältnisse einfach veränderten. Erpicht darauf, hier ihre Messungen durchzuführen, wurde die wechselseitige Sichtbarkeit dadurch hergestellt, dass sie einfach einen der dazwischen liegenden Gipfel abtrugen. Mit Brechstangen und Vorschlaghämmern wurde einer der Siwaliks um sechs Meter niedriger gemacht.

Everest war nicht in der Stimmung, sich von Skrupeln plagen zu lassen. Was zählte, war das kühlere Klima und die klarere Sicht. Jenseits des Dun war nun Hathipaon zu erkennen; respektable Berge wie der Chur ragten jenseits des Tales einladend auf. Und am fernen Horizont schimmerten die schneebedeckten Gipfel des Himalaja. Mit

---

* 5 Meilen = ca. 8 Kilometer

dem Ende in Sichtweite, schrieb Everest in einem Bericht, dass es
»bisher kein Beispiel für eine gleichmäßige Dreieckskette gab, die
über ein Land von ähnlichen Ausmaßen geführt worden wäre«. Für
die abschließende Triangulierung waren sämtliche Messstationen ausgewählt, die erforderliche Höhe für die einzelnen Türme festgelegt
und zumindest zwei Winkel jedes Dreiecks ungefähr bestimmt worden. Es war, kurz gesagt, »ein grenzenloser Erfolg«. Und dafür nahm
Everest wie gewöhnlich grenzenloses Lob für sich in Anspruch.

Für die abschließende Triangulierung benötigte man 14 Türme, jeder zu einem Preis von etwa 2 000 Rupien. Im Grunde genommen
stellte ein solcher Turm die stabilere, rechteckige Version – aus Ziegel
oder Stein – jener Konstruktion dar, die für die vorbereitenden Messungen verwendet worden war. Auch hier montierte man den Instru-
mententisch auf einer Säule, die mit der Beobachtungsplattform nicht
verbunden war. Der Tisch stand genau lotrecht über dem Markierungsstein im Boden, und die Plattform befand sich stets auf dem
Dach des obersten Stockwerks unter einer Zeltplane aus Leinwand.
Die Höhe variierte – zwischen zwölf und 18 Metern – ebenso wie
die Form der Türme. Nach den Türmen zu urteilen, die erhalten geblieben sind, war das beliebteste Modell eine Anlehnung an die tos-
kanischen Glockentürme.

Zugang hatte man von der Außenseite über eine Leiter. Die Offiziere der Großen Trigonometrischen Vermessung waren an einen
derartigen Luxus wie eine Treppe nicht gewöhnt, sagte Everest. Um
den eine halbe Tonne schweren Großen Theodolit hochzuhieven, der
mittlerweile repariert worden war und kurz vor seiner Wiederin-
betriebnahme stand, wurde auf der obersten Plattform ein Kran
montiert. Doch leider musste man feststellen, dass dieser die Sicht
einschränkte. Deshalb wurde ein kleinerer Montagekran konstruiert,
den man nach Gebrauch leicht wieder auf den Boden hinablassen
konnte.

Die Bauarbeiten wurden von Ingenieuren der verschiedenen militärischen Einrichtungen entlang des Bogenverlaufs durchgeführt. Sie
erhielten die Konstruktionspläne mit genauen Anweisungen, und es

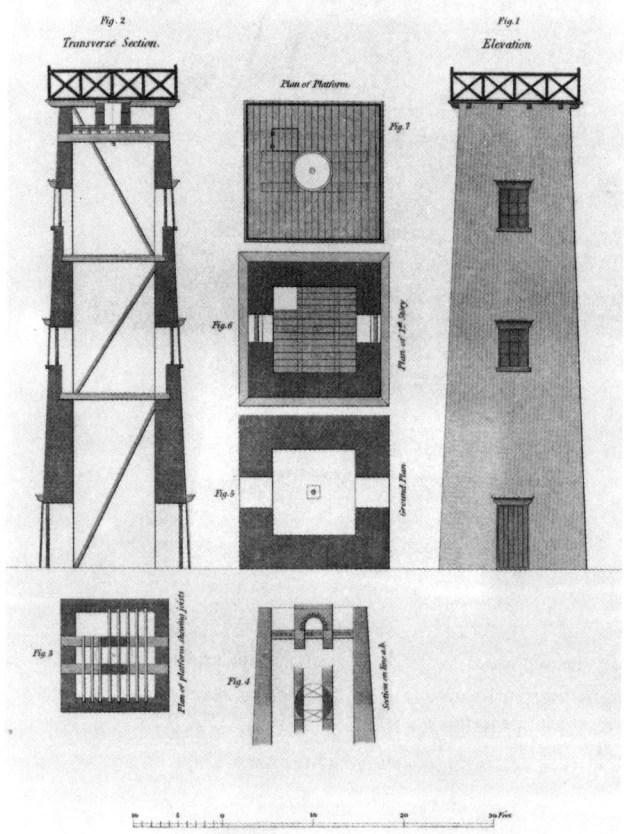

ABBILDUNG 27
Für die abschließende Triangulierung durch die Ebenen entwarf George
Everest 20 Meter hohe, gemauerte Türme. Seine Zeichnung zeigt den vertikalen
und den horizontalen Querschnitt sowie die äußere Ummauerung.

entwickelte sich ein lebhafter Briefwechsel. Aber es sollte zwei Jahre
dauern, bis die Türme fertiggestellt waren. In der Zwischenzeit konnte die Vollendung des Bogens vorbereitet werden, indem die abschließende Grundlinie vermessen, die letzten Messstationen im Himalaja

ABBILDUNG 28
Der Große Theodolit, verpackt in seiner Kiste, wurde mithilfe eines eigens
dafür konstruierten Krans auf die Spitze der Beobachtungstürme gehievt. Die
unten stehenden Abbildungen zeigen, wie der Arm des Krans montiert und
ausgerichtet wird.

ausgewählt und – was befriedigende Gewissheit verschaffte – die
endgültigen Berechnungen durchgeführt wurden. Es konnte nicht
mehr bezweifelt werden, dass nach 30 Jahren der längste und ehrgei-
zigste Meridionalbogen der Welt erfolgreich abgeschlossen würde.
Ob Everest anwesend sein würde, um das grenzenlose Lob dafür in
Anspruch zu nehmen, war jedoch eine andere Frage.

ℰT IN ᴀRCADIA

Als ich auf der Wiese vor Hathipaon saß und zusah, wie der Nebel über den Kamm jagte, dachte ich daran, welche Ironie in alledem lag. Wie konnte etwas so Präzises und Berechenbares wie der Große Bogen solch unvorhergesehene Folgen haben? Als wären die wissenschaftlichen Anstrengungen einer Art *karma* unterworfen, nach dem jedes Experiment seine Antithese hervorbringt: Die schweißgetränkte Odyssee durch die brütend heiße Hitze der indischen Ebenen führte zur Enthüllung der eisigen Geheimnisse im höchsten Teil des Himalaja, bei der Messung der Erdkrümmung stellte sich heraus, dass der Erdball ausgesprochen unregelmäßig geformt war, und ein Mann, der mit sechs Stellen hinter dem Komma und Hundertsteln von Gradsekunden rechnete, fand seinen Namen in dem des mächtigsten Berges der Welt wieder.

Doch was noch mehr verwundert, ist die Tatsache, dass die nach allgemeiner Übereinstimmung größte wissenschaftliche Leistung eines Jahrhunderts, das geradezu verrückt war nach wissenschaftlichen Erkenntnissen, nicht entsprechend gefeiert wurde. Das war äußerst seltsam. War die Wissenschaft jemals so launisch, die Fantasie jemals so pervers gewesen? Wenn der Pionier verwirrt ist, steht er unmittelbar vor einer Entdeckung, hatte John Hodgson festgestellt.

Ich erhob mich und schlenderte zu dem Abgrund unter der Terrasse, auf der Hathipaon liegt. 1 200 Meter unter mir breitete sich die Dun-Ebene aus. Eine weite und inzwischen offen daliegende Fläche

Ackerland von 50 Kilometern Länge und 15 Kilometern Breite, die sich dort, wo Ganges und Jumna aus den Bergen treten, zwischen die beiden Flüsse schiebt. Die zerklüftete Bergsilhouette dahinter Richtung Süden gehörte – ausgenommen eine sechs Meter hohe Spitze – zum Siwalik-Gebirge. Und dahinter wiederum erstreckte sich die schier unendliche nordindische Ebene. Von Hathipaon aus sah man von ihr nur einen galligen Nebel, der vor Hitze vibrierte. Dort lagen Delhi und Agra, deren Minarette und klotzige Türme man selbst durch das Fernrohr eines 36-Zoll-Theodoliten nicht erkennen konnte.

Im Gegensatz dazu war von der Dun-Ebene im Vordergrund jede Einzelheit klar zu sehen. Ja, das Tal breitete sich vor mir aus wie eine Landkarte. Unmittelbar unter dem Kamm spreizt die Hauptstadt Dehra Dun von ihrem Zentrum mit den Wellblechdächern ihre Arme zu den Rasenflächen, Exerzierplätzen und baumbestandenen Parks der renommierten Akademien, Colleges und Regierungsbehörden. Ich glaubte, unter den Letzteren das Hauptgebäude der indischen Vermessungsbehörde zu erkennen, jener Institution, deren Chef Everest gewesen war. In diesem Haus hängt neben den Porträts all der anderen Amtsleiter jenes an einen Löwenkopf erinnernde Foto, das lange nach seiner Pensionierung aufgenommen wurde. Dort wird man auch heute noch korrigiert, wenn man seinen Namen falsch ausspricht.»Ach, Sie meinen EVE-rest.« Inzwischen ist es über 50 Jahre her, dass die Briten aus Indien abgezogen sind, aber in der Vermessungsbehörde erinnert man sich bis heute an ihn, zitiert geradezu liebevoll aus seinen Schimpfkanonaden und stellt seine Instrumente stolz zur Schau. Ganz abgesehen von seinen wissenschaftlichen Leistungen erinnert man sich mit Zuneigung an ihn als den Mann, der die Vermessungsbehörde in das gesunde Klima von Dehra Dun verlegte.

1833, bald nachdem Everests Büro mitsamt seinen Instrumenten mühsam von Kalkutta flussaufwärts nach Hathipaon geschafft worden war, erhob die Regierung Einwände. Der Chef der Behörde, sein Personal und die ganze Führung des Vermessungstrupps seien nicht befugt, sich an einen solch abgelegenen und schwer zugänglichen Ort zu begeben. Die Zentrale des Vermessungsamts habe in Kalkutta zu sein. Dort, in der Hauptstadt, warteten besorgte Beamte und unbeschäftigte Journalisten auf die Ergebnisse und Tabellen, die Everests Abteilung am laufenden Band produzieren sollte. In ganz Indien würden neue Straßen geplant, Bewässerungskanäle gebaut und die ersten Eisenbahnstrecken projektiert. Es gäbe neu hinzugekommene Gebiete, die befriedet werden, Grenzen, die gezogen und, was am wichtigsten war, ganze Territorien, die »neu strukturiert« werden müssten. (Letzteres war ein Euphemismus für die Festlegung und Zuweisung der Agrarsteuern, die die Herrschaft über Indien so attraktiv machten.) Für all dies waren Karten von entscheidender Bedeutung, und die indische Vermessungsbehörde hatte die Aufgabe, diese Karten bereitzustellen. Auf keinen Fall wollte man hinnehmen, dass sie sich in den Himalaja zurückzog, wo man kaum mit ihr Kontakt halten, geschweige denn sie überwachen konnte.

Natürlich protestierte Everest. Wenn er seine doppelte Aufgabe erfüllen solle, müsse der Hauptsitz seiner Behörde für ihn leicht erreichbar sein, damit er als Oberster Leiter der Großen Trigonometrischen Vermessung im Gelände ordentlich arbeiten könne. Das heiße, dass er in der Nähe des Großen Bogens liegen müsse. Außerdem sei es angesichts der gesundheitlichen Risiken für seine Mitarbeiter notwendig, dass sich die Zentrale an einem erholsamen Ort mit einem annehmbaren Klima auch während des Monsuns befinde, denn dies sei die einzige Zeit im Jahr, in der er sich der Verwaltungsarbeit widmen könne. Hathipaon, so betonte er, biete beides. Aber die Regierung ließ sich davon nicht beeindrucken und willigte schließlich nur widerstrebend in einen Kompromiss ein: Während die zentralen Abteilungen für Berechnung, Kartografie und Verwaltung unter der Leitung Joshua de Pennings in Kalkutta bleiben sollten, würde das Hauptquartier von dem hoch gelegenen Hathipaon in die Büros ins leichter erreichbare Dehra Dun umziehen, wo es sich noch heute befindet.

Doch Everest widersetzte sich auch diesem kleinen Umzug. Von

ihm als Chef des Vermessungsamts wurde erwartet, dass er sein eige-
nes Büro ebenfalls in die Stadt verlegte, doch als Oberster Leiter der
Großen Trigonometrischen Vermessung dachte er nicht daran, sich
von Hathipaon wegzubewegen. Aus den Werkstätten erklang weiterhin der Lärm von Hämmern und Schleifsteinen, und immer wenn
die Arbeiten im Gelände unterbrochen wurden, drängten sich die
Mitarbeiter in der Logarithm Lodge und in der Bachelors' Hall. Everest wollte die Große Trigonometrische Vermessung, wenn nicht die
Vermessung ganz Indiens, weiterhin gleichsam von zu Hause aus leiten, und in Ermangelung einer Familie spielte er gegenüber seinen
Leuten gern die Rolle des furchteinflößenden Patriarchen. Die Regierung mochte die Lieferung längst überfälliger Karten anmahnen,
und Kritiker mochten raunen, zugunsten der Großen Trigonometrischen Vermessung würden andere Vermessungsprojekte vernachlässigt
– Everest wusste es besser. Sein Gitterrost aus Dreiecken hatte unbe-
dingten Vorrang.

Auf der Suche nach einem Ort namens Arcadia suchte ich die
Dun-Ebene Richtung Westen ab. Es sollte sechs bis acht Kilometer
rechts von der Stadt, auf der anderen Seite des Flüsschens Asan, liegen. Aber ohne zu wissen, wonach genau ich Ausschau halten sollte,
sah ich nur Dörfer und abgeerntete Felder, von denen viele von Eu-
kalyptusbäumen gesäumt waren – eine erbärmliche Entschädigung
für die großen *sal-* und Kiefernwälder, die dieser Landschaft einst einen elysischen Charakter verliehen hatten. Everest hätte zweifellos
die Stelle sofort gefunden. Schließlich war Arcadia der Hauptgrund,
warum er Hathipaon gekauft hatte. Von Hodgsons Messungen wusste
er, dass der 78. Meridian durch die Dun-Ebene verlief, und von Herbert wusste er, dass er nur hier den zehn bis elf Kilometer langen, einigermaßen ebenen Streifen finden würde, den er für seine Himala-
ja-Grundlinie brauchte. Von Hathipaon aus würde er den nötigen
Überblick haben, und 1833, kurz nach seiner Ankunft, hatte er »das
Glück, genau auf jene Fläche zu stoßen, die sich am Ende als die
günstigste erwies«.

Es war nicht der Ort, den Herbert ausgewählt hatte. Dieser lag auf der anderen Seite von Dehra Dun. Everest brauchte eine Grundlinie, deren Endpunkte mit den beiden Messstationen auf dem Siwalik-Gebirge und dem Chur verbunden werden sollten, auf dessen Gipfel er bereits eine weitere Station errichtet hatte. Mithilfe der schweren Messstangen und einer großen Mannschaft hoffte er genauere Werte zu ermitteln als Herbert bei seiner Grundlinie. Es wurde ausgiebig gerodet, Brücken wurden gebaut, wo das Terrain abfiel, und an beiden Enden wurden Markierungssteine in den Boden versenkt. Dann schüttete man über diesen Steinen Erde auf und baute schließlich einen Turm. Zusätzlich zur Vermessung der Grundlinie selbst wurden die Messstangen vor, während und nach jeder Messung mit einem Eichmaß aus Messing verglichen, um alle Ungereimtheiten auszuräumen. Nach mehreren hundert solcher Vergleiche eiferte sich Everest über eine mögliche Fehlmessung, die sich – auf die ganze Strecke von elf Kilometern bezogen – auf 40,6 Millimeter belief. Er war empört. Dies war doppelt so viel wie bei der Vermessung der Grundlinie von Kalkutta. Skeptisch wie selten, was seine geliebten Messstangen betraf, fragte er sich, ob ihre Präzision »mit dem immer komplizierter werdenden Ablauf und den Kosten noch in Einklang stand«. Trotzdem waren die Messstangen, wie er feststellen sollte, viel zuverlässiger als eine Kette.

Die ganze Grundlinienmessung in der Dun-Ebene dauerte von Oktober 1834 bis Februar 1835. Fast alle Assistenten und Unterassistenten – Waugh und Renny, Olliver und Rossenrode sowie drei vielversprechende Neulinge, Peyton, Logan und Armstrong, der später den Himalaja-Teil des Großen Bogens vermessen sollte – waren daran beteiligt. Selbst der uhrlose Keelan, der inzwischen wieder mitarbeiten durfte, wurde an einem der Mikroskope an den Messstangen postiert, mit Radhanath Sickdhar, einem zwanzigjährigen Bengali, an seiner Seite. De Penning hatte Sickdhar in Kalkutta für Berechnungen angeheuert, und seither diente er Everest als Zahlen-Genie. Sickdhar war nicht nur der erste Inder, der in Diensten der Großen Trigonometrischen Vermessung einen gewissen Rang erlangte und als ihr unumstrittener mathematischer Kopf galt, er sollte im Himalaja auch wichtige Entdeckungen machen.

Aus der neuen Grundlinie konnten keinerlei Schlüsse gezogen werden, bevor sie durch primäre Triangulierung mit der Grundlinie von Sironj verbunden war. Diese Aufgabe konnte jedoch erst in Angriff genommen werden, wenn die Steintürme fertig gestellt waren. Bis dahin wurden die Instrumente vorbereitet, und Everest ließ seinen Ärger einmal nicht an seinen Untergebenen, sondern an seinen Nachbarn ab. Schuld an diesem grotesken Streit, der in ganz Britisch-Indien für Furore sorgte, war ursprünglich ein gelangweilter Maulesel, der eines Nachmittags aus dem Gelände des Vermessungsamts in Dehra Dun ausgebrochen, auf der Suche nach einem Leckerbissen in den benachbarten Garten spaziert war und dort gegrast hatte. Der Nachbar, ein Lieutenant namens Henry Kirke, der zugleich örtlicher Stabsoffizier war, forderte dafür eine Entschuldigung. Als diese ausblieb, rächte er sich, indem er eine ganze Viehherde auf das Gelände der Vermessungsbehörde trieb. Dabei wurde ein Teil der Ausrüstung beschädigt und mehrere strohgedeckte Häuser wurden angeknabbert, während deren Bewohner mit dem Messen der Grundlinie beschäftigt waren. Everest, eben erst zum Major befördert, sperrte kurzerhand die Tiere ein, woraufhin Kirke ihre Freilassung verlangte. Als seine Forderung erneut ignoriert wurde, griff Kirke zu den Waffen. Mit aufgepflanzten Bajonetten traten ein Sergeant und vier Soldaten vor die »Kompass-Wallahs« und forderten die Herausgabe der Herde – ein unerhörtes Vorgehen.

Nun geriet Everest außer sich. Er bombardierte sowohl den Stadtkommandanten als auch den Generaladjutanten in Kalkutta mit weitschweifigen Briefen, die vor Zorn und versteckten Drohungen nur so strotzten. Aber auch Kirke fuhr scharfe Geschütze auf, und als die Affäre immer mehr außer Kontrolle geriet, wurde sogar der Oberbefehlshaber eingeschaltet.

An dieser Stelle bricht gnädigerweise die Korrespondenz ab. Wer von den beiden Recht erhielt, ist nicht bekannt. Doch durch solche und andere Auseinandersetzungen mit den Zivilbehörden nahm Everests Ansehen Schaden. Niemand stellte seine Fähigkeiten und sein berufliches Engagement infrage, aber seine Arroganz war abscheulich, und über seine Ausbrüche machte man sich unverhohlen lustig. Nicht alle Menschen in Indien würden sich seiner gern erinnern, und dadurch verloren auch seine Leistungen an Glanz. Dass später so kontrovers darüber diskutiert wurde, ob man einen Berg nach ihm benennen sollte, hatte mit dem Menschen genauso viel zu tun wie mit dem Berg. Auch der Ruf seiner Behörde erlitt Schaden. Tatsächlich war einem Zeitgenossen zufolge die Vermessungsbehörde so »verhasst«, dass vielversprechende Rekruten davon abgehalten wurden, in seine Dienste zu treten. Andererseits war auch bezeichnend, wie die Maulesel-Affäre zu Ende ging. In dem Moment, als die offiziellen Aufzeichnungen darüber auf mysteriöse Weise abbrechen, scheint auch das Kriegsbeil in aller Stille in der Dun-Ebene begraben worden zu sein. Kirke und Everest kamen von da an gut miteinander aus. Kirke war es auch, der das Grundstück erwarb, über das Everests Grundlinie verlief, und er gestaltete es zu einer Teeplantage um, die er Arcadia nannte. Der Name, so berichtet Everest ausgelassen, sollte »an den Großen Bogen erinnern und [ist] ihm zu Ehren gewählt worden!!!«, eine freundliche Geste, die Everest ebenso freundlich erwiderte, indem er Kirke zu seinen Teesträuchern gratulierte – und jene drei für ihn untypischen Ausrufezeichen setzte. Zweifelsohne sollte keiner, der mit ihm im Streit gelegen hatte, sei es ein Untergebener oder ein Kollege, Veranlassung haben, sich über ihn zu beklagen.

Everests Reizbarkeit kann man wie bei Generationen anderer cholerischer Engländer im Osten vielleicht durch seine stets wiederkehrenden Krankheiten erklären. Ein rebellierender Darm belästigte ihn bei Tage, und durch die Malaria bedingte rheumatische Schübe machten die nächtlichen Messungen zur Qual. Von England – wie zuvor vom Kap der Guten Hoffnung – war er zwar erholt, aber bei weitem nicht geheilt nach Indien zurückgekehrt. Während der Arbeit an der Grundlinie von Dehra Dun hatte er erneut starke Gliederschmerzen. Zu den rigorosen Behandlungsmethoden, denen er sich unterzog, gehörten auch die »entzündungshemmende Diät«, die möglicherweise Lambton das Leben gekostet hatte, sowie Aderlässe

mit Blutegeln und Schröpfköpfen (die erhitzt und anschließend auf
eine abgeschabte Hautstelle gepresst wurden, um auf diese Weise das
»schlechte« Blut herauszusaugen).

Im März 1835 vervollständigte Everest die Verbindung seiner
Grundlinie von Dehra Dun mit den benachbarten Messstationen.
Dann erkrankte er erneut. Vier aufeinander folgende Fieberschübe
fesselten ihn für die nächsten sechs Monate ans Bett, und in dieser
Zeit »wurde ich einmal so stark zur Ader gelassen, dass ich ohnmäch-
tig wurde, bekam mehr als 1 000 Blutegel, 30–40 Schröpfköpfe, 3–4
Zugpflaster ... außerdem täglich Dosen einer ekelerregenden Medi-
zin. All das erzeugte eine solche Schwäche, dass es mir von geringer
Bedeutung erschien, ob ich noch weiterleben oder sterben würde«.

Doch sein Schicksal war von wachsender Bedeutung für seine Auf-
traggeber. Man machte sich jetzt ernste Sorgen, ob er jemals in der
Lage sein würde, den Bogen zum Abschluss zu bringen. »Ich habe den
Sturm überstanden«, verkündete er im Oktober 1835. Aber seine Genesung hielt ihn nicht davon ab, alle und jeden daran zu erinnern, dass
seine Tage gezählt waren, und aus Furcht, erneut zusammenzubre-
chen, bestand er darauf, bei den abschließenden Triangulierungen
Waugh an seiner Seite zu haben. Inzwischen war die Regierung so
beunruhigt, dass sie nach einem möglichen Nachfolger Ausschau
hielt.

Diese Entwicklung, die Everest als Versuch deutete, ihn seines Amtes zu entheben, war ein besseres Heilmittel als noch so viele Blutegel. Um die Ernennung von Thomas Jervis zu vereiteln, den Everest
in Verdacht hatte, ihm seinen Erfolg zu neiden, und den er für wissenschaftlich ungeeignet hielt, seinen Posten zu übernehmen, schrieb
Everest seine gehässigsten Briefe, die er später veröffentlichte. Falls
Jervis sich immer noch Chancen ausrechnete, würde Everest zeigen,
dass die Gerüchte über seine Pensionierung voreilig waren. Um dem
unglücklichen Jervis eins auszuwischen, biss er die Zähne zusammen
und beschloss auszuharren, bis der Bogen abgeschlossen war.

Ende 1835 waren die Türme fertig gestellt. An der Spitze einer viel-
köpfigen Truppe überquerte Everest das Siwalik-Gebirge, um mit der

letzten Triangulierung zwischen Dehra Dun und Sironj zu beginnen. Dass seiner Meinung nach die Türme nicht immer mit den Bauplänen übereinstimmten, versteht sich fast von selbst. Diejenigen Türme, die Ingenieure aus Delhi gebaut hatten, bestanden aus »nicht haftendem Material, während die Anweisungen für die Abtrennung der Säule (für das Instrument) von der Galerie (für den Vermesser) »vollständig außer Acht gelassen wurden«. Die Ingenieure aus Agra hingegen hatten viel besser gearbeitet, und einer ihrer Türme war »ein vollkommenes Vorbild an Symmetrie und Eleganz«.

Zum großen Teil hatte sich all die langwierige Arbeit mit den Leuchtsignalen und Masten gelohnt. Da Everest seine Winkel in den frühen Morgenstunden maß, wenn die Lichtbrechung optimal war, hatte er kaum Probleme, von einer Station die nächste anzuvisieren. Der einzige Rückschlag ereignete sich am Turm von Dateri östlich von Delhi, von wo die Visierlinie zur nächsten Station, die sich auf der Ruine einer Moschee in Bulandshahar befand, trotz ausgedehnter Rodungen blockiert war. Sie schien sogar an zwei Stellen unterbrochen zu sein, einmal durch ein Dorf namens Ramnagar und dann noch einmal durch »die hohen Häuser der großen Stadt Bhataona«. Probleme genau dieser Art hätten durch die vorbereitenden Triangulierungen ausgeräumt sein sollen. Jetzt blieb nichts anderes übrig, als »eine 30 Fuß* breite Schneise« unmittelbar durch das Dorf und die Innenstadt von Bhataona zu schlagen.

Die unangenehme Aufgabe, die Bewohner zu besänftigen und die Entschädigung festzulegen, auf die die Umgesiedelten ein Recht hatten, fiel Rossenrode zu. »Dass Mr. Rossenrode es bewerkstelligt hat, diese schwere Aufgabe zu erledigen ... überrascht mich«, schrieb Everest. Die Bewohner waren Jats, Bauern, die als äußerst streitsüchtig galten und die selbst Wohlmeinende stets als »unnachgiebig« bezeichneten. Darüber hinaus war Winter. Aus dem Haus vertrieben zu werden bedeutete, dass man starkem Frost und kaltem Nebel trotzen musste. Doch Rossenrode, der sich unbewaffnet und ohne jegliche

* 30 Fuß = ca. 9 Meter

Unterstützung ans Werk machte, bewältigte seine Aufgabe. In Ramnagar wurden »fünf strohgedeckte Hütten durch das Fällen von Bäumen zerstört«, während in Bhataona »37 Häuser mit Flachdach und
52 Lehmhütten dem Erdboden gleichgemacht [wurden]«. Die Härte,
mit der man vorging, und die Kosten waren »katastrophal«, wie Everest sich ausdrückte. »Ich hoffe«, fügte er hinzu, »dass nie mehr das
Los, eine so unangenehme Aufgabe zu erfüllen, auf mich fällt.«
Südlich von Agra war es, als wollte die Bevölkerung Rache nehmen. Everest, der hier nicht von Türmen, sondern von vier Jahre zuvor ausgewählten Erhebungen aus arbeitete, musste feststellen, dass
viele seiner Markierungssteine mutwillig entfernt worden waren –
für ihn ein weiterer Beweis für das, was er stets als »das abergläubische
Denken der Eingeborenen« bezeichnete. Wie Lambton war auch er
bereits mit örtlichen Kleinherrschern aneinander geraten, die die Privatsphäre ihrer weiblichen Bevölkerung in Gefahr sahen. Er verstand
ihre Besorgnis sogar sehr gut. Ein Instrument, das Frauen auf den
Kopf stellen konnte (»eine anstößige Haltung, ohne Zweifel, und sehr
schockierend«), war womöglich auch in der Lage, durch die Dinge
hindurchzusehen. Daher war es »nur natürlich, dass sie meinten, wir
würden den ganzen Tag herumsitzen und durch Steinwände diejenigen ausspähen, die sie für so bezaubernd halten«. Doch er war auch
gerührt, wenn seinen Instrumenten tiefe Ehrfurcht entgegengebracht
wurde. Der Große Theodolit erregte besondere Aufmerksamkeit und
wurde in den zurückgebliebenen Gebieten wie beispielsweise in den
zerklüfteten Bergen, auf die er am Fluss Chambal stieß, von kinderlo-
sen Frauen und anderen leichtgläubigen Bittstellern umschwärmt.
Doch für jene, die aus viel verständlicheren Gründen seine Markierungssteine entfernten, hatte er keinerlei Mitgefühl.

Die Schwierigkeiten scheinen auf mangelndem gegenseitigen Ver-
ständnis beruht zu haben, ein Charakteristikum der britisch-indi-
schen Beziehungen. Laut Colonel William Sleeman, einem Zeitgenossen Everests, der Berühmtheit erlangte, weil er die Mörderbande
der so genannten »Thugs« ein Ende bereitete, weckte die Vermessungsbehörde auf dem Land tiefe Ängste. Insbesondere die nächtli-

chen Aktivitäten und die Vorliebe für Berghöhen, die häufig als
Wohnsitz lokaler Gottheiten galten, wurden äußerst misstrauisch be-
äugt.

Natürlich war der cholerische Everest nicht geneigt, sich mit sol-
chem Aberglauben auseinander zu setzen, genauso wenig wie, laut
Sleeman, die ortsansässigen Brahmanen:»Die Priester förderten den
Glauben der Bauern, dass Leute, die ihre Arbeit mithilfe von Feuer
mitten in der Nacht an hohen Orten verrichten mussten ... mit über-
natürlichen Wesen Umgang pflegten, die der Gottheit missfallen könnten.« War es da nicht verständlich, dass die frommen Einheimischen die
Beleidigung ihrer Gottheit nicht länger hinnehmen wollten, indem sie
den von diesen unerwünschten Zauberern zurückgelassenen Markierungsstein ausgruben oder zumindest das geheimnisvolle Zeichen entfernten, das sie darin eingraviert hatten?

Solche Sabotageakte zwangen die Vermessungstrupps zu zusätzli-
chen Messungen, um den ursprünglichen Standort neu zu bestimmen, und zu mehr Sorgfalt bei der Versenkung der Markierungssteine. Wegen der damit verbundenen Verzögerungen konnte die
primäre Triangulierung in der Saison 1835/36 nicht mehr abgeschlossen werden. Als 1836/37 die Arbeit wieder aufgenommen wurde, verschlimmerte Everest alles noch dadurch, dass er einen Streit mit den
Behörden von Gwalior anzettelte, jenem Staat, durch den, zwischen
Agra und Sironj, der Bogen verlief. Indische Kleinfürstentümer, obgleich nicht von den Briten selbst verwaltet, bekamen unweigerlich
einen britischen Residenten aufgehalst, der als Berater und Verbin-
dungsoffizier zum Fürstenhof, dem *durbar*, fungierte. Der Resident
von Gwalior, ein hoher Beamter im begehrten Political Department
Britisch-Indiens, schätzte den Maharadscha von Gwalior sehr und
hatte ihn nur mit Mühe überzeugen können, die Große Trigonometrische Vermessung in sein Territorium einzulassen. Everest glaubte zu
wissen, warum. Der Resident war inkompetent. Dies bezeugte unter
anderem einer der Briefe des Residenten an den Maharadscha, in
dem von »einem gewissen Major Everest, der mit Vermessungen beschäftigt ist«, die Rede war. Das war ungefähr so schlimm, wie »Kom-

pass-Wallah« genannt zu werden. Ja, es war »das erste Mal, dass ich von einem britischen Beamten derartig grob und ablehnend behandelt wurde«.

Später erklärte der Resident in einem in Persisch (der Diplomatensprache Indiens) verfassten Brief, er habe keine Ausdrücke gefunden, die einem Titel wie »Oberster Leiter der Großen Trigonometrischen Vermessung und Chef der Vermessungsbehörde« gerecht geworden wären. Doch Everest blieb unversöhnlich. Er schickte einen offiziellen Protestbrief nach Kalkutta, machte den kapitalen Fehler, den Residenten zu umgehen und sich direkt an den *durbar* zu wenden, und fand dann weiteren Grund zur Klage, als er die versprochene Militäreskorte aus Gwalior nicht an der Staatsgrenze antraf. Zwei Wochen der ohnehin schon kurzen Messsaison harrte der etwa 1 000 Mann starke Trupp an der Grenze zu Gwalior untätig aus, während Everest einen sinnlosen Rachefeldzug führte. Da er eine eigene Eskorte besaß, waren die Soldaten aus Gwalior genauso wenig wichtig wie die Soldaten aus Hyderabad, mit denen er sich 19 Jahre zuvor während seiner ersten Vermessungsaison angelegt hatte. Doch diesmal ging die Sache anders aus. Als die Eskorte schließlich eintraf, wurde nicht sie gerügt, sondern Everest. In deutlichen Worten erteilte die Regierung ihm einen Verweis, weil er sich diplomatischen Status angemaßt, wertvolle Zeit (ihre und seine) vergeudet und einen ihrer wichtigsten Würdenträger beleidigt habe.

Unter schlechten Vorzeichen wurde die primäre Triangulierung schließlich südlich von Sironj fortgesetzt. Dies war kein Ort, an den sich Everest gern erinnerte. 1824/25 hatten ihn hier die vermeintliche Gehorsamsverweigerung Ollivers, die »ungehobelte« Ausdrucksweise Rossenrodes und das ständige Wiehern von Rossenrodes Pferd fast in den Wahnsinn getrieben. Und er hatte auch jetzt keinen Grund, seine Meinung über den Ort zu ändern. Denn statt die Vervollständigung des Großen Bogens von einem Ende Indiens zum anderen mit einem Triumph beenden zu können, machte Everest eine furchtbare Entdeckung. Die Werte der Grundlinie von Sironj, wie sie mithilfe der Triangulierung von der Station in Dehra Dun berechnet worden waren, wichen erheblich von den Daten ab, die man 1824/25 bei einer Messung am Boden ermittelt hatte. Ein paar Zoll hätten nichts gemacht, aber es handelte sich um ganze 90 Zentimeter, und das war nicht hinnehmbar. Etwas war furchtbar schief gelaufen.

Sofort hatte Everest Dinwiddies Kette im Verdacht, die Lambton stets verwendet und die er selbst bei der Vermessung in Sironj benutzt hatte. Wenn der Fehler in der Grundlinie von Sironj lag, konnte man ihn ermitteln, indem man die Grundlinie mit den neuen Messstangen noch einmal vermaß. Doch diese befanden sich in Hathipaon. Sie

ABBILDUNG 29

George Everest entwarf dieses Instrument für astronomische Beobachtungen und ließ es 1830 in England bauen. 1839 wurde sein 24-Zoll-Kreis neu eingeteilt und in den Werkstätten in Hathipaon neu kalibriert. Die Verantwortung dafür trug Saiyid Mir Mohsin, der tüchtigste Handwerker des Vermessungsunternehmens.

700 Kilometer weit bis nach Sironj zu befördern hätte bedeutet, bis
nach dem Monsun des Jahres 1837 zu warten.

Inzwischen unternahm man einen Versuch, die beiden »Astronomischen Kreise« aufzustellen. Diese Instrumente, eigens angefertigt,
als Everest in England gewesen war, stellten selbst den Großen Theodolit in den Schatten und waren für die abschließenden astronomischen Beobachtungen gedacht, mit denen die Koordinaten der Endpunkte des Bogens bestimmt werden sollten. Doch der Probelauf
erwies sich als weiterer schrecklicher Fehlschlag. Als man die Kreise
aufstellte, merkte man, dass sie nicht stabil genug waren. Und so mussten sie in die Werkstätten von Hathipaon zurücktransportiert und
korrigiert werden.

Im Dezember 1837 traf der Vermessungstrupp mit den Messstangen nach einem 40-tägigen Marsch in Sironj ein. Die Neuvermessung der Grundlinie begann unverzüglich, doch diesmal unter Waugh
hs Leitung. Die schlimmsten Befürchtungen des Majors bestätigten
sich. Zahlreiche weitere Krankheitssymptome zwangen ihn erneut,
in dem Zelt mit dem unmittelbar angrenzenden Zelt für die »Bedürfnisse« zu bleiben. »Schreckliche rheumatische Schmerzen in den
Knochen – Fieber – Appetitlosigkeit – Verdauungsstörungen – der
Darm völlig durcheinander – der Magen geschwächt – habe überhaupt keine Kraft mehr – offensichtlich ist der ganze Organismus zerstört und für immer zugrunde gerichtet.« Er lag in seinem Zelt danieder – nicht wie ein Löwe im Käfig, sondern eher wie eine
eingeschüchterte Kreatur. Ganz anders als bei der früheren Messung
in Sironj erklärte Everest jetzt, er hoffe, ja, vertraue auf die Fähigkeiten seiner Untergebenen, die Aufgabe selbstständig durchführen zu
können. Es klingt geradezu rührend, wenn er schreibt, sie seien »jeder
auf seine Weise, solche Meister ihres Fachs, dass die Vermessung ... so
befriedigend voranschritt, als hätte ich sie persönlich überwacht«. Das
war nicht mehr der alte Everest. Vom Alter, von der Arbeit und seiner
Krankheit gezeichnet, wurde er milder gestimmt.

Die Messstangen erbrachten wie erwartet ein Ergebnis für die 11,7
Kilometer, das von der mit Dinwiddies Kette durchgeführten Mes-

sung um 85 Zentimeter abwich. Damit war die gesamte Diskrepanz –
bis auf 16 Zentimeter – erklärt. Everest stimmte in die allgemeine
Freude ein: »bedenkt man, dass die Grundlinien von Sironj und
Dehra Dun fast 700 Kilometer und 86 Hauptdreiecke voneinander
entfernt sind, so ist das ein Beweis für die Genauigkeit der Messungen, wie man ihn sich erfreulicher nicht wünschen kann«.

Doch ob er diesen Triumph so recht würdigen konnte, ist ungewiss. Körperlich erholte er sich zwar allmählich, aber geistig forderte
Sironj erneut seinen Tribut. Zu seiner »unbeschreiblichen Bestür-
zung« stellte Everest fest, dass nicht nur sein Augenlicht nachließ, sondern auch sein Gedächtnis »stark gelitten hatte«. »Eine furchtbare Vorahnung von Leiden« bedrückte ihn. Sie verfolgte ihn im Schlaf und
nahm in den Stunden des Wachseins die Gestalt »eines Gespenstes
oder Fantasieungeheuers [an], das kam, um sich mit mir zu unterhal-
ten«. »Ich dachte, es müsse im Wahn enden. Ja, ich zweifle kaum daran, dass es so gekommen wäre … wenn ich nicht ein besseres Klima
aufgesucht und der Arbeit in hohem Maße abgeschworen hätte.«

Das bessere Klima fand Everest in Hathipaon und in der Dun-Ebene. Seine Zeit im Gelände war so gut wie vorbei. Während er sich
mehr und mehr auf die Überwachung der astronomischen Messungen und die Berechnung der Ergebnisse konzentrierte, wurden die
letzten Messungen des Großen Bogens von seinen leidgeprüften, jedoch jetzt sein ganzes Vertrauen genießenden Assistenten unter
Waugh als stellvertretendem Leiter vorgenommen.

Zu den noch verbleibenden Aufgaben gehörte auch die vertikale
Triangulierung der ganzen Serie von Sironj bis Dehra Dun, um die
Höhen aller Stationen und somit der Grundlinie zu bestimmen, ein
wichtiger erster Schritt zur Triangulierung der Himalajagipfel.
Gleichzeitig wurden die Dreiecke südlich von Sironj bis nach Hyderabad neu vermessen und Pläne ausgearbeitet, die Grundlinie von Bidar neu zu bestimmen. Zu diesem Zweck waren die Messstangen in
Sironj gelagert und ordentlich mit Schweinefett und Gänseschmalz
bestrichen worden, damit sie nicht rosteten. Und sie waren der Ob-
hut des Zweiten Assistenten Owen Mulheran anvertraut worden.

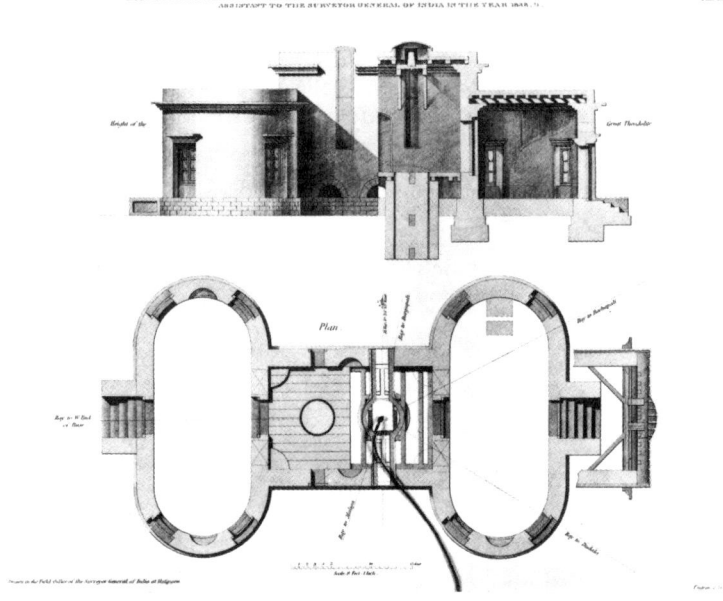

ABBILDUNG 30

Sehr durchdacht war die Ausstattung der drei Observatorien (hier im Aufriss
und im Grundriss), von dem aus astromonische Beobachtungen an den Stationen der Grundlinie des Bogens durchgeführt wurden. Wie in Everests Account
beschrieben, ist auf dem Grundriss eine Schnur zu sehen, die das drehbare Teleskop des Observatoriums darstellt.

Dass Everest bei der Beschreibung seines Geisteszustands nicht
übertrieben hatte, lässt sich aus dem Schicksal des unglücklichen Mulheran herleiten. Nach ein paar einsamen Wochen in Sironj überkam
ihn angeblich ein Anfall religiöser Manie, »bei dem er nacheinander alle seine Zehen und mehrere Finger in der schwachen Flamme einer
Kerze verbrannte«.

Ein weiteres Symptom der Geistesgestörtheit, »ebenso traurig oder
noch trauriger«, war das wilde Zerkratzen der wertvollen Messstangen.
Glücklicherweise wurden sie nicht irreparabel beschädigt und konnten 1841 verwendet werden, um die Grundlinie von Bidar neu zu vermessen, womit die Neuvermessung des Bogens mit stets gleicher Prä-

zision bis nach Hyderabad – also etwa 1 450 Kilometer von Dehra Dun
aus – möglich war. Was Mulheran betrifft, so war auch er nicht irreparabel in Misskredit geraten, obwohl man ihm nie mehr richtig traute.
Vier Jahre später sollte ein Kollege auf seine seltsame Angewohnheit
aufmerksam werden,»unmittelbar nach der innerlichen und äußerli-
chen Anwendung einer bestimmten Menge Schnaps und Salz im Büro
zu erscheinen«.

Die Neuvermessung des Bogens südlich von Bidar in Hyderabad
war vorgenommen worden, um Fehler zu korrigieren, die möglicherweise auf Dinwiddies nun in Ungnade gefallene Kette und andere minderwertige Instrumente zurückzuführen waren. Wenn es
nach Everest gegangen wäre, wäre der ganze Bogen bis hinunter zum
Kap Comorin einer Revision unterzogen worden. Aber die Regierung hatte die Neuvermessung der Grundlinie von Bidar nur widerstrebend gebilligt und sah keinen Grund für weitere Nachmessungen
um einer zollgenauen Geodäsie willen. Für praktische Zwecke taugte
Lambtons Arbeit nach wie vor.

Noch stärker war der Widerstand, als Everest plötzlich vorschlug,
den Bogen noch weiter nach Norden zu spannen. Nach Messungen
auf dem Chur und umliegenden Gipfeln hatte er den ehrgeizigen
Plan entwickelt,»die Flanke des Gebirges zu umgehen und den Bogen ins westliche Tibet und weiter in russisches Territorium zu spannen«. Die Chinesen, die Anspruch auf die Herrschaft über Tibet erhoben, würde man zur Kooperation überreden müssen. Doch Everest
glaubte, wenn Russen und Briten »gemeinsam vorgehen« würden,
könne man Pekings Argwohn entgegenwirken.»Ein Meridionalbogen, der sich vom Kap Comorin bis in die nördlichen Ausläufer
der russischen Herrschaftsgebiete bei Nova Zembla erstreckt!«,
schwärmte er.»Gewiss, es ist ein ungeheures Projekt! Die Utilitarier
werden über den bloßen Gedanken daran spotten und fragen *cui bono?* [wozu soll das gut sein?]. Diese Herren sollen mir einmal den
Sinn irgendeines Gegenstandes auf diesem Planeten beweisen, dann
werde ich ihnen zeigen, worum es hier geht.«

Worum es hier ging, war natürlich die Form des Planeten. Für

Everest wie für Lambton war es die größte Herausforderung der Wissenschaft, seine genaue Gestalt zu berechnen, ein weit größeres »Desiderat« als etwa die Quellen des Nil aufzuspüren oder die Eigenschaften der Elektrizität zu verstehen. Oder den höchsten Berg der Welt zu entdecken. Die Vermessung des Großen Bogens hatte nicht nur Folgen für Kartografie, Seefahrt und Geologie, sie versprach auch genaueste Kenntnis über die Maße der Erde. Und wenn Wissen die Vorbedingung der Beherrschung war, dann beruhte auf dieser Kenntnis auch der künftige Fortschritt bei der Beherrschung des Planeten durch den Menschen.

Nachdem die beiden großen Astronomischen Kreise stabilisiert und in eigens dafür gebauten Observatorien aufgestellt worden waren, arbeiteten Waugh und Everest im Dezember 1839 und Januar 1840 gleichzeitig in 48 aufeinander folgenden Nächten, um etwa 36 vorher ausgewählte Sterne zu beobachten – Waugh in Sironj und Everest in Kaliana (bei dem nördlichen Endpunkt des Bogens, aber genügend weit entfernt von den Bergen, um nicht deren »Anziehung« ausgesetzt zu sein). 1840/41 folgte dieselbe Prozedur in Bidar und Sironj. Everest war so zufrieden mit diesen beiden Abschnitten des Bogens, dass er voller Freude schrieb, es gebe jetzt »keine zwei Elemente in der Natur, über die man bessere Kenntnisse besitzt«.

Die gleichzeitige Beobachtung derselben Sterne unter Verwendung genau gleicher Instrumente und nach demselben Verfahren war die sicherste Methode, präzise Breitengrade zu ermitteln. Aus der Gesamtmenge von über 3 000 astronomischen Messungen wurden die Breitengrade von Bidar, Sironj und Kaliana in Gradsekunden auf drei Stellen hinter dem Komma errechnet. Daraus konnte man nun mit der gleichen Präzision die Länge des Bogens ableiten und diese mit der Entfernung vergleichen, die durch Triangulierungen errechnet worden war, um so die »Amplitude« des Bogens zu ermitteln.

Für verschiedene Berichte und Dokumente füllte Everest Unmengen handgeschriebener Blätter, auf denen er seine Methoden erklärt, sich in kleinsten Einzelheiten über die Probleme der Brechung,

Bekannt als »Strange's Zenith Sector No. 1«, ähnelt dieses (kleinere) Instrument
von 1866 den von Everest und Waugh benutzten Geräten zur Messung der
Breite an den Observatorien der Grundlinie des Großen Bogens.

der Lotabweichung und der astronomischen Messungen ausließ und
seine Erkenntnisse festhielt. Neue Konstanten – »Everests 2nd Con-
stants« – wurden aufgestellt, die zeigten, dass der Radius des Äquators
mit fast 6 400 Kilometern Länge den Radius der nördlichen Hemisphäre um genau 20,5 Kilometer übertraf. Die Abflachung der Pole,
ausgedrückt im Verhältnis zum Äquatordurchmesser, betrug somit
1:311,044.

Aber *cui bono?* fragt man sich in der Tat. Im Grunde waren es
nur Zahlen, seitenweise Winkeltabellen und Gleichungen, die über
30 Zeilen gingen und alle in der Mathematik bekannten Logarith-

men und geometrischen Formeln enthielten. »Er setzt alles herab, was nicht schwer verständlich ist«, klagte Sir Henry Lawrence, zu dieser Zeit ein hell leuchtender Stern am Firmament der Verwaltung. Anstatt Indien zu vermessen, habe dem Chef der Vermessungsbehörde nur daran gelegen, »die Wissenschaftler Europas in Erstaunen zu versetzen«. Die Regierung verlangte Karten oder zumindest die Koordinaten aller Messstationen, auf deren Grundlage man dann Karten anfertigen konnte. Für sie wie für die meisten anderen Menschen war alles Übrige nur Esoterik und unverständliches Zeug.

Und es war von ziemlich kurzer Lebensdauer. Die Korrekturen nahmen kein Ende. Wurde zum Beispiel ein neuer Wert für die Brechung ermittelt oder wurden die Koordinaten von Madras neu berechnet, musste alles andere dem entsprechend angepasst werden. Die Erfindung des elektrischen Telegrafen in den 60er Jahren des 19. Jahrhunderts und die damit gegebene Möglichkeit gleichzeitiger Messungen, die zu sehr viel genaueren Längengradberechnungen führten, bedeutete eine echte Revolution in der Kartografie und machte erneut umfassende Änderungen nötig.

Als 1843 der Bogen vollständig war und Everest Hathipaon verkaufte, in den Ruhestand trat und nach Hause zurückkehrte, konnte die Große Trigonometrische Vermessung einen Erfolg nach dem anderen verzeichnen. Weitere Regionen, vor allem im heutigen Pakistan, gerieten unter die Herrschaft der Briten und machten weitere Dreiecksketten notwendig. Doch vom Großen Bogen und seinem Meister sollte kaum eine Spur bleiben. »Kein Mann der Wissenschaft hat je ein so großes Denkmal zu seiner Erinnerung bekommen wie den Großen Meridionalbogen Indiens«, schrieb Sir Clements Markham, Präsident der Londoner Royal Geographical Society. Er war »eine der erstaunlichsten Leistungen in der gesamten Geschichte der Wissenschaft«. Doch im Verhältnis zu den Gesamtkosten von etwa 150000 Pfund hatte der Große Bogen wenig Sichtbares hinterlassen. 16 verwitterte Türme zieren noch das Doab, drei größtenteils verwaiste Observatorien an abgelegenen Orten stellen noch heute den Reisenden vor ein Rätsel, und auf verschiedenen *droogs*, Bergen und

ABBILDUNG 32
Einer der Türme des Großen Bogens ohne das oberste Geländer steht noch
heute in Begarazpur nördlich von Delhi. Von hier aus wurde der Bogen zu den
Bergen gespannt, die Siwaliks hinauf zur Grundlinie in Dehra Dun und in den
Himalaja.

Hügeln erlagen mehrere hundert Markierungssteine allmählich den
Angriffen der Witterung, der Vegetation und den Vorurteilen der ansässigen Bevölkerung.

Lambtons trockene Berichte haben nur auf den verstaubten Seiten
der *Asiatick Researches* überdauert, und die beiden veröffentlichen Berichte Everests, obwohl schwergewichtig und stattlich, fanden kaum
Verbreitung und waren schon bald überholt. Sie sind nur noch in einigen wenigen Spezialbibliotheken erhältlich. Das vielsagendste
Zeugnis seiner ein Leben lang anhaltenden Leidenschaft liegt in der

Ruine von Hathipaon auf dem Kamm über der Dun-Ebene verborgen. Dort verbrachte er seine letzten indischen Jahre, fürchtete die gesundheitlichen Gefahren einer Rückkehr in die Ebene, arbeitete an seinen Berichten und Tabellen und überwachte das Werk seiner Untergebenen. Endlich schenkten ihm Männer wie Joshua de Penning in Kalkutta, Joseph Olliver und William Rossenrode die Anerkennung und Zuneigung, die er so oft verspielt hatte.

Rossenrode und Olliver setzten sich zur Ruhe, sobald der Bogen abgeschlossen war, blieben jedoch in engem Kontakt zur Vermessungsbehörde, da sich ihre Söhne und Schwiegersöhne dort beruflich etabliert hatten. Der alte Joshua de Penning, dieser einst angeblich so unfähige Mensch und Verräter, wurde »mein lieber alter Freund«. De Penning überdauerte Everest und ging erst 1845 in Pension. In einem Brief aus Kalkutta aus dem Jahre 1841 erregt er sich über Everests Gesundheitszustand wie ein treuer Familienangehöriger und schickt ihm »Unterhemden und -hosen aus Merinowolle, jeweils zwölf Stück … verpackt in vier Blechdosen, die Sie hoffentlich rechtzeitig zur kalten Jahreszeit erreichen«. Wenn es in Hathipaon ein Gespenst gibt, trägt es vielleicht voller Stolz wollene Unterwäsche. Vielleicht sitzt es auf einem Fenstersims im einstigen Wohnzimmer, singt Logarithmen und blickt auf die Dächer der Vermessungsbehörde in Dehra Dun, schwenkt dann herum wie ein Theodolit und nimmt unfehlbar die Stelle namens Arcadia ins Visier. Hathipaon auf dem Gipfel, Everests letzte Grundlinie auf der einen und die Zentrale der Vermessungsbehörde in Dehra Dun auf der anderen Seite bilden ein Dreieck, das schöner und beziehungsreicher ist als die vielen anderen in Indien.

$\mathcal{E}$IN GEWALTIGER $\mathcal{S}$CHNEEGIPFEL

Mitte der 30er Jahre des 19. Jahrhunderts, als Everest und Waugh letzte Hand an den Großen Bogen legten, begannen vier andere Trupps der Großen Trigonometrischen Vermessung mit der Vermessung der »Stäbe« von Everests »Gitterrost«. In den 40er Jahren, als der Bogen abgeschlossen war, richteten sich alle Kräfte auf diesen Gitterrost, und es wurden ausgefeilte Pläne entwickelt, es über den gesamten Subkontinent hinweg auszubreiten.

Lambtons »Spinnwebnetz« der Dreiecke im Süden war zwar nicht so ordentlich und systematisch wie ein Gitter, verfügte jedoch über die gewünschte Dichte exakt bestimmter trigonometrischer Punkte, von denen aus weniger kostspielige topografische Vermessungen die für Landkarten nötigen Details liefern konnten. Der Gitterrost sollte dasselbe für das übrige Indien leisten, nur dass die trigonometrischen Punkte mittels einer »gitterrostartigen« Triangulierung angelegt werden würden.

Bisweilen wurde dazu eine Analogie aus der Natur bemüht. Betrachtet man den nord-südlich verlaufenden Großen Bogen als einen Baumstamm und dessen ost-westliche Ausläufer (beispielsweise die Longitudinalmessungen von Bombay und Kalkutta) als dessen Äste, dann könnte man sagen, dass der Subkontinent mit einem Flechtwerk von Zweigen überzogen und mit trianguliertem Laub – den »Stäben« des »Gitterrostes« – geschmückt werden würde. Vom Großen Bogen ausgreifend, würde der Schirm, den die Äste dieses Bau-

ABBILDUNG 33

Diese Indexkarte der Großen Trigonometrischen Vermessung zeigt die Triangulierung Indiens, die 1870 abgeschlossen war. George Everests Gitternetz paralle-
ler Linien im Norden überzieht das gesamte Gangestal. Der zerfranste Rand
darüber besteht aus Messungen der höchsten Gipfel des Himalaja.

mes bilden, das in den Augen der Briten organischere Bild eines
wachstumsfähigen Indien vermitteln, das empfindlicheren Gemütern
eher zusagte.

Die vorrangige Aufgabe bestand darin, die durch die trigonometrische Vermessung gewonnene Kontrolle in jenen Teil Nordindiens

auszudehnen, der – zwischen dem Großen Bogen im Westen und Kalkutta im Osten gelegen – das Kerngebiet der britischen Herrschaft in Indien bildete. Joseph Ollivers 1100 Kilometer lange Longitudinalmessungen von Sironj nach Kalkutta, die während Everests Aufenthalt in England entstanden waren, stellten den Ast dar. Davon rechtwinklig abzweigend, sollten die »Gitterstäbe« oder »Zweige« nach Norden weisen, nahezu parallel zum Großen Bogen und in Abständen von einem Grad geografischer Länge. Begrenzt vom Großen Bogen am 78. und Kalkutta am 89. Meridian erstreckten sich diese über elf Längengrade. Die »Gitterstäbe« konnten dann im Westen hinauf in den Himalaja in die nunmehr britischen Territorien Garhwal und Kumaon (wo Hodgson und Herbert operiert hatten) und im Osten in das Königreich Sikkim weitergeführt werden, dessen Herrscher in das Gebiet um Darjeeling beschränkten Zugang gewährten. Aber die meisten dieser »Gitterstäbe« endeten an der nepalesischen Grenze, wo jede weitere Annäherung an das Zentralmassiv des Himalaja durch die Behörden in Katmandu untersagt wurde.

Mit Ausnahme dieser Endpunkte war das Gebiet, über das sich dieses neue Flechtwerk erstreckte, die flache, dicht besiedelte und in jener Zeit großzügig von Bäumen überschattete Gangesebene. Aufgrund der Schwierigkeiten, die Everest mit seinen Leuchtsignalen und Stützgerüsten gehabt hatte, waren kleinere Dreiecke mit kürzerer Seitenlänge als beim Großen Bogen akzeptabel; die Visierlinien dagegen mussten nach wie vor in mühevoller Kleinarbeit bestimmt werden, und es bedurfte zahlloser gedrungener Türme.

Außerdem war die Vermessungstätigkeit kaum weniger gefährlich geworden. An der nepalesischen Grenze, in dem gefürchteten *terai*, teilten jetzt ganze Messtrupps Colebrookes Schicksal, der sich hier seine tödliche Malariaerkrankung zugezogen hatte. Der Verlust an Menschenleben bei Briten und Indern erreichte manchmal in einer einzigen Saison dreistellige Zahlen. Die Gefahr, schrieb Clements Markham von der Royal Geographical Society, war »größer als auf dem Schlachtfeld [und] es gab prozentual gerechnet mehr Tote; und

auch der Mut ... der hierfür erforderlich war, war von weit höherer
Art«.

Zahlreiche Menschenleben forderten nicht nur die elf süd-nördlich
verlaufenden Vermessungsserien, die in den bewaldeten Sümpfen und
im Grasland des *terai* endeten, sondern auch eine west-östliche Trian-
gulierungsserie, die das obere Ende der elf meridionalen »Gitterstäbe«
miteinander verband und mitten durch das *terai* hindurchführte. Sie
wurde unter dem Namen Nord-östlicher Longitudinalbogen bekannt
und bildeten das Gegenstück zu Ollivers Sironj-Kalkutta-Messungen
am südlichen Ende der »Gitterstäbe«. Deren nördliche Endpunkte
sollten auf diese Weise durch eine 120 Kilometer lange Dreieckskette
miteinander verbunden werden, die von Everests Grundlinie in Dehra
Dun aus parallel zum Himalaja bis nach Assam verlief.

Die Besonderheit war, dass der Nord-östliche Longitudinalbogen
nicht das Werk eines einzelnen Mannes oder Messtrupps darstellte. So
viele Vermessungssaisonen unter derart lebensgefährlichen Bedingungen hätte kein Mensch überstanden. Vielmehr wandte sich jeder an
der Vermessung des »Gitterrostes« beteiligte Trupp nach der Konstruktion einer Serie von Dreiecken in Richtung Norden – also nach
der Konstruktion eines »Gitterstabs« – nach links, um diesen mit dem
obersten Ende des nächsten »Gitterstabs« ein Grad weiter westlich zu
verknüpfen. Der Nord-östliche Longitudinalbogen wurde damit wie
ein Puzzle über viele Jahre hinweg ergänzt, wenn die »Gitterstäbe« jeweils zu Ende geführt wurden. Auf diese Weise bildete er den obersten Ast des Baumes. Und die sorgfältig triangulierten Messstationen
am Fuße des Himalaja boten jene lang ersehnte Präzision, die eine
zuverlässige Vermessung der schneebedeckten Gipfel schließlich ermöglichte.

Everest und später Waugh, sein Nachfolger als oberster Leiter der
Großen Trigonometrischen Vermessung und als Chef der Vermessungsbehörde, konzipierten dieses Gitterrost des Gangestals, dieses
Baumsegment, als ein Rechteck. Die »Stäbe« lagen innerhalb jener
vier Seitenlinien, die aus dem Großen Bogen selbst, den beiden Lon-
gitudinalbögen (dem Sironj-Kalkutta-Bogen und dem Nord-östli-

chen Longitudinalbogen) sowie einem vertikalen Bogen bestanden, der dieses Gitter im Osten abschloss und als Kalkutta-Meridionalbogen bekannt ist. An jedem Eckpunkt dieses Rechtecks wurde höchste Genauigkeit durch die Vermessung einer Grundlinie mittels Messstangen gewährleistet. Die Vermessung der Grundlinien in Kalkutta, Sironj und Dehra Dun waren bereits von Everest selbst durchgeführt worden. Waugh musste jetzt nur noch die vierte Grundlinie weit oben im Nordosten vermessen.

Als hierfür geeignet befand man einen Ort namens Sonakhoda unterhalb der Darjeeling-Höhen, wo der Nord-östliche Longitudinalbogen den von Kalkutta aus gezogenen vertikalen Meridionalbogen schnitt. Hier, in den extrem feuchten Ebenen Nordbengalens, trafen Waugh und seine Assistenten Ende 1847 mit ihren Messstangen ein. Wie bei der Grundlinie in Dehra Dun wurde die Verbindung zu den bereits bestehenden Messungen, in diesem Fall dem Nord-östlichen Longitudinalbogen, über Messstationen auf den benachbarten Erhebungen hergestellt. Während seiner dortigen Tätigkeit in der zweiten Hälfte des Jahres 1847 entdeckte Waugh einen neuen Bewerber um den Rang des höchsten Gipfels der Erde und eröffnete damit die Debatte über die Höhe des Himalajagebirges neu.

Everest selbst war an diesen Debatten wenig interessiert gewesen. Von Hathipaon aus hatte sich ihm ein großartiges Panorama glitzernder Berggipfel praktisch vor der Haustür geboten. Ihr Anblick war zwar eine Wohltat für die Seele, aber für sein Lebenswerk an dem Großen Bogen waren sie von eher zweitrangiger Bedeutung. Vom Chur aus könnte er sogar den Nanda Devi gesichtet haben; aber es gibt keine Hinweise darauf, dass er je einen Versuch unternahm, dessen Höhe zu ermitteln. Die Erkundung von Berggipfeln gehörte nicht zu seiner Aufgabe. Für diejenigen, die dies taten – häufig mit minderwertigen Instrumenten und spekulativen Beobachtungen –, hatte er nur Verachtung übrig.

Auch Waugh war eher zurückhaltend, wenn es um dieses Thema ging. Zwar war ihm bewusst, dass vom Nord-östlichen Longitudinalbogen aus die hohen Gipfel praktisch in Reichweite lagen, aber er hatte keine Eile, sie zu erkunden. Damit konnte sich ein Vermesser in den Mußestunden sinnvoll beschäftigen, beispielsweise wenn er warten musste, bis ein Turm gebaut oder eine Schneise geschlagen war. Und selbst wenn man die Gipfel vermessen hatte, sah man keine dringende Notwendigkeit, die Ergebnisse rasch der Öffentlichkeit mitzuteilen. Die Vermessungsbehörde folgte hierin ganz eigenen Regeln, und eine Entdeckung konnte erst dann publiziert werden, wenn man alles genauestens berechnet und die Daten, auf denen diese Berechnungen beruhten, erneut überprüft hatte.

Der Gipfel, auf den Waugh beinahe zufällig seinen Theodolit richtete, während er die Verbindung der Grundlinie in Sonakhoda vermaß, war der Kangchenjunga, heute wohl der am einfachsten zu messende aller Himalaja-Riesen und dritthöchster Berg der Welt. Zu jener Zeit galt der Nanda Devi auf der anderen Seite der Hauptkette des Himalaja, der »A2« von Hodgson und Herbert, noch immer als

ABBILDUNG 34

Andrew Scott Waughs Beobachtungen des Kangchenjunga im Jahr 1847 von Darjeeling aus ergaben, dass dieser Gipfel mit 8 588 Metern der höchste der Welt sei. Diese Auszeichnung behielt der Berg jedoch nicht lange. Innerhalb von zehn Jahren wurde er zum dritthöchsten Gipfel herabgestuft.

die höchste bis dahin gemessene Erhebung. Webbs Dhaulagiri wurde ebenfalls als höchster Berg gehandelt, auch wenn die seinerzeit von Henry Colebrooke angegebenen 8354 Meter längst als ausgesprochen unwahrscheinlich verworfen worden waren; für wahrscheinlicher hielt man eine Höhe, die noch niedriger war als Webbs geschätzte 8187 Meter. Es schien in der Tat, als ob 8047 Meter die Höchstmarke waren, die kein Berg der Erde überschreiten konnte. Waugh und der Kangchenjunga zeigten nun, dass diese Vorgaben falsch waren. Aber jeder, der den Kangchenjunga über die dichte Wolkendecke hatte herausragen sehen, die das östliche Himalajagebirge die meiste Zeit des Jahres überzieht, wird Waughs Begegnung in höchstem Maße unbefriedigend gefunden haben. Waugh war zwar ein begabter und aufopferungsbereiter Vermesser, doch es fehlte ihm das Charisma eines Everest; er war es zufrieden, im Schatten seines Gurus zu leben. Manche fanden ihn scheinheilig; aber so wenig er sich bei seinen Untergebenen einzuschmeicheln suchte, sowenig aggressiv begegnete er ihnen. Gerecht gegenüber den Bergen wie gegenüber seinen Männern, scheute Waugh vor Kommentaren ebenso entschieden zurück wie Everest sie freimütig äußerte. Statt Geschichten niederzuschreiben, verfasste er Berichte.

Von dem bergigen Refugium Darjeeling aus genießt ein Beobachter – wenn er, wie Waugh, Glück hat und sich der Nebel aus dem Rangit-Tal auflöst – in der Morgendämmerung ein spektakuläres Naturschauspiel. In 64 Kilometern Entfernung, hinter einer mit Rhododendren bewachsenen, wolkenverhangenen Schlucht, scheint der Berg über dem Boden zu schweben, als sei er nicht von dieser Welt. Wie ein sich materialisierendes Gespenst tritt er aus dem immer heller werdenden Himmel heraus. Man sucht ihn am Horizont und hat das Gefühl, als habe man in dessen Zentrum geblickt. Der Gipfel, eine zerklüftete Granitwand und von glitzernden Flanken begrenzt, schwebt hoch oben wie ein göttlicher, in das frostige Sonnenlicht gravierter Olymp.

»Der westliche Gipfel des Kangchenjunga erreicht eine Höhe von nicht weniger als 8588 Meter über Meeresniveau, ist also sehr viel hö-

her als bisher angenommen«, schrieb Waugh in staubtrockenem Ton.
Er und seine Assistenten, darunter auch William Rossenrode junior,
hatten den Berg von Tiger Hill, Senchal, Tonglu und von den meisten
anderen heute berühmten Standorten Darjeelings aus gemessen. 914
Meter höher als der Nanda Devi, war er der höchste damals bekannte
Berg der Welt. Und da man ihn aus sehr viel größerer Nähe als seine
anderen Konkurrenten und von einer den strengen Kontrollen der
Vermessungsbehörde unterworfenen Grundlinie aus beobachtet hatte, konnte man davon ausgehen, dass die ermittelten Werte von
höchster Präzision waren. Wenn auch überraschend und zufällig,
konnte der Kangchenjunga doch als der krönende Triumph des Großen Bogens betrachtet werden.

Dennoch gab Waugh seine Entdeckung erst zwei Jahre später bekannt, und auch dann nur in einem internen Memorandum; denn es
waren Zweifel aufgekommen – nicht bezüglich des Kangchenjunga,
sondern bezüglich eines anderen Berges, für den er ebenfalls von
Darjeeling aus Peilungen vorgenommen hatte. Bei den Peilungen
fehlten die Höhenwinkel, weil der Berg als zu weit entfernt und deshalb die Messung als zu unscharf erachtet wurde. Wie andere Auffäl-
ligkeiten am Horizont wurde die Position auch dieses Berges bestimmt, sein Profil gezeichnet und ihm eine Kennung zugeteilt.
Waugh benutzte dafür die Buchstaben des griechischen Alphabets.
Der ferne Gipfel, links vom Kangchenjunga gelegen und mindestens
190 Kilometer von der nepalesisch-tibetischen Grenze entfernt, erhielt die Kennung »Gamma«; und auch wenn Waugh es sich nur un-
gern eingestand, vermutete er bereits, dass »Gamma« höher sein
könnte als der Kangchenjunga.

Waugh führte seine Messungen in Darjeeling im November 1847
durch. Im selben Monat hatte John Armstrong, einer der zahlreichen
von Everest rekrutierten Assistenten, vom Nord-östlichen Longitudinalbogen in Muzaffarapur in Bihar aus drei Horizontalwinkel-Rei-
hen und einen Vertikalwinkel des teilweise wolkenverhangenen Giganten vermessen, der – wie Waugh sofort vermutete – mit dem Berg
»Gamma« identisch war. Armstrong hatte seinen Berg einfach nur mit

dem Buchstaben »B« bezeichnet und von den berechneten Winkeln ausgehend eine Höhe von 8 778 Metern ermittelt. Aber »aufgrund der großen Entfernung« misstraute Waugh Armstrongs Angaben ebenso sehr wie seinen eigenen. Er beschloss, die Saison 1848/49 abzuwarten. »Ich möchte insbesondere, dass Sie Mr. Armstrongs Berg ›B‹ bestimmen«, sagte er zu John Peyton, einem von Everests hervorragenden Mathematikern. »Sein [Armstrongs] Gipfel ›A‹«, fuhr Waugh fort, »muss ebenfalls genauestens bestimmt werden, weil die beiden Höhenangaben sehr unterschiedlich sind.« Höchstwahrscheinlich war dieser Berg »A« Makalu, dessen Höhe man heute mit 8 475 Metern angibt und der damit der vierthöchste Gipfel der Welt ist. Er befindet sich an der nepalesisch-tibetischen Grenze östlich einer Gruppe von Riesen, darunter der scheue Gipfel, den Armstrong als »B« und Waugh als »Gamma« bezeichnet hatte.

Peyton hatte in der Vermessungssaison 1848/49 kein Glück. Die Gipfel waren nur in den frühen Morgenstunden und nur im November und Dezember sichtbar. Ehe er morgens seine Instrumente auf die Berggipfel ausgerichtet hatte, waren diese auch schon verschwunden; und wenn in einer Vermessungssaison seine Beobachtungstürme endlich fertig gebaut waren, hatten sich die Gipfel hinter einen Wolkenschleier zurückgezogen, der sich nicht einmal bei Tagesanbruch lichtete. Vorrangig damit beschäftigt, seinen Abschnitt des Nord-östlichen Longitudinalbogens zu Ende zu bringen, musste Peyton feststellen, dass es in dieser Saison nicht mehr möglich war, Türme zu bauen; und damit würde er in dieser Saison auch nicht mehr die triangularische Vermessung der Berge in Angriff nehmen können.

Ein Jahr später und mit noch mehr Zuspruch von Waugh nahm James Nicholson als Peytons Nachfolger die Erforschung dieser Gipfel wieder auf. Sich immer weiter nach Osten vorwärtsschiebend, brachte der Nord-östliche Longitudinalbogen Nicholson ein kleines Stück näher ans Ziel. Sein »scharfer Gipfel ›H‹« war eindeutig Armstrongs »B« und Waughs »Gamma«, und darauf richtete er seine ganze Aufmerksamkeit. Zahlreiche horizontale und vertikale Winkel wurden gemessen, von denen sechs bei den Schlussberechnungen Ver-

wendung fanden. Aber obwohl Nicholson selbst Anfang 1850 das Ergebnis gekannt haben musste, hatte Waugh keine Eile damit, es zu
veröffentlichen.

Zunächst erhielten alle Himalajagipfel neue Bezeichnungen, diesmal römische Ziffern von I bis LXXX. Aus »Gamma«/»B«/»H« wurde jetzt Gipfel XV. Anschließend, so Reginald Phillimore, der Historiker der Großen Trigonometrischen Vermessung, bat Waugh »den
Ersten Mathematiker in Kalkutta, die Form [die Formeln?] zur Berechnung geografischer Positionen von schneebedeckten Gipfeln in
mehr als 100 Meilen Entfernung zu überprüfen«. Der Erste Mathematiker war Radhanath Sickdhar, das Genie aus Bengalen, dessen
arithmetische Kunststücke Everest stark beeindruckt hatten. Auf dieser Äußerung beruht die spätere, von Phillimore verworfene, von vielen indischen Historikern jedoch akzeptierte Behauptung, dass es in
der Tat Sickdhar gewesen war, der als Erster erkannte, dass Berg Nr.
XV der vermutlich höchste Gipfel der Welt war. Die weit verbreitete
Geschichte, der zufolge der Bengali aufgeregt in Waughs Büro stürm-
te und ausrief, er habe »den höchsten Gipfel der Welt entdeckt«, ist
offensichtlicher Unsinn. Waughs Büro befand sich in Dehra Dun,
während Sickdhar in Kalkutta arbeitete. Aber es ist durchaus wahrscheinlich, dass Sickdhars Berechnungen den ersten klaren Beweis für
die überragende Höhe von Gipfel XV erbrachte.

»In den nachfolgenden vier Jahren«, fährt Phillimore fort, »disku-
tierte [Waugh] die Brechungskoeffizienten und die Höhe bezogen
auf Normalnull, die erst nach Pegelmessungen in Karatschi ermittelt
werden konnte. Als letzte Kontrolle zog er die alten Berichte von
Charles Crawford und William Webb heran«. Erst im März 1856
nahm Waugh den Stift zur Hand und fasste in einem aus vierzehn Abschnitten bestehenden, sauber geschriebenen Brief seine Entdeckungen zusammen.

Von dem Brief, »Nr. 29B«, hätte »Gebrauch gemacht werden« können, aber er war nicht zur Veröffentlichung bestimmt. Die Ergebnisse
waren noch immer vorläufig; es mussten noch viele Überprüfungen
durchgeführt werden. Der Brief richtete sich an Captain Thuillier,

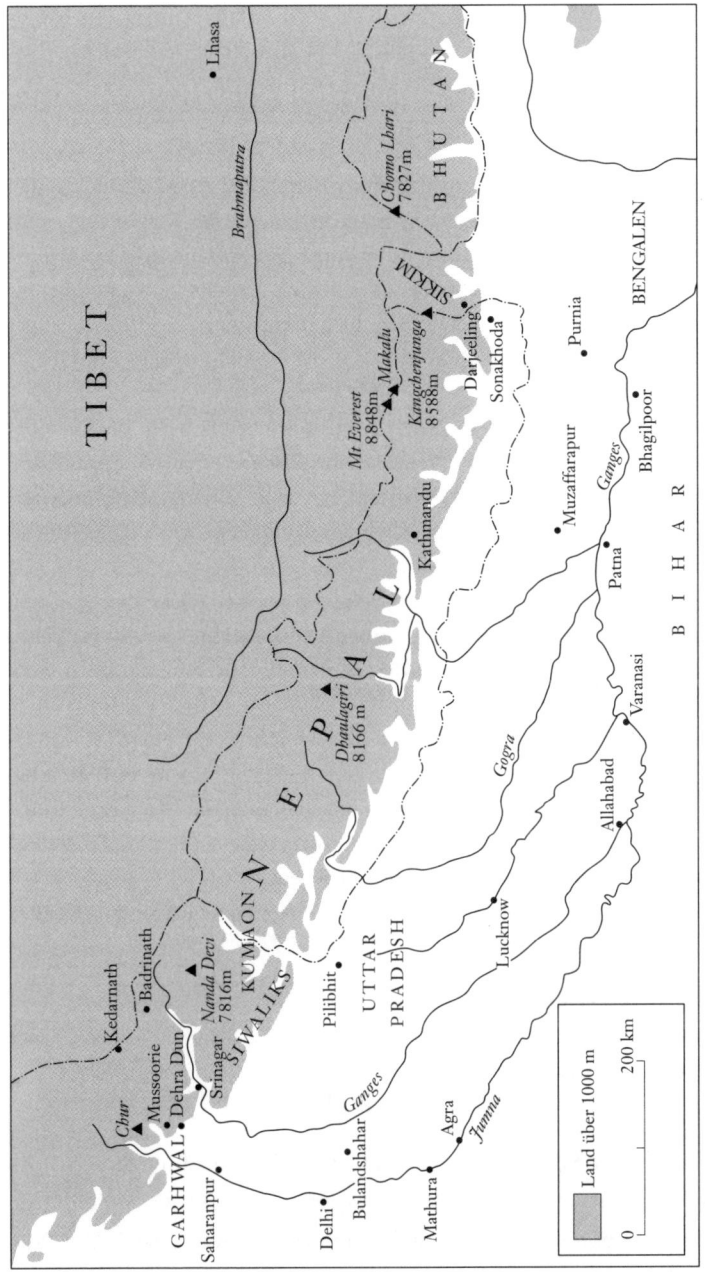

ABBILDUNG 35

Das Himalajagebirge

den stellvertretenden Leiter der indischen Vermessungsbehörde in Kalkutta. Sein Inhalt aber wurde rasch bekannt, denn nach einer Einleitung von vier Abschnitten richtete sich Waughs ganze Aufmerksamkeit schließlich auf Gipfel XV.

5. Wir wissen seit einigen Jahren, dass dieser Berg höher als jeder andere bisher in Indien gemessene und wahrscheinlich der höchste der Welt ist.

6. Mein hochverehrter Vorgesetzter und Vorgänger Sir Colonel Geo. Everest trug mir auf, jedem geografischen Objekt eine ortsübliche oder einheimische Bezeichnung zu geben. Ich habe mich stets strikt an diese Vorschrift gehalten sowie an alle anderen Grundsätze, die dieser herausragende Geodät aufgestellt hat.

7. Aber hier handelt es sich um einen Berg, wahrscheinlich den höchsten der Welt, der, soweit uns bekannt, keinen einheimischen Namen trägt, und dessen ortsüblicher Name, wenn überhaupt, erst dann gesichert sein wird, wenn wir die Erlaubnis erhalten, Nepal zu betreten und diesen gewaltigen Schneegipfel aus der Nähe zu beobachten.

8. Bis dahin betrachte ich es als mein Privileg wie auch als meine Pflicht, diesem hohen Gipfel unserer Erde einen Namen zu geben, unter dem er bei vielen Geografen bekannt und bei den zivilisierten Völkern geläufig werden könnte.

9. Aufgrund dieses Privilegs, als Ausdruck meines tiefen Respekts für einen verehrten Vorgesetzten, im Einklang – wie ich glaube – mit dem Wunsch aller Mitglieder der wissenschaftlichen Abteilung, die zu leiten ich die Ehre habe, sowie zur ewigen Erinnerung an diesen berühmten Mann der exakten geografischen Forschung habe ich beschlossen, diesem edlen Gipfel des Himalaja den Namen Mont [*sic!*] Everest zu geben.

10. Die endgültigen Koordinatenwerte für die geografische Position dieses Berges lauten wie folgt, nämlich:

MONT EVEREST ODER HIMALAYA Gipfel XV

Nördliche Breite	27° 59' 16,7"
Länge östlich von Greenwich	86° 58' 5,9"
Höhe über Meeresniveau	(8840 Meter)

Wie Waugh es beabsichtigt hatte, übermittelte Thuillier diese Information den Mitgliedern der Asiatic Society in Kalkutta. Sie billigten Waughs Messergebnisse, aber nicht die neue Bezeichnung. Der Name, den Waugh selbst eiligst von »Mont Everest« in »Mount Everest«

änderte, wurde jedoch in London vom Indien-Minister und von der Royal Geographical Society gutgeheißen.

ABBILDUNG 36

Das Gremium, das die Höhen der Himalajagipfel festlegte (von links nach rechts): T. G. Montgomerie, der den zweithöchsten Gipfel der Welt, den »K2« im Karakorum, als Erster identifizierte; A. S. Waugh, George Everests Nachfolger als Leiter der Großen Trigonometrischen Vermessung, der die Höhe des von ihm so genannten »Mont Everest« bekannt gab; J. T. Walker, ein späterer Vermessungsleiter, der formulierte, dass der Name Everests »ein wenig näher an den Sternen geschrieben steht als der jedes anderen«; und H. E. L. Thuillier, der stellvertretende Leiter der indischen Vermessung, dem Waugh das Ergebnis der Höhenmessung des Mount Everest mitteilte.

Dennoch blieben Zweifel. Denn zum einen konnte man nicht sicher sein, ob der neue Gipfel tatsächlich der höchste war. Zu der Zeit, als Waugh diesen Brief schrieb, hatte sich Britisch-Indien die Gebiete einverleibt, die heute zu Pakistan gehören. Das Blattwerk der Triangulierung breitete sich rasch nach Westen und Nordwesten aus, insbesondere in den neu geschaffenen Staat Kaschmir, dessen Berge an China und mehrere zentralasiatische Länder grenzten. Diese gerieten bald unter russischen Einfluss, und angesichts der britischen Paranoia gegenüber den zaristischen Plänen, ein indisches Reich zu schaffen, wurde der Vermessung Kaschmirs höchste Priorität eingeräumt. 1856, als Thuillier Waughs Nachrichten über den Mount Everest an die Asiatic Society übermittelte, kampierte ein Trupp fröstelnder Vermesser am Haramukh, dem Berg oberhalb des Kaschmir-Tals. Von hier aus wurden Winkelmessungen an einem neu entdeckten Gebirgszug vorgenommen, der 225 Kilometer entfernt und offensichtlich von außergewöhnlicher Höhe war.

Der Bergkamm, der vom Hochhimalaja getrennt und unmittelbar im Norden seiner höchsten westlichen Erhebung lag – dem 8 126 Meter hohen Nanga Parbat –, trug, wie es hieß, den Namen Karakorum. Captain Montgomerie, der Leiter der Kaschmir-Vermessung, nummerierte daher deren Berge durch, beginnend mit dem Anfangsbuchstaben »K«, und umriss in einer kleinen Skizze die ersten beiden Gipfel dieses Gebirgszugs sehr genau. Für seinen »K1« wurde später ein einheimischer Name entdeckt – Masherbrum. »K2«, ein höherer und schwieriger zu messender Gipfel, blieb namenlos. Dass dieser Gipfel höher war als der Mount Everest, lag 1856 im Bereich des Möglichen und führte 1857 zu einer Reihe von Messungen und 1858 zu übereilten Berechnungen. Anders als Waugh war Montgomerie scharf darauf, rasch zu einem Ergebnis zu kommen, das ihn aber gewiss enttäuschte. Mit 8 622 Metern, später revidiert auf 8 585 Meter, war der K2 geringfügig höher als der Kangchenjunga, aber deutlich niedriger als der Mount Everest.

Auch andere konkurrierende Gipfel mussten ihre Ansprüche zurückstecken. Die Höhe des Mount Everest wurde seither immer wie-

der korrigiert, allerdings selten auf einen Wert unter 8 839 Meter. Mit
8 847 oder 8 882 Metern Höhe überragt er alle anderen. Aber diese
Vorrangstellung löste nur eine andere Diskussion aus: Warum sollte
der Gipfel ausgerechnet »Mount Everest« heißen? Der »K2« beispielsweise heißt nach wie vor »K2«. Namen wie »Keychu« und »Keytu«
wurden als einheimische Wiedergabe von Montgomeries Bezeichnung entlarvt; andere Namen wie »Mount Waugh« (nach dem Leiter
der Vermessungsbehörde), »Mount Albert« (nach dem Gatten Queen
Victorias), »Mount Montgomerie« (nach dessen »Entdecker«) und
»Mount Godwin-Austen« (nach dem Vermesser, der den Karakorum
als Erster erforschte) fanden keine allgemeine Zustimmung. Zweifellos würden die Regierungen Indiens und Pakistans sehr gern einen
neuen Namen für den Gipfel finden, aber solange die Herrschaft über
Kaschmir umstritten ist, bleibt der »K2« wohl ein namenloses Waisen-
kind.

Die Wahrscheinlichkeit, den Namen »Mount Everest« wieder zu
verwerfen, fiel und stieg mit der bereits von Waugh vorweggenom-
menen Möglichkeit, dass es einen lokalen Namen gab, der mit dem
Zugang nach Nepal bekannt werden würde. Brian Hodgson, ein her-
vorragender Gelehrter des Buddhismus, der mehrere Jahre in Katmandu gelebt hatte, schlug bald den Namen »Devadhanga« als nepa-
lesische Bezeichnung des Berges vor. Die Asiatic Society schloss sich
Hodgson an; in ihrer Haltung spiegelte sich die Feindseligkeit, die in
Britisch-Indien noch viele gegen Everest hegten. Aber Waugh protestierte. Er berief ein Komitee ein, das den Namen Devadhanga für
»unpräzise und inakzeptabel« erklärte. Zwar entstammte diese Bezeichnung nepalesischer Legende, bezog sich aber offenbar auf mehrere Gipfel. In der Vergangenheit war eine solche Ungenauigkeit kein
Grund gewesen, einen Namen zu verwerfen; aber die Tatsache, dass es
sich bei Gipfel XV um den höchsten der Welt handelte, dass Waugh
ihn bereits benannt hatte und dass der »Mount Everest« tatsächlich
sehr schnell »bei den zivilisierten Völkern geläufig wurde«, sprach gegen eine Änderung.

Die Diskussion verstummte mit einem Aufruhr, der 1857 über

Nordindien hinwegfegte. Kaum ein Jahr nach Waughs Bekanntgabe
kämpften die Briten um die Existenz ihres Raj. In den Wirren dessen, was in den Augen der Briten nur eine »Meuterei«, in den Augen
der Inder dagegen eine große nationale Erhebung war, brach die Debatte um die Bezeichnung des Berges schlagartig ab.

Die Revolte, die durch eine Meuterei indischer Soldaten ausgelöst
wurde, verbreitete sich rasch in dem Land, das seit vielen Jahren unter
der tiefen Verachtung der Kolonialmacht für die Empfindlichkeiten,
Sitten und Gebräuche der indischen Bevölkerung litt. Es wäre unge-
recht zu behaupten, dieser Aufstand sei – wie die Vermessung des
Mount Everest – eine Folge der Aktivitäten der Großen Trigonometrischen Vermessung. Aber die Vermesser hatten zweifellos das britische Überlegenheitsgefühl wie auch die Unzufriedenheit der Inder
geschürt. »Stangen« und »Ketten« einer unsichtbaren Triangulierung
– das klang sehr nach politischer Strangulierung. Keineswegs unwis-
sentlich hatte der Vermessungsdienst die Denkweise eines autokrati-
schen und kaltherzigen Imperialismus gefördert. Indem sie ganze
Dörfer auslöschten, geheiligte Hügel in Besitz nahmen, lokale Ressourcen an sich rissen, besorgte Ehemänner gegen sich aufbrachten
und der gefürchteten steuerlichen Bewertung der Bodenerträge den
Weg bahnten, hatten die Vermesser – wie im Übrigen alle Zweige der
Verwaltung – viel dazu beigetragen, die Existenz der britischen Herrschaft deutlich zu machen und die Bevölkerung feindselig zu stim-
men. Männer wie Mackenzie und Lambton hatten Anfang des 19.
Jahrhunderts die reichen kulturellen Traditionen Indiens respektiert,
ja bewundert. Aber für Everest und seine Generation waren fromme
Sitten und Gebräuche sowie uraltes Brauchtum nur ein Beleg für die
»verdächtige Gesinnung der Einheimischen«. Die Rücksichtnahme
auf die Befindlichkeiten der ansässigen Bevölkerung – ob indisch
oder britisch – war keine Tugend, die Everest jemals gepflegt hatte.

Während die Briten in Indien anderweitig beschäftigt waren, gewann der Name »Mount Everest« zunehmend internationale Anerkennung. Doch sobald der Name wieder infrage gestellt wurde, waren die Argumente, daran festzuhalten, stärker denn je. Anfang des

20. Jahrhunderts schlug der große schwedische Forscher Sven Hedin einen langen tibetischen Namen für den Berg vor. In einer seiner verschiedenen Schreibungen heißt er »Cha-mo-lung-ma«. Doch auch dieser Name wurde, wie Devadhanga, unter Hinweis darauf verworfen, dass er eher auf die gesamte Everest-Region als auf einen ganz bestimmten Gipfel zuträfe. Noch längere tibetische Namen wie *Mithik Dgu-thik Bya-phur Long-nga* (das einmal mit »Du kannst den Gipfel nicht aus der Nähe sehen, aber du kannst ihn aus neun Richtungen sehen, und ein Vogel, der so hoch fliegt wie der Gipfel, erblindet« übersetzt wurde) sind zweifellos präziser. Aber sie lassen sich schwer aussprechen und auch Kartografen, die auf dem eng begrenzten Raum einer Landkarte damit arbeiten müssten, sind davon nicht gerade begeistert. Die Bezeichnung »Mount Everest« dagegen – ein Name, der grundsätzlich falsch ausgesprochen wird und sich längst von seinem umstrittenen Namensgeber gelöst hat – weckt Assoziationen des Dauerhaften und vermittelt eine Aura von Sicherheit und Beständigkeit.

Merkwürdigerweise hielt sich der Einzige, der in diese Debatte hätte eingreifen können, vornehm zurück. Doch keineswegs aus Bescheidenheit. George Everest, der einen Ritterorden abgelehnt hatte, weil ihm die Auszeichnung nicht hoch genug erschienen war, war 1861 zu Sir George Everest, Companion of the Bath, geworden. In einer für ihn typischen, schwülstigen Erklärung hatte er einst kundgetan, er sei »in keiner Weise bereit, sich demütig und unterwürfig zu zeigen, den Höfling zu spielen oder den Stock zu küssen, der mich schlägt«. Von seiner Reaktion darauf, dass der welthöchste Berg seinen Namen erhielt, gibt es keine Zeugnisse. Vielleicht nahm er zu Recht an, dass jede Einmischung seinerseits der Sache wohl nicht gerade dienlich gewesen wäre.

Für einen Mann, dem es seit zwanzig Jahren gesundheitlich alles andere als gut ergangen war, hatte die Rückkehr in die Heimat eine umwälzende Wirkung. 1844 traf er in England ein und ließ sich zunächst in der Gegend um Leicestershire nieder, später dann in London. 1845 besuchte er die Vereinigten Staaten, und im darauf folgen-

ABBILDUNG 37
Die künstlerische Darstellung des Mount Everest lässt keinen Zweifel an der
überragenden Größe dieses Gipfels.

den Jahr war er wieder in London und heiratete dort. Zu diesem
Zeitpunkt war er 55 Jahre alt. Für Everest waren – genau wie für
Lambton – die Freuden des Familienlebens eine letzte große Entde-
ckung. Offenbar teilte seine Ehefrau dieses Wohlgefühl. Emma Wing
war kaum halb so alt wie er und erwies sich als eine aufopferungsvolle
Ehefrau, die ihm in den folgenden zehn Jahren sechs Kinder gebar.

Im Alter war Everest – wie sich sein ältester Sohn später erinnerte
– ein glücklicher Gentleman, der mit dem Forscher David Livings-
stone, dem Chemiker Michael Faraday und anderen berühmten Zeitgenossen freundschaftlichen Umgang pflegte. Er genoss die Anerkennung der wissenschaftlichen Gesellschaften, spielte aber ebenso gern
den viktorianischen Familienvater. Der Tag begann mit den Famili-
engebeten, »an denen auch die Dienstboten teilnahmen«. »Mein Vater
hatte einen so starken Glauben an Gott, wie es jedem Freimaurer gut
anstünde.« Es folgten ein paar Stunden Arbeit, beispielsweise an einer
hübschen Schrift wie jener *On Instruments and Observations for Longi-*

ABBILDUNG 38
Die fotografische Wiedergabe zeigt jedoch: Der von Sandakphu aus zu be-
obachtende am höchsten aufragende Gipfel ist der Makalu (8 475 Meter). Der
Mount Everest ist zwar höher als 8 840 Meter, erscheint aber als der niedrigere
weiße Gipfel links davon.

tude for Travellers on Land (veröffentlicht 1859), oder ein Vortrag in der
Royal Institution.

Meistens fand er auch Zeit für elterlichen Unterricht. Seine Kinder saßen dabei auf hohen Schemeln an einem langen Kiefernholz-
tisch, während er sie in die Geheimnisse der elementaren Arithmetik,
Algebra, Geometrie und Trigonometrie einführte und ihnen auch
»etwas über den Logarithmus beibrachte«. Vielleicht erzählte er ihnen
auch Geschichten über die Tiger, denen er nie begegnet war, und
über die Berge, die er nie gesehen hatte. Er starb 1866 in London im
Alter von 76 Jahren und wurde in Hove bei Brighton begraben.

Nie wurde zu seinem Andenken eine Statue errichtet. George Everest war ebenso wie William Lambton und der Große Bogen bald vergessen. Aber der Vergesslichkeit der Geschichte steht die Beharrlichkeit
der Geografie entgegen. Aufgrund der Tatsache, dass – um mit Waughs
Nachfolger als Chef der indischen Vermessungsbehörde zu sprechen –
»sein Name ein wenig näher an den Sternen geschrieben steht als der
jedes anderen, der die ewige Herrlichkeit der Berge liebte«, wahren die
Landkarten das Andenken jenes rastlosen Genies George Everest.

QUELLENNACHWEISE

R. H. Phillimores *Historical Records of the Survey of India* (5 Bde., Dehra Dun, 1950–1968) stellte meine wichtigste Quelle dar. Ohne Colonel Phillimores umfangreiche, wenn auch anstrengend zu lesende Zusammenfassung der Vermessungsberichte hätte dieses Buch nicht geschrieben werden können. Die Bände I-IV sind in zahlreichen Bibliotheken verfügbar, Band V dagegen, der den Zeitraum von 1843 bis 1860 umfasst, wurde aufgrund der prekären strategischen Bedeutung einiger Abschnitte zurückgezogen. In Großbritannien befinden sich nur drei Exemplare, jeweils eines in der British Library, in der Bibliothek des Institute of Chartered Surveyors und in der Bibliothek der Royal Geographical Society. Clements R. Markham, *A Memoir of the Indian Surveys* (London, 1871) enthält eine nützliche Karte der Großen Trigonometrischen Vermessung, ist aber in anderer Hinsicht durch Phillimore überholt.

Die *Asiatick Researches der Asiatic Society of Bengal*, Bde. VI-XIV (Kalkutta, 1804–1822), enthalten Lambtons Berichte, die zumeist technischer Natur sind. Bd. XII umfasst Henry Colebrookes Bericht »On the Heights of the Himalaya Mountains«, Bd. XIII Webbs Bericht über die Vermessung Kumaons und Bd. XIV die Beobachtungen von Hodgson und Herbert in Garhwal. Die Berichte über Crawfords Beobachtungen in Nepal und die Auszüge aus Robert Colebrookes Tagebuch finden sich in Phillimores Bd. II und III. Der Auszug von Godfrey Thomas Vigne stammt aus *Travels in Kashmir, Ladakh, Iskardo etc.* (London, 1842).

Die Kritik an Colebrookes Bericht in der *Quarterly Review* erschien in der Fassung der Juli-Nummer 1817 in Bd. XVII; ihr Widerruf ist in einer Rezension von Alexander von Humboldts Schrift *Sur l'Elevation des Montagnes de l'Inde* (Januar-Nummer der *Quarterly Review* 1820) in Bd. XXII versteckt. Zu Playfairs Beurteilung von Lambtons Werk siehe die *Edinburgh Review*, Juli 1813, in

Bd. XXI. Und zu James Prinseps Bericht über die Vermessung der Grundlinie von Kalkutta siehe das *Journal of the Asiatic Society of Bengal*, Bd. I (Kalkutta, 1832).

Die meisten Auszüge Everests sind dessen Schriften *An Account of an Arc of the Meridian* (London, 1830), *An Account of a Measurement of Two Sections of the Meridional Arc* (2 Bde., London, 1847) sowie *A Series of Letters Adressed to HRH the Duke of Sussex* (London, 1839) entnommen. Sie enthalten Everests keineswegs unvoreingenommene Berichte über seine Tätigkeit und wurden durch Auszüge Phillimores aus Everests Briefwechsel in den Archiven des Survey of India ergänzt.

Zu Everests 200. Geburtstag im Jahr 1990 wurden mehrere Symposien veranstaltet, aus denen der vom Survey of India herausgegebene Band *Souvenir of the Birth Centenary of Col. Sir George Everest* (Dehra Dun, 1990) und der vom Royal Institute herausgegebene Band *Colonel Sir George Everest: A Celebration of the Bicentenary of his Birth* (London, 1990) hervorging. Von besonderer Bedeutung waren die Publikationen über Everests Leben von J. R. Smith, über die Triangulierung des Kap der Guten Hoffnung von Colin Martin und Roger Fisher sowie über die Vorgehensweise in Indien bei der Erstellung von Landkarten von Matthew Edney.

Anlässlich der Erstbesteigung des Mount Everest im Jahr 1953 erschien in den *Occasional Notes of the Royal Astronomical Society*, Nr. 15, Oktober 1953, ein aufschlussreicher Artikel von J. de Graaff-Hunter unter dem Titel »Heights and Names of Mount Everest and Other Peaks«.

Weitere nützliche Werke waren: Simon Berthon und Andrew Robinson, *The Shape of the World* (London, 1991); Matthew Edney, *Mapping an Empire: The Geography of India* (London, 1997); J. Howard Gore, *Geodesy* (London, 1891); Arthur R. Hinks, *Maps and Survey* (Cambridge, 1913); Kenneth Mason, *Abode of Snow* (London, 1955); W. A. Seymour (Hg.), *A History of the Ordnance Survey* (London, 1980); R. Smyth und H. L. Thuillier, *A Manual of Surveying for India* (Kalkutta, 1851) sowie John Noble Wilford, *The Mapmakers* (London, 1981).

Schließlich habe ich einzelne Details drei meiner eigenen Bücher entnommen: *India Discovered* (London, 1981 und 1993) zu Mackenzie und den Anfängen der Vermessung Indiens; *The Honourable Company: A History of the English East India Company* (London und New York, 1991) zu den politischen Hintergründen; sowie *When Men and Mountains Meet* (London, 1977), wieder abgedruckt in *The Explorers of the Western Himalayas* (London, 1996) zur Vermessung Kaschmirs.

Abbildungen und Karten

Die angegebenen Zahlen verweisen auf Abbildungsnummern.

Aus: Markham, C. R., *Memoir of the India Survey* (um 1870). Nr. 33

Aus: Phillimore, R. H., *Historical Records of the Survey of India*, Bd. III (1954). Nr. 15

Aus: Phillimore, R. H., *Historical Records of the Survey of India*, Bd. IV (1954). Nr. 3, 10, 16, 19, 32

Aus: Smyth und Thuillier, *Manual of Surveying for India* (1851). Nr. 9

Keay, Julia Nr. 8

British Library Nr. 6, 7, 21, 22, 26, 36

– Aus: Everest, George, *An Account of a Measurement of Two Sections of the Meridional Arc*, Bd. II (1847). Nr. 18, 25, 27, 28, 30

Indisches Vermessungsamt Nr. 14

– Foto: Kirsty Chakravarty Nr. 8, 20, 29, 31

Mary Evans Picture Library Nr. 23, 37

Royal Geographical Society Nr. 17, 38

– Foto: Hugh Routledge Nr. 24

– Foto: W. H. Lonnell Nr. 34

KARTEN

REGISTER

(Die *kursiv* gesetzten Seitenzahlen verweisen auf Abbildungen.)

Geschichte und Geschichten

Sergio Ghione
Die Insel der Schildkröten
Ein ungelöstes Rätsel im Atlantik

2002. 208 Seiten
ISBN 3-593-36798-X

Ascension – eine einsame Insel mitten im Atlantik. Warum tausende Riesenschildkröten seit Urzeiten in jedem Frühjahr unbeirrbar dorthin navigieren, erforscht eine Gruppe Meeresbiologen. Folgen Sie ihnen und den wunderlichen Urtieren und lernen Sie mit Anekdoten die Geschichte des Eilandes kennen.

Tom Standage
Die Akte Neptun
Die abenteuerliche Geschichte
der Entdeckung des 8. Planeten

2001. 236 Seiten
ISBN 3-593-36676-2

Dramatische Ereignisse haben die Entdeckung des Planeten Neptun begleitet. Zugleich ist es die Geschichte zweier bemerkenswerter Männer, die unabhängig voneinander auf dem Papier das »sahen«, was Astronomen durch Teleskope über 200 Jahre lang nicht hatten finden können.

Gerne schicken wir Ihnen unsere aktuellen Prospekte:
Campus Verlag · Kurfürstenstr. 49 · 60486 Frankfurt/M.
Tel.: 069/976516-0 · Fax -78 · www.campus.de

campus
Frankfurt / New York